U0936491

珍藏本
纪念版

汉译世界学术名著丛书

政治经济学大纲

〔英〕西尼尔 著

蔡受百 译

2017年·北京

Nassau William Senior
AN OUTLINE OF THE SCIENCE OF POLITICAL ECONOMY
George Allen & Unwin Ltd
London 1938

本书根据乔治·艾伦和昂温公司伦敦 1938 年版译出

汉译世界学术名著丛书
（120 年纪念版·珍藏本）
出版说明

2017 年 2 月 11 日，商务印书馆迎来 120 岁的生日。120 年前，商务印书馆前贤怀揣文化救国的理想，抱持“昌明教育，开启民智”的使命，立足本土，放眼寰宇，以出版为津梁，沟通中西，为中国、为世界提供最富智慧的思想文化成果。无论世事白云苍狗，潮流左右激荡，甚至战火硝烟弥漫，始终践行学术报国之志，无改初心。

迻译世界各国学术名著，即其一端。早在 20 世纪初年便出版《原富》《天演论》等影响至今的代表性著作，1950 年代后更致力于外国哲学和社会科学经典的译介，及至 1980 年代，辑为“汉译世界学术名著丛书”，汇涓为流，蔚为大观。丛书自 1981 年开始出版，历时三十余年，迄今已推出七百种，是我国现代出版史上规模最大、最为重要的学术翻译工程。

丛书所选之书，立场观点不囿于一派，学科领域不限于一门，皆为文明开启以来，各时代、各国家、各民族的思想与文化精粹，代表着人类已经到达过的精神境界。丛书系统译介世界学术经典，引领时代思想，为本土原创学术的发展提供丰富的文化滋养，为推动中国现代学术和现代化进程做出了突出的贡献。

为纪念商务印书馆成立120周年，我们整体推出“汉译世界学术名著丛书”120年纪念版的珍藏本，寄望既利于文化积累，又便于研读查考，同时向长期支持丛书出版的译者、编者和读者致以敬意。

两甲子后的今天，商务印书馆又站在了一个新的历史时间节点上。我们不仅要铭记先辈的身影和足迹，更须让我们的步伐充满新的时代精神。这是商务人代代相传的事业，更是与国家和民族的命运始终紧密相连的事业。我们责无旁贷，必须做好我们这代人的传承与创造，让我们的努力和成果不仅凝聚成民族文化的记忆，还能成为后来人可以接续的事业。唯此，才能不负前贤，无愧来者。

商务印书馆编辑部

2017年10月

中译本前言

本书作者纳索·威廉·西尼尔(1790—1864)是英国资产阶级庸俗经济学家。出生于英国威尔特郡一个乡村牧师的家庭,幼年接受父亲的教育。1803 年以后就学于伊顿学院、马格达连学院、牛津大学等校,在牛津大学毕业时获文学硕士学位。1819 年在伦敦从事律师事务。1825—1830 年和 1847—1852 年两度任牛津大学教授,讲授经济学。他曾担任英国不少皇家专门调查委员会(如济贫委员会、工厂委员会、爱尔兰济贫法委员会和教育委员会)的委员,并曾参与制订 1834 年颁布的济贫法修正条例。他的主要著作,除本书外,还有《论工厂法对棉纺织业的影响的书信》(1837年)。他还写过有关人口问题的著作。

本书最初(1836 年)以论文形式发表于《伦敦百科全书》,1850 年后改出单行本,在作者生前共出五版。中译本根据 1938 年发行的版本译印。

19 世纪 30 年代初,英国工业资产阶级在国会中取得了强大地位,便和土地贵族、金融巨头结成联盟,共同统治英国。无产阶级随着大工业的发展,也日益壮大,日益觉醒。它和资产阶级之间的阶级斗争,"在欧洲最发达的国家的历史中升到了首要地位"①。

① 《马克思恩格斯选集》第 3 卷,第 65 页。

工人运动迅趋高涨。无产阶级在政治上提出了自己的独立要求(表现为宪章运动的逐步兴起),在经济上也开展了争取十小时工作日的斗争。农村无产阶级又燃起了熊熊烈火。资产阶级深切地感到了无产阶级的阶级斗争的威胁。它不仅利用自己的政治统治镇压无产阶级,并且豢养了一批文丐来为资本主义制度辩护,极力反对和抵制工人运动。资产阶级政治经济学进一步庸俗化了。西尼尔就是英国资产阶级在这一时期的主要代表,他充当了资产阶级的辩护士。

在本书中,西尼尔首先提出了他的所谓"纯经济理论"。

在谈论政治经济学的性质时,西尼尔追随萨伊,认为政治经济学应当成为超阶级的纯粹经济学,成为专门研究和说明财富的性质、生产和分配的规律的科学,而对这些规律的解释又要以人类的心理活动或人们的主观感受为依据。这样,他就把政治经济学的研究推上了主观唯心主义的歧途。

西尼尔从功利主义这个总原则出发,提出了政治经济学的所谓四个基本命题:"1.每个人都希望以尽可能少的牺牲取得更多的财富。2.限制世界上的人口或限制生存在这个世界上的人数的,只是精神上或物质上的缺陷,或者是各阶级中各个人对于在养成的习惯下所要求的那类财富可能不足以适应其要求的顾虑。3.劳动的力量和生产财富的其他手段的力量,借助于将由此所生产的产品作为继续生产的工具,可以无定限地增加。4.假使农业技术不变,在一地区以内的土地上所使用的增益劳动,一般会产生比例递减的报酬,也就是说,尽管在土地上增加劳动,虽然总的报酬有所增加,但报酬不能随着劳动成比例地增加。"(本书第38页)这四个基本命题都富于辩护性。第一个基本命题是重弹功利主义的旧调。第二、第四两个基本命题是从马尔萨斯和当时的庸俗经济学著作那里抄来的，西尼尔的“贡献”只是把庸俗经济学家们关于“人口规律”和“土地收益递减规律”的观点放在功利主义原则的基础上。第三个基本命题是引申萨伊关于财富和分配的庸俗观点加上西尼尔本人“发现”的节欲论，也是从资本主义的工业生产实践中得出的皮相说法。

在本书中，他用这种“纯经济理论”来解释价值、利润、利息、工资等经济范畴，反对古典政治经济学的劳动价值论，宣扬（用西尼尔的话来说，就是“发现”）利润来自资本家的“节欲”。

西尼尔认为，价值不是由生产商品所耗费的劳动创造的，而是取决于以下三个条件，即效用、可转移性和供给有定限。他所说的效用不是指商品本身具有的使用价值，而是指人们对商品使用价值的主观感受。他说，效用“是足以直接或间接产生愉快的能力，这个词包括一切类型的满足，或痛苦（包括一切类型的不愉快）的防止。”（本书第9页）这就是说，价值并不是商品内在的客观属性，它不过是表示人的欲望同物品满足这种欲望的能力的关系，即人们对商品效用的感觉和评价。西尼尔认为，这种纯属主观感受的“效用”是形成价值的一个必要条件，但不是最重要的因素；最重要的因素是供给有定限。在他看来，商品效用的大小，是由该商品的需求状况特别是供给状况决定的。随着商品供给的增加，该商品的效用成比例地减少，反之亦然。他说：“任何物品，如果供应充足，那么已经具备，不再需要增购或者即使要增购也有限的那些人，为数必然很多，供应越是充足，这类人也就越多；就这类人说来，增加的供应已经失去了全部或将近全部的效用。反之，物品越是稀少，需要的人就越多，需要的迫切程度就越加提高；因此，物品的效用，也就是保有某一数量时所获得的愉快，将按比例地增加。”（本书第18页）这就是说，物品的稀少性是衡量价值的重要尺度，物品只有在对满足人的欲望来说是稀少的时候，才能得到人们的高度评价，表现为较高的价值。西尼尔把这一点归结为人性的作用。他说：供给有定限“对价值的影响的主要根源是人性中两个最有力的要素：喜爱变换和喜爱体面”（本书第16页），而满足这种人性的物品随着人类享受程度的不断提高总是处于稀缺状态，这就影响了它的供给。很明显，西尼尔关于效用和供给有定限的这些界说，都是用人们的主观心理来解释价值形成过程，它们为19世纪70年代以后在英法等国出现的一种主观价值论——边际效用价值论提供了重要的出发点。

在申述价值问题时，西尼尔又提出价值决定于生产费用（生产成本），即工资和利润。他认为，“人类劳动、人类节制和大自然自发的要素，是生产的三个手段”（本书第138页），前二者构成商品的生产成本，“所谓生产成本，我们的意思说的是生产所必要的劳动与节制（即节欲——引者）的总和”（本书第145页）。在他看来，商品生产的进行，或人类的劳动与节欲的发挥，需要借助于自然力量，因而自然要素是生产的手段之一，但是如果这种要素极端丰富，到处可以取得，其供给实际上并无限制，它就仅有效用而无价格，不能成为价值的构成因素。在这种情况下，能够限制或影响商品供给而对商品价值起决定作用的，就只是人类的劳动与节欲，即生产成本。和萨伊、马尔萨斯等人的有关论述一样，西尼尔的生产费用论也渊源于亚当·斯密价值论中的庸俗成分，所不同的只是他运用节欲的概念来解释生产费用，把生产费用归结为两个互不相干的独立因素。他的这一错误理论，后来被一些庸俗经济学家发展为资本生产力论。

西尼尔的“节欲论”是怎样的货色呢？按照他所下的定义，节欲是指“个人的这样一种行为，对于他可以自由使用的那个部分，或者是不作非生产性的使用，或者是有计划地宁愿从事于其效果在于将来而不在于眼前的生产”（本书第 84 页）。劳动是工人对个人安逸的牺牲，资本则是资本家对个人消费和眼前享乐的牺牲。二者既然都作出了牺牲，并通过这些牺牲创造了商品价值，它们就理应从商品价值中得到一定的份额作为这些牺牲的报酬。西尼尔提出，工资就是对工人“牺牲安逸的报酬”；利润则是对资本家所作牺牲的报酬，“节制所表示的，既是不将资本投于非生产性使用的那种动作，也是将劳动使用于产生遥远结果而不是眼前结果的那种在性质上相同的行动。采取这样行动的人是资本家，这一行动的报酬是利润。”（本书第 128 页）有时他也将资本家由于不将资本投于非生产性使用、即“牺牲”自己消费而获得的收入称为利息，或对资本家节欲的报酬。在他的这个“新发现”中，劳动和资本都化为纯粹主观心理感觉的范畴，资本、工资、利润、利息的本质也都遭到严重的歪曲，资本家更被尽情美化了。

马克思说：“资本来到世间，从头到脚，每个毛孔都滴着血和肮脏的东西。”[1]又说：“竞争使资本主义生产方式的内在规律作为外

① 《马克思恩格斯全集》第 23 卷，第 829 页。

在的强制规律支配着每一个资本家。竞争迫使资本家不断扩大自己的资本来维持自己的资本，而他扩大资本只能靠累进的积累。”①这里清楚地指明，资本家是贪得无厌的剥削者，绝不是什么甘作“牺牲”、“节欲”的苦行者。他们为了加强竞争和剥削，必须不断地进行积累，而资本积累就是“把剩余价值当做资本使用，或者说，把剩余价值再转化为资本”，它离不开对工人创造的剩余价值的剥削，怎么能把它说成是什么资本家“牺牲”、“节欲”的结果？从资本家的个人消费和积累的关系来看，虽然资本家的挥霍一般不像放荡的封建主的挥霍那样直截了当，但是资本家的挥霍仍然和积累一同增加，一方决不会妨害另一方。资本积累得越多，资本家榨取工人创造的剩余价值就越多，他们也就越有条件过花天酒地、腐朽糜烂的生活；而资本家的奢侈浪费，讲究排场，又往往成为他们猎取“信誉”的手段，为他们带来更多的积累。西尼尔鼓吹“节欲论”，显然掩盖了雇佣奴隶制和资本主义积累的本质，掩盖了资本家对工人的剥削，把资本和劳动的关系化成了共同牺牲、并按各自作出的“牺牲”分别取得报酬的平等关系。马克思在讲到西尼尔的“新发现”，即“用节欲一词来代替被看做生产工具的资本一词”时指出：“这真是庸俗经济学的‘发现’的不可超越的标本！它用阿谀的词句来替换经济学的范畴。如此而已。”②

附带提一下。除了上述“节欲论”一类辩护理论外，西尼尔还在其他著作中提出了“最后一小时”的说法，为资本家榨取利润进

① 《马克思恩格斯全集》第23卷，第649—650页。

② 同上书，第654页。

行辩解。他将产品生产过程中同时进行的新价值的创造和旧价值的转移割裂开来，硬说工人在每天工作十小时以后的最后一个小时是创造“纯利润”，而最后的一个半小时是创造“毛利润”。如果工作日由当时的十一个半小时缩短到十小时，资本家就不得不因无利可得而关闭工厂，因此工人阶级不应当进行争取十小时工作日的斗争。他的这一谬论受到了英国工厂主们的热烈赞赏。“1836年的一个早晨，以经济学识和文体优美著称的纳骚·威·西尼尔，这位在英国经济学家中相当于克劳伦的人，从牛津被召往曼彻斯特。他在牛津教授政治经济学，现在被召到这里来学习政治经济学。工厂主选中了他，要他充当斗士去反对新颁布的工厂法和比工厂法更激进的争取十小时工作日运动。”[①]从马克思的这一段生动的描述，我们也不难看出，西尼尔进行理论活动完全是出于资产阶级的需要。

西尼尔的一些谬论不仅对庸俗政治经济学的发展曾经产生广泛影响，而且至今仍为一些资产阶级辩护士所师承。因此研究他的著作，具有一定的理论意义和现实意义。

顾　林

① 《马克思恩格斯全集》第23卷，第251页。

目　　录

绪　论

政治经济学的定义：讨论财富的性质、生产和分配的科学……… 1

财富的性质

财富包括所有下列事物，也只包括这些事物：可以转移的，其供给有定限的，可以直接或间接地产生愉快或防止痛苦的；或者换个同意义的说法，是可以交换的；或者再换个同意义的说法，是有价值的 ……………………………… 9

财富的要素：

1. 效用 …………………………………………………… 9

2. 供给有定限 ……………………………………………… 10

3. 可转移性 ………………………………………………… 12

供给有定限是最重要因素 ……………………………… 16

价值的定义：任何事物的适宜于在交换中互相授受的那种特质 ……………………………………………… 20

商品价值内在原因的定义：使一种商品具有效用并使其供给有定限的那些原因 …………………………… 23

商品价值外在原因的定义:使和它交换的那些商品具有效用并使其供给有定限的那些原因 …………………… 23
价值稳定取决于价值的内在原因的持久不变 ……………… 29
对财富定义的反对意见的商讨 ………………………………… 32

政治经济学四个基本命题概述

1. 每个人都希望以尽可能少的牺牲取得更多的财富
2. 限制世界上的人口或限制生存在这个世界上的人数的,只是精神上或物质上的缺陷,或者是各阶级中各个人对于在养成的习惯下所要求的那类财富可能不足以适应其要求的顾虑
3. 劳动的力量和生产财富的其他手段的力量,借助于将由此所生产的产品作为继续生产的工具,可以无定限地增加
4. 假使农业技术不变,在某一地区以内的土地上所使用的增益劳动,一般会产生比例递减的报酬,也就是说,尽管在土地上增加劳动,虽然总的报酬有所增加,但报酬不能随着劳动成比例地增加 …………………… 38
第一个基本命题——对财富的共同欲求 ……………………… 39
第二个基本命题——人口受到限制的原因 …………………… 43
第三个基本命题——劳动的力量和生产财富的其他手段的力量可以无定限地增加 ………………………………… 72
生产的定义:促使现存的一些物质的状态发生变化,由于这一变化的发生,或者是由此造成的结果,可以换取某

些事物。这一变化的结果是产品 …………………………… 72
产品被分成服务和商品。造成上述变化的动作是服务。变
化了的事物是商品 ………………………………………… 73
消费的定义:对事物的加以利用………………………………… 77
生产性消费的定义:会导成另一种产品的对商品的使用。
非生产性消费的定义:不会导成另一种产品的对商品
的使用 ……………………………………………………… 78
生产的手段:
主要的:1. 劳动;2. 自然要素
1. 劳动的定义:为了生产的目的、在体力或脑力方面的
自觉努力 …………………………………………………… 82
2. 自然要素的定义:其力量不是来源于人类的动作的
一切生产要素 ……………………………………………… 83
派生的:节制
3. 节制的定义:个人的这样一种行为,他对于他可以自由
使用的那个部分,或者是不作非生产性的使用,或者是
有计划地宁愿从事于其效果在于将来而不在于眼前
的生产 ……………………………………………………… 84
节制和其他一种或两种生产手段结合在一起时导成了
资本的存在。资本的定义:出于人类努力的结果、
用于财富的生产或分配中的一项财富 …………………… 85
使用资本时的不同方式 ………………………………………… 87
概述从资本使用中得来的利益:
1. 器械的使用 ……………………………………………… 97

2. 分工 …………………………………………………… 106
第四个基本命题——增益劳动，使用于制造业会按比例地提高效率，使用于农业会按比例地降低效率 ………… 118

财富的分配

社会可分成三个阶级，劳动者、资本家和自然要素的所有人，各有它不同的手段，不同的动作和不同的报酬…… 127
适用于第一个阶级——劳动者的命名系统……………………… 127
适用于第二个阶级——资本家的命名系统……………………… 128
适用于第三个阶级——自然要素的所有人的命名系统……… 128
交换………………………………………………………………… 137
生产成本的定义：生产所必要的劳动与节制的总和 ………… 144
生产者方面的生产成本和消费者方面的生产成本的区别…… 145
生产如果不受独占的支配，则两种生产成本相等 …………… 147
独占分为四类：
1. 独占者并没有生产方面的独占权，只有作为一个生产者的某些独占设备，这类设备可以在同等或递增的有利条件下无定限地使用 ……………………… 148
2. 独占者是唯一生产者，但其产品的总量无法增加 …… 149
3. 独占者是唯一生产者，其产品的总量可以在同等或递增的有利条件下无定限地增加 ………………… 150
4. 独占者不是唯一生产者，但是具有特殊设备，这类设备的助力会随着产品总量的增加而逐渐缩减，终于消失 ……………………………………………… 151

最后一种独占是“土地大独占”…………………………… 151
生产成本对价格的效应…………………………………… 158
独占对价格的效应………………………………………… 164
增益劳动使用于制造业会按比例地提高效率,使用于
农业会按比例地降低效率——由这一命题得出的推断…… 169
1. 制造品需求增长和农产品需求增长的不同效应 ………… 170
2. 赋税对制造品价格和农产品价格的不同效应 ………… 171
关于某些收入究竟应当叫做地租、利润还是工资的商讨 …… 182
决定地租的相对数额的成因……………………………… 193
利润和工资的相对数额…………………………………… 199
决定在一定时间和一定地点的工资平均率和利润
平均率的因素…………………………………………… 201
应用到工资时的高和低这些字眼的意义………………… 202
工资数额与劳动价格的区别……………………………… 212
决定工资率的近因是维持劳动者的基金限度对被维持的
劳动者人数的比率……………………………………… 219
与这一论点不相一致的七种不同见解的讨论:
1. 认为工资率完全取决于一个国家的劳动者人数对
资本量的比率 …………………………………… 219
2. 认为工资取决于劳动者人数对劳动者所属的那个
社会的总收入的比率 ……………………………… 220
3. 认为非生产性消费者的不在当地,不利于不输出
农产品国家的劳动人民 ………………………… 221
4. 认为一般工资率会在两种情况下因机器的采用而

降低 …………………………………………………… 231
5. 认为外国货进口会降低一般工资率 ………………… 239
6. 认为地主和资本家的非生产性消费有利于劳动阶级,因为由此为劳动者提供了就业机会…………… 240
7. 认为对劳动阶级比较有利的是,让他们从事服务上的生产而不是商品的生产 ………………………… 242
决定维持劳动者的基金限度的因素:1.劳动者使用商品的直接生产或间接生产中的劳动生产力 2.直接或间接从事于生产劳动者使用物品的人数对劳动家庭总数的比率…… 247
I. 决定劳动生产力的因素:
1. 劳动者的肉体、智力和精神的属性………………… 248
2. 自然要素的协助 ………………………………… 249
3. 资本的协助 ……………………………………… 250
4. 有没有政府方面的干预 ………………………… 250
II. 促使劳动不用于供应劳动家庭使用商品的生产的因素:
1. 地租 ……………………………………………… 256
2. 赋税 ……………………………………………… 258
3. 利润 ……………………………………………… 262
决定资本家和劳动者对除去地租和赋税以后的共有基金的分配比例的看来有两点:第一,在某一国家某一期间所作出的资本预付的一般利润率;第二,就各个情况说来的从预付资本到取得利润所经过的期间…………………… 262
构成利润的是资本家所作出的预付值和报酬值之间的差异 … 263
怎样估计利润…………………………………………… 264

支配利润率的是用于生产工资品的资本供额与劳动者供额之间的比率…… 266
关于决定资本预付期间的原因无法作出概括陈述…… 275
资本家和劳动者只是作为消费者时才跟资本预付期间有关系…… 277
亚当·斯密所提出的劳动和资本的各种运用中工资数额和利润率高低不一的原因：
1. 工作是否惬意 …… 281
2. 学习是否便利 …… 287
3. 工作是否稳定 …… 292
4. 信任 …… 293
5. 成功的可能性 …… 294
由于劳动和资本从这一行业转移到那一行业的困难而引起的不均衡…… 306
劳动和资本从这一国转移到那一国的困难…… 311

绪　　论

政治经济学的定义。我们打算在本书提出一个讨论财富的性质、生产和分配的这门科学的大纲。我们把这门科学定名为政治经济学。读者一定知道,这个词常常在广泛得多的意义下被使用。那些号称政治经济学家的早期作者所公开谈论的并不是财富,而是政治。利维尔(Mercier de la Riviere)的著作题名为《政治团体的自然基本秩序》(*The Natural and Essential Organization of Society*),表示要建成一个有机组织,"这个组织必然会提供世间能够享有的一切福祉。"[①]詹姆斯·斯图亚特(James Steuart)爵士说,"这门科学的主要目的是,为一切人民取得一定的生活基金,排除足以危及这一基金的一切障碍,提供社会所需的一切事物。"[②]现代欧洲大陆作家一般也作了同样广泛的研究。斯托赫(Storch)先生说,"政治经济学是决定国家的繁荣、也就是国家的财富及其文化的自然法则的一门科学。"[③]西斯蒙第(Sismondi)先生认为,"从政府的事业来看,人类的物质福利是政治经济学的研究目标。"[④]

---

① 《前言》第 6 卷。

② 《政治经济学原理之研究》第 1 卷,第 2 页。

③ 《政治经济学教程》第 1 卷,第 21 页。

④ 《政治经济学新原理》第 1 卷,第 2 章。

萨依先生说,“政治经济学是社会经济学,是将我们对社会团体各部门的性质和职能作出的观测结果结合起来的一门科学。”[①]英国学派的现代作家一般都表示,他们所注意的只是财富理论。但是其中的一些第一流人物,尽管表明他们所要讨论的当以这一(在我们看来是恰当的)范围为限,而事实上却侵入了一般立法者或政治家的研究领域。例如,麦克库洛赫(McCulloch)先生说明政治经济学的定义是,“支配对人类说来必然有用或适合的并具有交换价值的那些物品或产品的生产、积累、分配和消费的定律的科学”,[②]或者是“价值的科学”;然后又加以补充,说“这门科学的目的是指出怎样使人类的勤劳得以在最大效率下产生财富的方法,是确定在什么样的环境下最有利于财富的积累,并且确定财富的分配比例及其最有利的消费方式。”[③]

政治经济学的范围。这类研究无疑是非常重要的,但不容易确定其范围。作为这类研究的一般前提,所涉及的是关于政治道德和关于民法及刑法的整个理论的考虑;作为其特定前提,所涉及的是足以影响经济学家对于其活动企图加以指导的每个集体的社会状态的一切事实的知识。我们认为这类研究远远超过了任一专题论著的范围,实际上也超过了任一个人的精力。我们认为我们自己和读者双方所注意的,应当以财富的性质、生产和分配为限。这比听任自己脱离正轨,而趋入环绕着政治经济学比较狭窄的路线的那些更加引人入胜、更加重要但是界限要不明确得多的领域

① 《实用政治经济学大全》第1卷,第1、2页。

② 《政治经济学原理》第1页。

③ 同上书,第8页。

的办法要好得多;这样就可以产生比较鲜明、完整并且比较有教益的作品。财富的占有,大致要达到什么程度和在什么样的环境下,对其占有人说来,或者是对该占有人所处的社会说来,才算是有利或有害的?对社会的各个状态说来,什么样的财富分配最合需要?对任一国家说来,促成这样分配的手段是什么?所有这些,都是既饶有意义也极其困难的问题,但是并不构成按照我们使用政治经济学这个词的意义说来的一个部分,正同航海术不是天文学的一个部分的情形一样。政治经济学所提供的原理,确实是解决这些问题的必要因素,但并不是唯一因素,甚至也不是最重要的因素。从事于这类问题的研究的作家,实际上钻研的是"立法"这一重要学科;钻研这门科学时需要政治经济学所提供的一般原理的知识,但其主题、前提及其结论与政治经济学的根本不同。"立法"这一学科的主题并不是财富,而是人类的福利。它的前提系汲取自变化无穷的各式各样的现象;支持这类现象的种种迹象,其力量的强度高低不一,由此得出的结论,其值得赞同的程度,从完全可信到只能付之怀疑,中间也有无数层次。它的阐述者所能够做到、甚至必须做到的是,不仅在于说明一般事实,而且在于对实际措施或一系列动作的或取或舍,提出明确主张。

反之,就我们所使用的狭义下的政治经济学这个词来说,它所讨论的主题却不是福利,而是财富;构成它的前提的是很少的几个一般命题,这是观测的或意识的结果,简直不需要证明,甚至不需要详细表述,差不多每个人一听到就会觉得在他思想上久已存在,或者至少是在他的知识范围之内;作为一个经济学家,他的推断如果是正确的,推断就会和他的前提具有几乎一样的普遍意义,一样地确定。有关财富的性质和生产的那些推断是可以普遍适用的;至少有关财富分配的那些推断,虽然不免要受到各个国家的特有制度——例如奴隶制、法定专营、救贫法等等——的影响,但是仍然可以把自然事态当做通则,对于由特殊的干扰因素所引起的变态则可以随后再作出解释。但是他所作出的结论,不管有多大的普遍性和真实性,并不能使他可以借此进行指导,在这方面有所主张。这个特权属于这样一些作家或政治家:他们对于足以促进或妨碍他们所面向的那些人的一般福利的一切因素,是作了全面考虑的。这个特权并不属于这样的理论家:他们所考虑的只是那些因素中的一个,尽管是其中最重要的一个。作为一个政治经济学家的职责,既不是有所推荐,也不是有所告诫,而只是说明不容忽视的一般原理;但是,如果以这类原理作为实际事务处理中唯一的——或者,即使是作为主要的——指导,那就既不适当,事实上也恐怕行不通。这里各个经济学作家的任务是明确的。他所从事的是科学,其间如果有了错误或是有了疏忽,就会产生极其严重、极其广泛的恶劣影响;因此,他就像个陪审员一样,必须如实地根据证据发表意见,既不容许同情贫困,也不容许嫉视富裕或贪婪,既不容许崇拜现有制度,也不容许憎恶现有的弊害,既不容许酷爱虚名,投合时好,也不容许标新立异或固执不变,以致使他不敢明白说出他所相信的事实,或者是不敢根据这些事实提出在他看来是合理的结论。至于就各个情况说来,决定这类结论应当被执行到什么程度的问题,系属于行政技术的范围,政治经济学只是这一技术的许多辅助学科之一;这一技术要牵涉到种种动因的考虑,而财富的期求只是其间的许多动因之一,它所针

对的目标多种多样，对这类目标说来，财富的占有只是一个从属手段。

政治经济学是为多种科学与技术服务的，将政治经济学和后者混同起来，是这门科学进展的主要障碍之一。障碍会在两种方式下发生作用：

首先是在群众中引起偏见。

其次是，不论在这门科学的目的方面，或是在达成目的的手段方面，都会使经济学家趋入歧途。

就第一点说，政治经济学家常常受到埋怨，认为他们所注意的只是财富，而漠视一切关于福利或德行的研究。我们但愿这样的指责有其比较合理的依据；但指责的普遍存在表明其间含有一种看法，认为政治经济学家的任务不仅是在于表述论点，而且应当推荐实际措施，因为，如果不是在这样的假设下，他们专门注意于一个课题时就不会受到指责。谁也不会责备一个研究战术的作家，说他专门注意军事，也不会由此断定这位作家抱着好战态度。应当看到，一位作家，如果于说明了某一处理方式足以促进财富的生产之后，就单是为了这个原因而推举这个方式，或者是，单是为了这个原因就认为应当按照这个方式进行，那就陷入了一种荒谬观点，以为幸福和占有财富是一回事。但是他的错误并不是在于将注意力局限于财富，而是在于将财富和幸福两者混而为一。这是个显而易见的错误；假使避免了这个错误，那么一个作家越是严格地把注意力集中于他自己的学科，就越有可能扩大这一学科的范围。

第二点，由于把政治经济学和它所服务的科学跟技术混同了

起来，从而使经济学家有时会从事于过于笼统的研究，以致不能获得任何实际效果，有时于追求这门科学的正当目标时，所使用的却是不适合于达到这一目标的工具。由于这些经济学家把政治经济学的目标看得过于广泛，因此，往往对事实的搜集给予过度的重视，而忽视了根据当前事实作出准确推论这一重要得多的作用。我们经常听到，说政治经济学是一门属于事实与实验的科学，是以罗列事实为贵的。毫无疑问，这一门科学的实际应用，跟任何别一门科学的实际应用一样，需要加以搜集和研究的事实几乎是无穷无尽的。例如，为修改救贫法或是为了与中国进行通商而需要搜集的材料，其所占篇幅也许比历来关于政治经济学所写的一切著作合起来所占的篇幅加上一倍还不止；然而政治经济学的一般原理所依据的事实，却可以用几句话甚至几个字说清楚。但是根据事实进行推理从而得出正确结论，却不是件轻而易举的事。政治经济学建立已久，而且经过了认真研究，可是直到今天还处于这样的不完善状态；上述推理的困难，由此可见。

困难部分是由于政治经济学所研究的题材性质极其复杂，和它的术语的抽象性及概括性。假使可能的话，将“财富”这个词、甚至将含义较狭的“资本”这个词所指的一切事物加以描述，那就可以填满一部百科全书。困难部分还由于这样一种情况，我们不得不用来作为这类抽象概念的记号的一些术语，系采自日常语言；而就科学的目的说来，这些字眼在日常使用中的意义，不是过于广泛，就是过于狭窄。因此，就作者和读者双方说来，对某些名词，往往会将其所要理解的观念跟应当加以排除或分开的那些观念混合在一起。例如，在日常语言中，资本这个词有时用来指一切种类的财富，有时又单指货币。

如果经济学家过去意识到这门科学依靠的主要是推理而不是观测，其主要困难不是在于事实的调查而是在于术语的使用，那就毫无疑问，他们会将主要力量导向术语的精确选择及其前后一贯的使用。但实际情况远不是这样，只是在最近期间，对术语的使用才予以严格注意。一部《国民财富的性质和原因的研究》里，简直没有一个定义。多数现代的法国作家，实际上还有我国某些作家，不但不顾到定义，而且明白拒绝使用定义。在本世纪最引人注意的作品——李嘉图先生的《政治经济学及赋税原理》里所使用的一些字眼，跟日常用法以及别的作家在同样学科中的用法相差得那样远，而作者并不加以解释，他本人对这些字眼的用法也前后不一致，以致损害了这部书的面目，使读者人人感到迷惑，有时甚至使这位杰出的作家自己也迷失了方向。我们不怪他在语言使用上的改革；为了科学上的目的，这是往往无法避免的，我们自己在多种场合也不得不这样做。我们所不满的是，他的改革往往是不必要的——例如用价值这个词代替成本——而且差不多从来不预先向读者说明；又如，同样的形容词高和低，用之于工资时，有时指的是通俗意义，表示的是一个数量，有时指的是他自己所用的特有意义，表示的是一个比例。

我们表示这些意见的目的，不仅是在于说明，到现在为止，政治经济学进步迟缓的原因，并建议加速其进展的方法，而且还在于向读者说明本书的性质。读者会看到，本书的内容主要是关于对几个常见的词如何作最合宜的使用的讨论。这类讨论无法使其内容津津有味，引人入胜，但是由此可以使读者注意到这门科学中重大困难的所在；我们相信，这对读者当有所助益；虽然读者也许会在很多方面不同意我们的分类法和命名法。

财 富 的 性 质

财富的定义。前已说明，我们所要研究的、经我们称之为政治经济学的那门科学，所讨论的是财富的性质、生产和分配，因此，这里首先应当说明一下我们使用财富这个词时所指的意义。

这个词包括所有下列事物，也只包括这些事物：可以转移的，其供给有定限的，可以直接或间接地产生愉快或防止痛苦的；或者换个说法，是可以交换的（使用交换这个词时，既指租借，也指绝对的购买）；或者再换个说法，是有价值的。关于价值这个词，本书随后还要作出相当详细的解释，目前只是在通俗意义下使用，假定指的只是在交换中可以互相授受的素质。

财富的要素

1. 效用。使任何事物得以成为一项财富——或者换句话说，使之具有价值——的上述三种特质中最显著的是足以直接或间接产生愉快的能力，这个词包括一切类型的满足，或痛苦（包括一切类型的不愉快）的防止。可惜我们没有一个字眼足以精确表达这种能力；效用这个词是比较最近似的，一般即用以表示作为防止痛苦或间接产生愉快的一个手段的特质。这里还准备将这个词的含义大胆地加以推广，认为也包括足以直接产生愉快的一切事物在内。无可否认，这是在英语中一个相当显著的改革。然而，这却是马尔萨斯先生（见《政治经济学中的定义》第 234 页）所认可的。法语比我们自己的语言更少改动余地，而萨依先生却大胆地作了类似的尝试。他感到的是同样的困难，他解决这个困难时使用的是同样的方式：使效用（utilité）这个词包括足以使任一事物成为欲求的对象的一切特质。我们也曾试图用吸引力（attractiveness）或欲求（desirableness）这类字眼来代替；但是总的说来，效用这个字眼固然无可否认是有缺点的，而上述一些字眼似乎更加要不得。

在这样解释下的效用，是价值的一个必要成分。没有人会用哪怕具有极少效用的任何事物去交换一无效用的事物；即使以两件无用的事物互相交换，对交换的每一方说来也是无意义的举动。但效用指的并不是我们称之为有用事物的内在特质；它所指的只是事物对人们的痛苦与愉快的关系。来自各个物体的痛苦和愉快的感受，系由无数成因所引起，所变更，是刻刻在变化的；因此，各种各样的物品对各种各样的人说来的相对效用，会有无穷无尽的差异，这种差异就是一切交换的动机。

2. 供给有定限。价值的第二个要素是供给的有定限。这个说法，就不拘哪一类事物而论，也许显得并不准确，因为实际上这是一切事物共有的特质，严格地说，没有一种事物的供给是无限的。但是就政治经济学的立场说，任一事物，在其现存状态下，都可以认为其供给是无限的，人们可以要多少就拿多少，所费的只是据为己有时的一番辛劳。例如，公海里的水的供给，就我们使用的词意说，是无限的，任何人喜欢到那里去取水，他就可以要多少取多少；但是被运到伦敦的那个部分的供给是有定限的，要取得时，并非只是走到蓄水池边就可以任意汲取，还得付出相当代价。约翰·富兰克林(John Franklin)爵士在北冰洋岸发现的铜矿，在其现存状态下可以认为供给是无限的，任何人可以在其体力与忍耐力的限度下，要多少就采取多少；而被采出的那部分的供给是有定限的，因此就有了价值。许多事物的供给，就某些方面说来是无限的，就其他方面说来却是有限的。江河里的水，一般地说，足以适应本国的一切使用目的而有余；因此任何人去打一桶水时，无须支付代价。但是有些人需要利用水力以推动其碾磨机，要满足所有这些人的需要大都是感到不足的；因此，要取得这一特权，就得支付代价。

就经济的意义说，还得看到，所谓供给有定限总要牵涉到现有供给所以有限的种种原因的考虑。有些种类的财富，其供给所以有限制是由于不可克服的障碍。拉斐尔(Raphael)的绘画和卡诺瓦(Canova)的雕像，存世之数只会减少，决不可能增加。还有些物品，其供量可以无限地增加。这类物品，不是按照各该物品的现有供给说，而是按照各自增加其供量时所面向的阻力说，可以认为其供给是比较地有定限的。据估计，现在已经采掘的、在欧洲流通的白银，约为现有黄金存量的四十五倍。要增加两者的供量，唯一方法是通过人类的努力，由此可以使两者增加的数量，简直无法确定其限度。由此可见，使两者的供给受到限制的障碍是，增加各自的供量时所必要的人类努力的量。生产1唡黄金所需要的劳力，约为生产1唡白银的16倍。这就是说，限制黄金供给的阻力，比限制白银供给的阻力要强大16倍。因此，按照我们的供给有定限这个词的意义说，黄金供给的有限程度只高于白银16倍；虽然白银的实际存量在欧洲超过黄金达45倍。再举一个与日常生活比较密切的例子，在英国，所存外衣件数和背心件数大致相等。两者的供给，都可以通过人们的努力作无限制增加；但是，做成一件外衣，大约须花费3倍于做成一件背心的劳力。限制外衣供给的阻力比限制背心供给的阻力既然强大3倍，我们认为外衣的供给就有了大于背心供给的3倍的限制；虽然两者的现有供给实际上也许大致相等。因此，不论什么时候，我们对其数量可以增加的那些商品用供给有定限这个词作为一个比较说法时，指的是限制各该商品供给的阻力的比较强度。

3. 可转移性。任何事物，要成为一项财富——或者说，要使之具有价值——所必须具备的第三个、即最后一个特质是可转移性；我们用这个词(抱歉得很，一个不常用的词)来表明，足以产生愉快或防止痛苦的能力的全部或其一部分，是能够或者绝对地、或者在一个期间被转移的。这就很明显，这一事物必须是能够被占有的；没有人能够将他无法摆脱的东西转让给别人。关于快乐产生和痛苦防止的根源的绝对不能被占有的情况是很少见的。在我们看来，世上不见得有这类事物；一般所列举的这类例子肯定是不正确的。萨依先生在《政治经济学》第2卷第9章里说，“土地并不是唯一有生产力的自然要素，但只有、或几乎只有这种自然要素可以被占有。海洋和河流里的水，由于可以培育鱼类、推动机器、浮载船舶，也是有生产力的。我们可以利用风力和太阳的热，但幸而还没有人能说‘风和太阳是我的，对于它们所提供的服务，必须给我报酬。’”要晓得，空气和阳光实际上都是属于某一有限地区的。

某些地区的风力较强，别一些地区的风力较弱，太阳的光线作为生产要素，在英国的比在麦尔维尔岛的为强，在热带的又比在英国的为强；这些都这样地显而易见，如果郑重其事地加以论证，就未免可笑。土地既处处可以被占有，气候是土地的属性，当然也跟着被占有。使法国科特·罗沙(Côte Rotie)的葡萄园获得其特有价值的，除了那里的阳光所提供的热还有什么？使俯瞰着海德公园的那些宅第获得其特有价值的，除了那里空气的清洁还有什么？江和海也是同样不恰当的例子。英国有许多河流是比任何同样面积的土地大得多的财富的根源，其被占有的严格程度并不亚于土地。萨依先生如果到兰卡郡来看一看就必然会看到，那里每一条河的每一处急流都是租赁和购买的对象。海洋所提供的服务也决不是不能被占有的。在最近一次战争中，为了取得可以作一次航行的执照，所付的代价有时达 6 万镑；为了要取得海洋的某些部分的捕鱼权利，还往往会引起战争和国际谈判。

有些事物的效用不能全部转移，这些事物可分为两大类。第一类所包括的是，会激起特殊心理上的爱好、或者是适应个人的特殊欲望的那些有形物体。一所大宅院，对其所有人说来因为是他先人的旧业，这就会使他感到自豪，或者因为是他儿时钓游之地，所以使他格外感到亲切；或者是他会造成这样一种屋子，没有别的人看得上眼，只合他自己的口味，或者把房间布置成这样一种式样，只能适合他自己的习惯。由于屋子总是具有避寒暑、蔽风雨的功能的，他依然可以觅到购户或租户；虽然，正是对他成为主要优点的那些特质，会使这所屋子的价值降低。英国的宫廷在舒适和便利方面是考究得无微不至的，可以作为大富翁的一个极好的住所;可是屋内又有屋的那一套复杂结构,举行朝觐时是非常适合的,对皇族以外的人说来只是个累赘。任何人可以租用阿尼克(Alnwick)府或布莱宁(Blenheim)府,从而欣赏其雄伟富丽,单是由此所获得的享受,也许有过于对此已经看惯了的该屋所有人的享受;但是他决不会感到似乎特别会使如珀西(Percy)或丘吉尔(Churchhill)[①]那一类人所引起的特有快感。有许多东西,例如衣服和家具,除了原有的买主以外,任何别人对其效用的估计都会有所降低,原因只是在于这件东西已经换了一次主人。刚才买来的一顶帽子或一张桌子,在买主看来,其效用并不比他在店里看到的时候差些;可是如果他想转售其中之一,待售的这一件在别人眼里就顷刻成为旧货,效用一落千丈。

不能全部转移的第二类事物包括人类的能力的大部分,也许是全部。这样的分类,把才能和成就列入财富项目中,初看起来似乎有些离奇,有些不对劲;这跟多数经济学家的说法肯定是不同的。因此,准备对这一点作出比较详尽的说明。

在我们看来,健康、体力和知识以及属于肉体和精神的其他天赋的和学习得来的种种能力,都是财富的项目,正同一所住宅有其普遍适用的特质、也有特别适合其所有人的口味的特质的情形相类似。它们的供给是有定限的,它们所具有的可以产生愉快和防止痛苦的因素,比占有阿尼克府或布莱宁府时所具有的这些因素要有效得多。由此产生的利益的一部分是跟所有人结合在一起的,就同遗传的特性无法分割的情形一样;还有一部分,往往是很

① 两所屋子的原来的两个主人。——译者

大的一个部分，则跟一所住宅的明摆着的适用性和一座花园的美感一样地可以转移。所不能转移的是，当任何才艺获得发挥时一般所要发生的那一时的快感，以及由于意识到具有这一才艺而引起的那种惯有的满足心情。所能转移的是，在服务期间由于使用才艺而发生的有利结果。如果有一位像厄斯金(Erskine)或苏格登(Sugden)那样的人物承担了我的诉讼案件，那么在这一案件的审理期间，他就把他一切天赋的和习得的才能的效用转移给了我。我的辩护在进行时，就像我自己是具有一个有才能的辩护者的知识和口才的情形一样。他所不能转移给我的是，发挥他的技巧时他所感到的愉快；但是，如果他为我获得了胜诉，他的快感跟我的比起来是多么微小！一个旅客看到船员们的活泼和勇敢，也许要感到羡慕，而船员实际上是无法把他们的体力或不畏险难的精神转移给他的；但是，就这些品质是达到一种目的的手段而论，就由此可以使他完成一次迅速而安全的航程而论，他是充分享受了这些品质的效用的，就像这些品质是属于他自己的一样。一个猎人所感到的跟厄斯金在法庭上所感到的，可以说是大体上同类型的愉快，这一快感跟他的肌肉和肺脏一样地不能转移；但是，就他的膂力、耐力和矫捷是使他能够飞鹰走狗、驰骋田猎的手段而论，这类手段正同他所使用的鞍鞯和辔头一样地可以买得或租得。在世界上的多数地区，人是和马一样地可以买到的。在这些国家里，奴隶和禽兽在价值上的唯一区别，只是在于两者各自所具有的如上所述可以出卖的特质的多少。如果在古代提出了人的能力是不是财富的一个项目这一问题，那就显得问题非常明了，无须讨论。在雅典，个个人会回答说，事实上他们自己是构成了 *εμψυχογ ορναγον*

(生命力)的全部价值的。自由民和奴隶在这方面的差别只是:第一,自由民只是在一个期间、在某一限度上出卖他自己的,而奴隶是可以被别人出卖,被绝对地出卖的;第二,奴隶的个人特质是他主人的财富的一部分,而自由民的这类特质,就其可以成为交换的对象而论,是他自己的财富的一部分。诚然,这类特质一旦本人死亡时会消失,会被疾病所削弱或毁坏,会由于国家的风俗习惯的任何变化而使他的服务失去需要;但是,尽管不免要发生种种意外事故,这类特质仍然是财富,是最宝贵的一种财富。在英格兰,由于这类特质的发挥而得来的收入,其数额远远超过大不列颠全部土地的租金收入。

供给有定限是最重要因素。价值的三个条件——效用、可转移性和供给有定限——内,末一个是最重要的。它对价值的影响的主要根源是人性中两个最有力的要素:喜爱变换和喜爱体面。最低生活的必需品,为数既不多,也很简单。在这里的气候下,只要有土豆,有水和盐,再有一套简单的衣服,一条毯子,一间棚屋,一只铁锅和一些燃料,就足以维持最低的生活;爱尔兰大部分居民所赖以维持生活的,实际上就是这一些;在比较温暖的地区,为维持最低生活所必需的,还可以大大减少。但是,像这样有限的享受范围是没有人会感到满足的。他首先要注意的是变换食品的花样,这一欲求虽然在最初是迫切的,但是大致除了服装之外,比任何别的欲求都容易得到满足。我们的祖先,在别的方面久已沉溺于高度的奢华之后,对于虽然大体上很丰富而实际上极其简单的饮食,似乎已经感到满足。即使在今天,虽然时常听到关于在饮食上过于奢侈的责难,但是我们看到,多数人——其中甚至包括在饮食上并不受资力限制的那些人——在主要固体食物方面只限于少数几种，在饮料方面品类更少。

次一欲求是服装上的变换。这一爱好有一个特点；虽然这是一个民族从最低级野蛮生活挣脱出来时的最初征象之一，但很快就达到最高峰，此后在美化的进程中有了退步，至少就两性中之一说来是这样，到了现在，即使是身份最高的人物，穿得也像个教友会会员那样地朴素。

最后要谈到的是关于房屋、装饰和陈设的欲求；这类爱好一经存在，就永远不会知足，而且似乎是随着文化的每一进度而增长的。我们现在对于一所普通住房所要求的舒适和便利，超过了一个世纪之前大财主们所享受的程度。即使在一个世纪之前，一位体面商人的卧室，如果布置得并不比国王亨利八世的卧室强些，他就要感到不称心；据说亨利八世卧室里所有的只是一张床，一只餐具柜，一把折叠椅子，一副壁炉的柴架和一面小镜子。[①] 然而亨利却是当时各国君主中最富裕和最豪华的。我们的曾孙一辈，对于现代的起居设备也许要看不上眼，而他们的后代又会感到，他们的起居何其简陋！

很明显，我们所想望的主要不是在于量的增加，而是在于内容的多样性。不但任一类商品所能提供的愉快总有其一定的限度，而且在达到这个限度之前，它所提供的愉快早已在越来越迅速地消逝。同类的两件物品所提供的愉快，很少会比一件所提供的增加一倍，10 件所提供的，更不会达到两件所提供的 5 倍。因此，任

① 亨利：《英国史》第 6 卷，第 7 章。

何物品，如果供应充足，那么已经具备、不再需要增购、或者即使要增购也有限的那些人，为数必然很多，供应越是充足，这类人就越多；就这类人说来，增加的供应已经失去了全部或将近全部的效用。反之，物品越是稀少，需要的人就越多，需要的迫切程度就越加提高；因此，物品的效用，也就是保有某一数量时所获得的愉快，将按比例地增加。

但是，对变换的欲求虽然坚强，跟对体面的欲求相比还是薄弱的。喜爱体面的感觉是普遍存在、经常存在的，任何时、任何人都要受到它的影响，这个感觉是与生俱来、除死方休的；这样看来，可以断言这是最强、最有力的人类素性。

有了较多的财富就有了体面，这一点是最明显的。拥有较多的财富是最能引起多数人的羡慕的，他们觉得能够争的也只有这个。在他们自己的对比范围以内要显得阔绰些，体面些——这一点是可以不受到真正贫苦的威胁的差不多一切人们的主要行为准则。为了这个目的，他们会忍受任何肉体上的痛苦或快乐都不能诱使他们忍受的、任何奴隶不论在什么样的威迫利诱下都不能忍受的劳苦。但是，达成这个目的的方法是表现，除此以外，实际上别无其他方法。即使是帕克托勒斯(Pactolus)河①里所有的黄金，即使这条河里的黄金多得像迈达斯(Midas)②刚才在里面洗了澡的，也显然不能使取得了这些金子而不能显扬出来的那个人增添一分光彩。显示财富的唯一方式是，公开地拥有某种供给有定限

① 在小亚细亚西部的古国 Lydia 的一条小河，以产金沙著名。——译者

② 希腊神话，小亚细亚的古国 Phrygia 的国王，相传任何东西一碰到他的手就变成黄金。——译者

的所欲求的物品。单是供给有定限还是不够的，其间还须具有某种别的条件，才能使之成为所欲求的物品，或使之具有效用。这个条件是该物品还须具有这样一种特质：除其所有人以外，还有别的人对它也抱有效用观念。任一个小学生的习题原稿也和任何事物一样地供给有定限，但是除在校应用以外，别无其他情况可以使之成为一种所欲求的物品。这只是墨痕狼藉的手稿，固然没有同样的第二件，但并无价值。如果发现了《国民财富的性质和原因的研究》的原稿，那就会轰动整个欧洲。像这样一种永垂不朽的伟大著作，人们对于其原稿的发现，总是怀有极大的好奇心的。这份原稿也许被一个无知识的收藏家所得，他买了去只是为了装点门面；但是，这份手稿除了为世间孤本以外，如果别无其他受到欢迎的原因，那么，即使是装点门面的需要也不能满足。

然而，最渺茫、最无从捉摸的是，使一种物品，当其供给严格地有定限时成为所欲求的物品的那些条件，也就是使之具有效用——就我们使用这个词的广义说——的那些条件。

目前，欲求物品中之最显著的是金刚钻；某一定量的金刚钻可以易取极大数量的一切其他事物。波斯国王的一个手镯，上面的钻石重不及 2 唡，据说价值 100 万镑。100 万镑可以抵得过英国大约 3 万户在一年中的劳动总值。如果用这项劳动来生产和再生产供销售的商品，则由此可以不断产生的一年纯收入，大致相等于 3 000户或 1.2 万人的劳动价值。这一宗收入，可以使其所有人自由处理一个大城市里全部居民的全部劳动所能生产的全部商品。几块不到二唡重的矿物，除了悦目以外别无可取之处，老是盯着它还会使目力疲倦；而由于我们的虚浮想象，所给予它的价值，却相等于足以供应高等文明社会中成千上万人过相当舒服的生活所需的商品的总值。金刚钻所以引起人们的注意,最初必然是由于它的坚硬和耀目的光彩这些特质。由此使人有了美感,觉得可以用来作为装饰品,这就把效用观念跟它联结在一起。但是,重达一两的金刚钻,百年中也不会发现一次。就目前所知,这样的金刚钻存世的不过五粒。占有供量这样有定限的欲求物品,不久就成为财富的最确凿证明。显示富裕既然是多数人的主要素性,只要限制其供给的阻力没有减退,金刚钻这样东西就大概将继续成为热烈争取的对象。假使辛巴德(Sinbad)[①]发现了一个钻石之谷,或者是我们用木炭制造钻石成功,那么这件东西也许只有野蛮人用作装饰,或儿童用作玩具,以及由某些工业用作工具和原料;这时我们会把整船的金刚钻运到几内亚,用以交换等量的象牙或树胶。

价　　值

价值的定义。我们为财富下定义时说财富所包括的是一切有价值的事物,也只包括这些事物。这就有必要相当详细地说明一下我们对价值这个词所给予的意义——尤其是因为,关于这个词的意义,一向是一个被热烈争论的题材。前已说明,我们是在通俗意义下使用价值这个词的,指的是任何事物的适宜于在交换中互相授受的那种特质,或者换句话说,是任何事物的适宜于租出或售

① 天方夜谭中一个神奇的航海家。——译者

出、租用或购入的那种特质。

这样定义下的价值，指的是两种物品之间交相存在的一种关系；说得明确些，这种关系就是，在交换中用另一物品的某一数量所能取得的这一物品的数量。因此，如果不明显地或隐含地提到据以估值的另外一种或多种物品，就无法确定任一物品的价值；换句话说，就无法确定该物品的某一定量可以换得的某一物品的某一定量。

我们已经看到，目前最为人们所希求的、也就是具有最高度价值的物质是金刚钻。这里的意思是说，更没有一种物质，其一定数量所能易得的其他任何商品，会达到那样大的数量。当我们要说明波斯国王一只手镯的价值时，我们首先谈到的是可用以易得的黄金的数量，其后谈到的是可用以易取的在英国的劳动量。如果对这只镯子的价值要提出详尽说明，那就得将可用以易得的财富的各个项目的数量逐一举示。假如能举示这样一个细目，在商业上当有极大的教益，因为由此不但说明了以一切其他商品计的金刚钻的价值，而且说明了一切其他商品彼此之间的相互价值。如果查明重一唡的金刚钻可以易得的是：赫普本（Hepburn）产的煤150万吨，或埃塞克斯（Essex）产的小麦10万吨，或英国制的书写纸2 500吨，这就可以推定，煤、小麦和纸会在与金刚钻交换的等比例下互相交换，就可以推定，某一定量的纸可以购得超过其重量六百倍的煤，超过其重量40倍的小麦。

需求和供给。确定商品的相互价值的原因，也就是说确定一种商品的某一定量可以易取另一种商品的某一定量的原因，必须分成两类。一类是足以使一种商品的供给有定限并可供使用（这里用这个词来表示可以产生愉快和避免痛苦的能力)的那些原因;还有一类是使这些属性为另一种商品所有的那些原因。在普通语言中,一般用需求这个词表示使商品具有效用的那些原因的坚强有力;用供给这个词表示限制商品数量的那些阻力的软弱。

因此,所谓商品各按其需求和供给的比例进行交换的通常说法,意思是说,按照分别使它们具有效用的那些原因的坚强或软弱的比例进行交换,并按照分别使它们供给有定限的那些阻力的软弱或坚强的比例进行交换。

遗憾的是,人们对需求和供给这些词并不是始终这样使用的。有时会将需求作为消费的同义词使用;例如,有人说生产增加会促使需求增加。有时不但用这个词来表示取得商品的愿望,还用以表示足以诱使商品持有者出让其商品的那种力量。穆勒先生在《政治经济学原理》第3版第23页上说,"需求的意义就是购买的意志和购买力。"马尔萨斯先生在《政治经济学中的定义》第二百四十四页上说,"商品需求有两种性质不同的意义:一个是关系到量度的,即购入商品的数量;还有一个是关系到强度的,即需求者为满足他的欲望所能够作出和愿意作出的牺牲。"

需求。这两种说法似乎都和通常的说法有抵触。应当看到,当我们说小麦歉收使燕麦和大麦的需求增加这句话时,我们是在通常意义下使用需求这个词的。但是,如果关于需求这个词,我们不是用来表示燕麦和大麦效用的增长(也就是,社会希望取得这些商品时的更加迫切),而是别有所指,上面的说法就不正确。小麦歉收并不会使燕麦和大麦的消费者对这些商品的购买力提高,也不会使这些商品的购入量或消费量增加,不过消费的方式将有所改变，原来作为马的饲料和制酒的原料的，其中一部分将用来作为人类的粮食。由于食用方面的欲求比饲养马匹或喝啤酒、喝烈性酒方面的欲求更加迫切，因此，取得燕麦和大麦的欲求比前加强，也就是说，取得这类商品的某一数量时，具有比前有所提高的产生愉快或防止痛苦的力量，或者是其某一定量的效用比前增长。这一事实如果用通常语言来表达就是，其需求有所增长。

需求这个字眼由于使用时的含糊，成了不能令人满意的一个词；但是这个词既适用又简洁，我们却不能放弃。不过我们于使用时将留意，决不用以表示商品效用以外的任何意义；也就是说，由于我们已经看到，一切效用都是相对的，因此使用这个词时所表示的只是取得某一商品时欲求的强度。

供给。我们不能埋怨，说供给这个词在使用中也是这样含糊。不论在通常语言中或政治经济学的写作中，都用这个词表示实际投入市场的商品数量。我们所不满的，并不是在于在这个意义上使用这个词，而是在于当这样使用时——除了少数情况或就极短时期说——把供给说成是价值的成因。我们举外衣与背心及黄金与白银为例时已经说明，任何两种商品的相互价值并不取决于各自投入市场的数量，而是取决于就各个情况说来各自反抗其数量增加的那些阻力的对比力量。因此，当我们说供给的增减会影响价值时，必须了解我们所指的并不只是绝对的增加或减少，而是由于限制供给的那些阻力的减弱或加强而引起的增加或减少。

商品价值的内在原因与外在原因。再回到我们原来的话题，即任何两种商品的相互价值必须取决于两类原因：一类决定这一商品的需求和供给，还有一类则决定那一商品的需求和供给。使一种商品具有效用并使其供给有定限的那些原因，可以称为该种商品的价值的内在原因；使和它交换的那些商品具有效用并使其供给有定限的那些原因，可以称为其价值的外在原因。目前，黄金和白银互相交换时，大致黄金一唡可易取白银16唡。所以会产生这一比率，必然部分是由于使黄金具有效用并使其供给有定限的那些原因，部分是由于使白银具有效用并使其供给有定限的那些原因。谈到黄金的价值时，可以考虑的是足以影响其一般价值的上述第一类原因，因为足以影响它易致一切商品的力量的就是这些原因。那第二类原因只是以黄金易取白银时才会影响黄金，因此可以把白银的价值看成黄金的特殊价值之一，将黄金的种种特殊价值归并起来，就构成了它的一般价值。如果使白银具有效用并使其供给有定限的那些原因不变，而影响黄金的那些原因有了变化——举例说，如果风气所趋，凡是要穿得考究些的都得用纯金做纽扣，或者是南美洲发生了变动，以致巴西和哥伦比亚的金矿长期陷于停顿，使我们由此失去了黄金供源的5/6——则黄金与白银的相互价值将发生重大变化。虽然这时白银在其效用方面和供给有定限方面都没有发生变动，但是某一定量的白银将易得较少量的黄金，其比率也许将是20∶1，而不是16∶1。由于黄金与白银彼此之间的一升一降是完全一致的，白银将下降1/4，黄金将上升1/4。但白银的下降不是一般的，而是特殊的；虽然以黄金估值时它是下降了，但是用以易取一切其他商品时，仍然与以前所易得的数量完全相同。而黄金的上升是普遍性的；同一数量的黄金，不仅用以易取白银，用以易取一切其他商品时，也都会比以前多得1/4。一定量的白银持有者，除用以购买黄金外，就一切其他方面说都跟以前一样的富裕；而一定量的黄金持有者，则就一切方面说都比以前更加富裕。

使各种类型的商品具有效用并使之供给有定限的那些情况是不断在变化的。有时是两类原因内的一类有了变化。有时是两者有了方向一致的变化；有的是有了方向相反的变化。在后一情况下，相反的变化会全部或部分地互相抵消。

需求增长而同时供给方面的阻力也有所增长以及需求减退而同时供给方面的便利也有所推进的效应如何，可以用大麻作为一个适当的例证。在美国独立战争之前，大麻的平均价格，除税，每吨不超过三十镑。由于海战而引起的需求增长以及使供给作相应增加时所必然存在的障碍，使其价格于1796年上升到每吨五十余镑；以后十二年间，始终大致保持着这一水平。但是于1808年，英国与其大麻供给的主要产区波罗的海各国失和，因此其价格突然上升到每吨一百十八镑，差不多达到和平时平均价格的四倍。战事结束后，特殊的需求和供给方面的意外障碍都不复存在，价格就大致下降到了以前的水平。

前已说明，商品的效用——就我们使用这个词的广义说——也就是对于作为购入或租入对象的这一商品的需求，主要取决于限制其供给的那类阻力。但是往往有这样的情况：现在的阻力并没有变动，而由于对这类阻力可能在将来的某一时期扩大或缩小这一点上略有怀疑，这就会影响需求。会发生这种情况的是这样一类商品，其供给无法加以严格控制，取得供给的方式，或者是依靠在固定期间（就这一期间说，供量是无法增减的）不能确定的产量——例如农产品一年的产量——或者是依靠我们对外国的关系。如果农产歉收三分之一，这一供额不足情况就得持续一个整年，否则就得在负担额外费用的情况下向国外取给。如果我们同俄国发生了战争，则在战争期间，大麻供给的阻力将增长。不论就哪一情况说，谷物或大麻的持有者将获得暴利。一切富裕国家，特别是在我国，总有许多人拥有大量资财，能够随时随刻用以买进任何类的物品。这类人一存有某类物品供给的阻力将增长的感觉时，就急于要成为该类物品的持有者。他们以新需求者的身份进入市场，于是价格上涨，而单是价格上涨这一事实就是其价格继续上涨的一个成因。商业上的细微曲折是一言难尽的，要及时获得准确情报是极其困难的，而事实本身又在不断地变化，因此，即使是最谨慎小心的商人也往往不得不在极其可疑的前提下采取行动。至于那些轻率鲁莽的人们，只要见到有利可图，便被贪念冲昏头脑，对于遭受损失的可能——这种损失也许主要将由其债权人来负担——一无忌惮；这类人是往往在几乎没有任何的前提之下采取行动的。他们看到某一物品的价格已经上涨，就认为其间必有可靠原因。他们看到，如果在一个月之前买进，今天已经得利，就因此断定，如果现在买进，一个月之后也会得利。这样的推理——假使可以把这个叫做推理的话——会被辗转引申，结果是任一主要商品的价格上涨，一般会引起许多其他商品的价格上涨。投机者会这样设想："某人在大麻涨价之前买进了一批，一转手间获得了厚利。棉花还没有涨价；我既看不出大麻为什么在过去会涨价，也看不出棉花为什么在将来会涨价；但是大麻既然已经涨价，棉花大概也会跟着涨价的，因此我要买进棉花。"

那些不熟悉商情的人，也许惯于把商人和资本家看成是头脑冷静、动作谨慎的人物，因此对于上面经常使大量资金在那样的推理下冒着那样大的风险的说法，也许认为过于夸张了妄想对判断力的影响。要证实我们的见解，最好的办法是引用图克（Tooke）先生的说词。图克先生是一位具有卓越才能和博学的商人，当他写作的时候，为了他自己业务的安全，对于他所描写的那类现象不得不密切注意。这里所征引的，采自他叙述 1825 年初物价暴涨情况的那一段。① 他说，“按照成例，每逢年底，商人和代理人应备通函分送给他们的往来客户和东家，说明现有存货情况和下一期供销情况的展望，并加以推断。根据这些通函所述，于 1824 年底，某些主要商品的存量比上年底有所降低。由此可以得出相当合理的结论，这类商品的一年消费量超过了一年供给量，其价格应当上升；就棉花和丝的情况说，这时还有可靠情报，由于歉收或其他原因，此后供量势必降低。这样，供应减少的预期就和实际存量的不足结合在一起，助长了投机风气。首先发生这种情况的是这样一类商品，这些商品由于其消费率超过了供给的平均率，出于正当的商业上的理由，其价格应当、而且有必要酌予提高。不过，为增加供给或减少消费而不得不使价格上涨的程度，在上述多数情况下是很有限的。

“但是投机一旦发动以后，任一物品的价格上涨不但会远远超过实际需要上涨的程度，而且会间接促使其他商品上涨。

“因此，物价的涨势一经推动，每个投机者就相继地尝到了甜头，或者是看来有希望可以获利，这时价格每提升一步就出现了新

① 《通货情况考察》(*Considerations on the State of the Currency*)，第 43 页。

的诱力，就会招致新的买主。这些买主并不只是些熟悉商情的人们，有许多人会受到引诱，离开他们的本行去投放资金或滥拉债务，目的是听从其代理人的说词，用来作为一种获取暴利的手段。

“关于棉花的投机是其中最突出的一个例子，这方面的投机活动越出了一切合理范围。丝、羊毛和某些其他商品，以供求的相对情况而论，某些价格提升现象未尝没有理由，但也成为投机对象，其上涨程度虽然不至于像棉花那样显著，但经事实证明，也远远越出了合理范围。

“至少就被卷入上述投机活动的那部分民众说，他们于 1824 年下半年和 1825 年最初三四个月间所表现的那种极端愚昧和对商业推理上最起码的常规全然置之不顾的情况，是 1720 泡沫年[①]以来所不曾有过的。

“对于价格上涨的投机预测，这时已不只是限于其涨价的理由哪怕是极其微弱的一些商品，已经推广到其他一些商品，这类商品在数量上不但不缺乏，而且实际上是有余的。例如咖啡，其存量比前几年的平均存量有所增加，而价格则上涨了 70%到 80%。调味品的价格在某些情况下上涨了一倍到两倍，其间并没有丝毫理由，经营者对于其有关供销的任何情况也一无所知。

“总之，这时简直没有一种商品不在涨价之列。因为，这已成为投机家或代理人的惯例，他们所注意的只是抬高价格并使高价保持不坠，他们仔细观察着一般价格趋势，目的是在于发现还没有

---

① 1711 年英国人哈利爵士(Lord Oxford Harley)组织南海公司(South Sea Company)，以经营南美贸易为名，专从事于股票投机，1720 年其骗局被揭露，引起英国经济界极大恐慌，世人称之为南海泡沫(the South Sea Bubble)。——译者

涨价的任何商品，以便把它变成预期中的需求的对象。

“假如有这么一个人，不为时下流行的错觉所迷惑，敢于向人询问，某一商品究竟为了什么理由要涨价，得到的回答大都是，‘一切别的商品都涨价了，因此它也应当涨价。’”

有多种商品的供给须取决于我国与外国关系的是否友好，须取决于那些国家以及我国的商业法规和财政法规，还有一些种类更多的商品，其供给不但须取决于上述情况，而且须取决于年岁的丰歉；足以影响需求的，不仅是供给的现有阻力或预期阻力，还往往有投机风气，而投机活动是和一个赌徒猜单双时一样地盲目的。如果考虑到这些问题，这就很明显，一切商品的一般价值，即各个商品与任一其他商品的某一定量的交换量，决不会整天保持不变。一个商业国家的作为交换对象的无数种类的商品中，每天必然有一种或多种商品的需求或供给会发生变化。有了变化的那种商品的某一定量，与一切其他商品交换时，所能换得的数量势必有所增减。因此，一切其他商品的价值，以上述前一种商品估计，都要发生变化。停在港口的许多船只，只要其中的一只距离灯塔比前近了些或远了些，就不能说灯塔仍然与所有的船只保持着与前相同的距离；正同这个情形一样，任一商品的价值，当任一其他商品的价值有了变化时，要完全保持不变是不可能的。

决定价值稳定的是什么？但是，也许有人要问，当我们说某一商品的价值在某一时期保持稳定时，这句话的含义是什么？

要答复这个问题，就必须提到决定价值的内在原因或外在原因有了变化时对商品价值所发生的各种不同的影响。如果使一种商品具有效用并使其供给有定限的那类原因、也就是我们所谓商品价值的内在原因有了变化，则其价值的上升或下降是普遍性的。该种商品的某一定量，与其价值没有发生在同时期、同方向和同程度上的变化的——这样的巧合是很少见的——任一其他商品交换时，所换得的数量将增加或减少。一切其他商品的价值，以该种商品估计时，都将上升或下降，但不是普遍地上升或下降。

如果一种商品价值的波动，是由于其价值的我们所谓外在原因有了变化，也就是说，是由于其他商品的需求或供给有了变化，那就和一切其他机会的多方面的配合一样，波动会有相互抵消的倾向。这时这一商品的某一定量仍然保有同样的效用，使其供给有定限的仍然是出于同样的原因，虽然与各个种类的商品交换时，换得的数量有了增减，但一般说来，与大多数普通商品进行交换时，所换得的仍然是与以前相同的平均量；它在一个方面的所得或所失会与在别的方面的所失或所得相抵。因此可以说它的价值依然保持稳定，这并没有什么不恰当。但是，一种商品，如果由于其效用或其供给的阻力有了变化而使其价值上升或下降，那就在事实上全然不能获得补偿；只是就那些其效用或其供给也有了同时期和同方向的变化的商品说来，它才会获得补偿。然而，发生同样而方向相反的变化的那些商品，为数势必也同样地繁多，因此，它实际上是没有补偿的。因此，凡是极容易发生这类变化的商品，应当说，其价值是不稳定的。

我们也许还得解释一下另一种时常听到的说法：认为曾经看到，在某些时期，一切商品的价值会都有所上升或都有所下降。照字面讲，这个说法在措辞上是有矛盾的；因为不可能使一切商品都换得较多或较少的其他商品数量。说这样话的人如果有任何用意，他必然在无形中将某一商品除外，然后在那一被除外的商品的依据下，衡量一切其他商品的上升或下降。一般说来，这一被除外的商品是货币或劳动。

英国从16世纪以来，用劳动来估计一切商品——包括货币——时，其价值都有所下降。我们简直找不出一种商品，其某一定量可以购得的劳动量，不是比伊丽莎白时代的末期所能购得的量有所减少的。如果用货币估计，则英国于最近一次战争结束以后，差不多一切商品——包括劳动——的价值都是下降的。

关于价值问题最后要提到的一点是，除了极少数例外，价值是有严格的地域性的。在纽卡斯尔（Newcastle）附近矿井底层的一吨煤，大约值2先令6便士，到了矿口也许要值5先令，运出10英里就要值到7先令，运到赫尔（Hull）就值10先令。当一船煤块运到了伦敦桥下时，其每吨价值很少会在16先令之下。格罗弗诺（Grosvenor）广场的居民如果能按25先令1吨的价格买到煤，就会感到欣幸。[①] 在物质上虽然是同样的1吨煤，但是就经济意义说，必须把矿底的煤和矿口的煤，把在赫尔的煤和在格罗弗诺广场的煤看成不同的商品。在其进程中的每个不同的阶段，使其供给有定限的是不同的阻力，因此可以按不同的比例交换不同的事物。假如今天在纽卡斯尔1吨高级小麦可以换取高级煤20吨，那么在伦敦西头，同样的煤4吨也许就可以换取同样的小麦1吨。在奥德萨（Odessa），也许两者可以等量交换。

因此，当我们提到一种商品的价值时，必须说明这一商品的所

① 这些价格只是为了便于作出具体说明而假定的。

在地和用以计量其价值的那种商品的所在地。我们在多数情况下看到的是，各种商品的使用地点与其产区的接近程度是其价值的主要构成因素之一。远距离商品的买主不得不加以考虑的是：将商品运到消费地区所需要的劳动，必须预付的劳动报酬所涉及的时间、赋税以及在运送中要遭受的伤害或损失的风险。还不只是这些。买主还得考虑到商品的质量也许会与导使他购买的那些说明或样品不符的风险。一粒金刚钻从爱丁堡运到伦敦所涉及的全部费用和风险是很细微的；但其价值在很大程度上须取决于其式样和光彩，而作为一个买主，关于这类特性如果不能让他亲自鉴定是很难使他满意的，因此在爱丁堡的金刚钻就很难在伦敦获得公道的价格。另一方面，某一煤矿所产的煤的某一定量，虽然其质量一般是明确的，但是把它从纽卡斯尔运到格罗弗诺广场时所必然要涉及的费用、时间上的损失、风险和赋税竟是那样地大，当一吨煤运到目的地之后，其价值几乎要达到在产地的价值的五倍。

对财富定义的反对意见的商讨

在我们的定义下，财富所包括的是一切有价值的事物，也就是可以购买或租借的事物，也只包括这些事物。我们认为，这个定义与任何经济学家——教长怀特利(Whately)除外——所采取的，都不完全一致。

主要的差别是：有些作家使用财富这个词时，其含义以所谓物质产品为限；有些则把它说成是由人类劳动得来的或生产的那些事物；有些则反对将价值概念或交换概念纳入财富的定义。

关于应否将所谓非物质事物看成财富的项目这一问题，当于讨论生产时考虑。

有些作家——例如穆勒先生、麦克库洛赫先生、托伦斯(Torrens)上校、马尔萨斯先生和弗洛勒斯—埃斯特拉达(Flores-Estrada)先生——明显地或隐含地认为，财富这个词所指的只是其生产或占有要花费人力的那些事物，他们似乎认为在这样限制下的定义所包括的是可以正式称作财富的一切事物。还有些作家——李嘉图先生即其中之一——则认为在这个词的范围以内还含有不是由人力取得的一些事物；但是由于这类事物为数既不多，且无关紧要，尽可略而不论，如果把不是出于劳动的结果的那些事物也包括在内，就不免要损及这门科学的匀调。

引自马尔萨斯先生、托伦斯上校和麦克库洛赫先生的著作的下列几段，清楚地表述了上面的论点。

"财富是必要的、有用的和人们所惬意的物质财货，必须花费人力的一个部分来加以占有或生产。"①

"财富，作为经济学科的研究对象，是由那些有用的或人们所欲求的物质财货所构成，是需要某一程度上的自动努力来取得或保存的。因此，对财富说来有两点是必要的：具有效用和需要作出某一程度上的自动努力或劳动。没有效用的事物，既不能适应需要，又不能满足欲求，就同我们脚底下的尘土或海滨的泥沙一样，显然不能构成财富的一个部分；另一方面，具有高度效用甚至为生存所必需的一些事物，除非是于具有效用之外，还有系由自动努力

① 马尔萨斯：《政治经济学中的定义》，第 234 页。

所取得的这一事实，否则也不能称为财富。我们呼吸的空气，取暖的日光，虽然是极端有用、极端需要的，如果把这些列入财富项目，就违反了语言习惯。但是，可以充饥的面包和可以御寒的衣服，虽然其必要的程度并不超过空气和日光，却应列入财富项目；这是因为它们除具有效用外，还有是通过劳动所生产的这一事实。”①

“劳动是财富的唯一根源。大自然自发地提供了制造一切商品的物质；但是，除非于占有物质或者使物质适合于我们的使用时，花费了劳动，否则就完全没有价值，不能构成财富，也从来没有被看成财富。我们即使置身于河边或果园中，如果不经过一番辛勤的努力，去汲取河里的水或摘下树上的果子，还是不免要因饥渴而死亡。”

“不需要任何劳动去占有或使之适合于我们的使用的一种物品，也许具有极大效用；但是，它既然是出于自然的赐予，就不可能具有丝毫价值。”②

麦克库洛赫先生使用劳动这个词时，似乎把一切自愿动作都包括在内。毫无疑问，如果在这样广泛的意义下使用劳动这个词，那么在财富的享受中，也就差不多必然要牵涉到劳动。如果说，从树上摘下个苹果是辛勤动作，那么把它从碟子里取出来也同样是辛勤动作；宴会上每个客人取得他自己的一份食物时，都是费了一番劳动的。这种使事实和语言屈从自己轻率的归纳的做法，不免使政治经济学受到了讥嘲，这是这门科学发展的主要障碍之一。

---

① 托伦斯：《关于财富的生产》，第1章。

② 麦克库洛赫：《政治经济学原理》，第66—72页。

马尔萨斯先生、托伦斯上校和其他一些经济学家认为劳动(在通俗意义下使用这个词)是财富的一个必要成分,他们所以会抱有这样的见解,似乎是由于看到了以下几点:第一,对价值说来,除效用外,还必须具有另一种特质;第二,一切由劳动得来的有用的事物都是有价值的;第三,差不多一切有价值的事物,取得时都曾经花费过一番劳动。但是,如果我们能够设想一个没有劳动而价值依然存在的事例,就可以证明对价值说来劳动并不是必要的。如果我在海滨闲逛,无意之中拾到了一粒珍珠,这粒珍珠难道就没有价值吗?麦克库洛赫先生会这样说,这粒珍珠的价值是我弯下腰去拾它起来据为己有这一辛勤动作的结果。那么,这粒珍珠假如是我在吃牡蛎时发现的呢?再说,假如落下来的陨石是由黄金构成的,这样的陨石难道也没有价值?否则,假如天上掉下来的陨铁是能够取得这种金属的唯一来源,无法用人力生产,那么这一特种金属岂不是比任何现存金属具有更大得多的价值?诚然,不论什么,只要有效用,加上生产时必要的劳动就构成了价值;由于劳动的供给是有定限的,因此需要劳动来取得的物品,只是由于这一需要,其供给也是有定限的。但是,任何其他限制供给的成因也足以构成一种物品的价值,这是和其生产中需要劳动同样有力的促成因素。实际上,假使一切由人类使用的商品都是出于自然的提供,无须参与任何人力,所提供的数量与现有的数量完全相等,那就没有理由可以假定,为什么这些商品会不再具有价值,也没有理由可以假定,为什么这些商品会不按现在的比例互相交换。

对李嘉图先生的答复是这样:第一点,其价值的主要部分并不是出于在其各自生产中所使用的劳动的那类财富,所构成的实际

上是财富的大部分，而不是财富的小部分或无关紧要的部分；第二点，供给有定限对劳动本身的价值说来也是必要的，因此，将劳动作为决定价值的条件，而将其供给有定限排除，那就不但是以局部原因代替了共同原因，而且是显然排除了所举示的原因所以具有意义的基本原因。

最后得考虑一下关于将财富说成是具有价值的事物的通称这一点上所提出的反对意见。有些人把价值这个词看成是成本的同义词，有些人则认为这个词包括一切有用的事物，这些人当然要反对将这个词纳入财富的定义；如果在这样两个意义下使用价值这个词，对财富的这一定义我们也要表示反对。但是还有些在通俗意义下使用价值这个词的作家也表示反对，认为按照我们所采用的定义，同一事物，对这个人说来是财富，对另一人说来将不是财富。这一后果是很明显的；并且，同样明显的是，即使就同一个人说来，同一种技能，在某种情况下是财富，在另一种情况下却不是财富。精通英国法律在英国是可以获得丰富收入的，精通法国法律在法国也是这样；可是，如果一个英国律师，除了英国法律方面的知识外别无他长而迁居到法国，或者是一个法国律师在同样情况下迁居到英国，他就会立即从优裕的生活陷入贫困。善于讲长篇故事，在亚洲可以博取厚利，在欧洲就一无出息；按照我们的用语说来，这一技能在波斯是财富，在英国却不是财富。一个女演员，如果她所信奉的教派，其教义与剧情不相容，她的歌喉和演奏才能就不能换取收入，在晚会中就无法献技；因此我们就得说，她的才能这时已不是她财富的一个部分。我们很难想象，对财富作出这一区别在语言上有什么妨碍。正相反，我们觉得这在语言使

用上是极其恰当的。

还有，托伦斯上校假设了一个孤立的家族或国家，在那里个人所消费的是他自己所生产的，或者是，在那里的一切财货是共有的，然后根据归谬法断言，在这类情况下，虽然也许存有大量商品，但是没有交换，因此就没有按照我们使用的词义说来的财富。回答是，就政治经济学的立场说，这就不存在财富；因为在这样的事态下——假定这是可能的——政治经济学就无法应用。在这样的社会状态下，农业、工艺或有助于商品（这在我们是交换的对象）的生产的任何其他技术也许是可以研究的，可是政治经济学却不复存在。还可以附带提到，如果把有价值的事物看做财富这一通常习惯，就人性实际所表现的一切形态说来是方便的，那么在我们没有经验的一种社会状态下，即使这一通常习惯是不方便的，我们也不必反对。

政治经济学四个基本命题概述

前已指出，政治经济学所依据的一般事实，可以概括成出于观测或出于意识的结果的几个基本命题。当时所暗指的几个命题如次：

1. 每个人都希望以尽可能少的牺牲取得更多的财富。

2. 限制世界上的人口或限制生存在这个世界上的人数的，只是精神上或物质上的缺陷，或者是各阶级中各个人对于在养成的习惯下所要求的那类财富可能不足以适应其要求的顾虑。

3. 劳动的力量和生产财富的其他手段的力量，借助于将由此所生产的产品作为继续生产的工具，可以无定限地增加。

4. 假使农业技术不变，在某一地区以内的土地上所使用的增益劳动，一般会产生比例递减的报酬，也就是说，尽管在土地上增加劳动，虽然总的报酬有所增加，但报酬不能随着劳动成比例地增加。

这几个命题内，第一个是意识的问题，其余三个是观测的问题。第一和第二个命题，除与财富这个词有关者外，很少使用到政治经济学中特有的抽象观念，可以不必多求助于经济学中的特有用语来加以阐述，因此可以立即进行讨论，第三和第四个命题则可以放在后面讨论。但是，第三和第四两个命题的内容几乎是可以不言而喻的，因此尽可大胆假定其论点的正确。只要想一想一个赤手空拳的人的力量和资本加机器的巨大力量这两者之间的差异，对前一命题就不会有所怀疑。要肯定后一命题，只须作这样的设想，假使这个论点是错误的，那么，除了最优等土地之外，别的土地就不会有人耕种；因为，如果在一块田地上投入任何量的劳动而能取得报酬的等比例增加，则这一块田地的产物也许就足以供应英国全部人口。

第一个基本命题
——对财富的共同欲求

我们说，每个人都希望以尽可能少的牺牲取得更多的财富；可是切不可认为我们的意思是说每个人或任何人所想望的都是一切事物的无限数量，更不是说财富确实是或应当是人类欲求的主要目标，虽然它是人类所希求的普遍目标。我们的意思是说，没有人会感到他的全部欲望已经获得充分满足，每个人总有些未经满足的欲望，觉得再多得些财富，才可以使他满意。各人的欲望性质不同，迫切的程度不同，正和各人个性不同的情形一样。有些人求的是权势，有些人求的是荣誉，还有些人则求的是闲暇；有的需要身体上的享受，有的则追求精神上的愉快；有些人急于为公众谋重大利益，还有少数人——也许没有这种人——假使可以如他们的愿望，就不会让他们相熟的人或朋友得到好处。金钱似乎是共同期求的唯一目标；这是因为金钱是抽象的财富。一个人只要有了钱，就可以随其所好地满足他的种种奢望或虚荣，就可以使他游惰度日，就可以发挥他急公好义的精神，或施行他私人间的恩惠，就可以千方百计地求得肉体上的快乐，避免肉体的劳苦，就可以用更大代价求得精神上的愉快。任何人从事于这些方面的追求时，可以耗尽在他个人所得范围以内数量不论怎样大的资产。上述种种，人人都不免要沾染上其中的若干种，许多人或者样样都不能免，这就使得他们对财富的欲求必然永远不能满足；虽然手里的钱财如何使用，各人所采取的方式是千差万别的。

于追求财富时所遭遇的牺牲，不论就量或质的方面说，在各个人之间，或者甚至在同一个人之间，也同样存在着差别。同样牺牲，而各人作出牺牲时的严重程度不同；有些人不愿意放弃安逸或自修的空闲时间，有些人不愿意放弃新鲜空气和乡村生活，有些人则不愿意放弃娱乐和交际；不但如此，以对财富的绝对欲求为一方，以追求财富时克服困难的绝对意志为另一方，两者的坚决程度也因人而异。这些方面的差异构成了个人与民族的性格的某些主要特征。经验证明，而且实际上也可以演绎地推定，凡是在财产最有保障、社会地位升迁的途径最为公开的那些国家，就可以看到，人们会愿意作出最艰巨的、持续得最长久的牺牲。荷兰与英国的居民，和其制度系导源于英国的那些国家的居民，以及迄今为止最高度地享有这些利益的国家，直到现在，对富裕的追求热情最高，成就也最大。但是，即使是墨西哥的印第安人，虽然由于习性懒散，使他们甘受贫困——这在一个英国人看来，将感到生活是个负累——他们也未尝不愿意在无须吃苦耐劳的情况下发财致富。

这里得说明一下，我们为什么对这类彰明较著的事实不厌其详地谈了这许多。首先是由于，我们虽然不能肯定这第一个命题

是否有人认为有详述的必要，但这个命题几乎是一切经济学推论过程中的一个基本假设。这是工资理论和利润理论——一般说来也是交换理论的基础。总之，这一命题在政治经济学中的地位，就和万有引力在物理学或“全或无定律”(dictum de omni et nullo)在论理学中的地位一样；离开了这一基本事实，推理就无法进行，差不多一切其他命题只是对这一基本事实的注解。当我们试图表述作为这门科学的依据的一些迹象时，似乎不应当略去这类迹象的基础；虽然于说明看来没有人会怀疑的一些事实时，显得不免要费去读者一点时间。

但是还有个理由：这个命题表面上是显豁呈露的，暗中却未尝不受到怀疑。有一种理论相当流行，并且受到大名家的支持，却与这个命题完全对立——这里我们指的是关于生产过剩或普遍的供给过剩的理论。

所谓供给过剩，指的是某种商品的生产丰富，产量或者是绝对地超过了它的预期消费者的欲求，或者是超过了消费者所能够或愿意提供交换的数量——他们所提供的相等物不足以诱使生产者继续经营。书籍也许是最容易发生过剩的一种商品。如果将印数过于压低，印刷费和广告费就会大大提高，而作者对于其作品的可能需求的估计又很少会偏低，因此简直没有任何版本是少于250部的，也难得有少于500部的。但是，按照我们所看到的统计，印本按原定价格全数出清的，在200个例子里也找不到一个。通常的情况是，第一年销去50部到100部，第二年销去30部或40部，到了两年之后，便被人置之脑后，未销出的部分只好付之书商间的定期拍卖。这时，这部书能够得到的最好的遭遇是，在这个时机被

购入以后重新向公众出售；但大多数被认为是不值得当做一本书来买，而是当做废纸处理。这些书在书铺里销不出去，它们的出路是，

当做废纸被卖到市场，

用来包装香料、胡椒和零星的这样那样。

我们选择了书籍作为一个例子，说明造成过剩的不是对买主资力估计的错误，而是对买主意愿估计的错误。当开辟了一个新市场时，往往会由于两个方面的误估而发生过剩。大家一定还记得，当我们与巴西和南美各国初次通商时，我们将溜冰鞋、火炉用具和暖床设备运到那些热带地区。直到我们已经知道了那一带的实际贫困情况，我们还是不断地运去种种货物，塞满了那里的仓库，这些货物的确适合其地居民的需要，但远远不是他们的财力所及。很明显，这类估计错误的情况必然会时常发生；足以使我们惊奇的也许倒不是在于这类情况发生的频繁，而是在于这类情况的时常得以避免。但是，所以会发生这类情况，显然只能是由于以下两个原因之一：不是由于过剩的那类财富原来是为某些人准备的，而这些人并不需要，就是由于这些人并不具备足以适应上述财富生产者的欲求的其他财富，以便提供交换。由上述原因的这一个或那一个所造成的局部过剩，是商业中极其寻常的现象。但是，与我们的理论对立的是这样一种理论，它认为有可能的不仅是局部过剩，而且是普遍过剩，认为会有可能同时存在一般的服务和商品的过剩，就是说，一切的东西都太多了；这不但在关于商业的话题中时常听到，甚至有些名作家也这样说。在普遍过剩这一假设下，一切财物就不仅是丰富，而且是过于丰富，这时相等物的绝对缺乏

就不再能成为成因之一。很难设想，会发生这样普遍的商业上的矛盾状态，以致在多数情况下，正常的卖方与正常的买方不能会合。很难设想，A 存有 B 的所需，B 也存有 A 的所需，而在多数情况下，A 与 B 之间不设法互相进行交换，却会各自将其商品向 Y 和 Z 提供，而 Y 与 Z 也有其相互间的需要和供给，他们既无意于向 A 或 B 有所购买，却也会找不到互相交换的手段。如果认为商人之间普遍存在着这样的盲昧状态以致造成普遍过剩这一假设未免不近情理，那么此外足以作为存在普遍过剩的唯一假设的只是欲求的普遍满足——一切所希求的那些物品都已有了充分供应，因此彼此之间的多余物品再也找不到任何市场。这个论点跟我们所提出的每个人都希望取得更多财富的命题是对立的。

第二个基本命题
——人口受到限制的原因

上面已经说明我们使用财富这个词的意义，并且指出——说得恰当些是向读者提醒——以尽可能少的牺牲取得更多的财富是人们的共同愿望；现在要讨论的是政治经济学四个基本命题中的第二个，即，限制世界上的人口或限制生存在这个世界上的人数的只是精神上或物质上的缺陷，或者是各阶级中各个人在养成的习惯下所要求的那类财富可能不足以适应其要求的顾虑。

现在一般都不否认——下述这一点还有指出的必要，这倒是要使人惊奇的——任何种动物或植物，不论是通过生殖或结子，凡是能够增长的，必然能够不断地日益增长，数目上的每一次增加，都能成为更进一步增加的源泉；换句话说，只要有增长的能力，这种增长必然不是单纯的增加，而是越来越大的增加，或者用一般的简明的提法来说，必然不是按算术比率增加，而是按几何比率增加。任何种动物或植物，凡是能够增长的，其增长率必然取决于其平均繁殖力，或构成各该种的个体的平均生存期。我们晓得，小麦是一年生植物，其平均繁殖力大致为 1∶6；根据这个假设，单是一瞰地的产物，经过 14 年就可以铺满全球。至于人类能够增长的速度，业经通过观察确定，就一个相当长的观测期间说，在气候温和的广泛地区内，每 25 年增加 1 倍。

在同样气候下，人类的生殖力必然相同。这里所以提到气候，因为在热带气候下有时会看到，由于青春期的提早，如果不如节制——事实上大概是有所节制的——不及时停止生育，就会使生殖力提高。上述温带地区的增长率，在美国已经完全实现，这就其地居民的寿命说来并不足异。因此可以推定，就组成人类的各个人的平均生殖力和平均寿命说来，人数每 25 年可以增加 1 倍。按照这个速度，每个国家的人口，每经 5 个世纪，将比原数增加 100 万倍以上。按照这个速度，经过五百年，英国的人口将超过 15 万亿；这样多的人，在这个国家将连立足之地都没有了。这就是人类的增长力。问题是，靠了什么样的约束，才使人口的扩张受到抑制的？全世界的人口，现在的并不是 500 年前的 100 万倍，事实上，在这段时期人口增加大概还不到 1 倍，肯定不到 3 倍。这是怎么回事呢？

马尔萨斯先生把人口增长的制约分为防止性和积极性两类。前者的作用是限制生殖，后者的作用是缩短寿命。前者足以降低出生率，后者则足以提高死亡率。生殖和寿命是应加考虑的仅有的两个因素，因此很明显，他作出的分类是彻底的。防止性的制约因素是乱交和不结婚，积极性的制约因素是物质上的欠缺。前者是精神上的缺陷；后者除极少数例外——这些例外既那样地少见，对结果实际上不会发生影响——是由于对我们列入财富项下的某些事物可能发生欠缺的顾虑。因此，防止性制约和积极性制约的内容，不外是慎重的态度、精神上的缺陷和物质上的缺陷。试先研究一下积极性制约。

我们已经看到，这类制约所包括的是，不论在什么方式下，足以缩短人类生存期间的一切成因——例如有碍健康的职业、艰苦的工作、常年受雨淋日炙、衣食不周或过于菲薄、儿童营养不足、种种方面的纵欲过度，以及出于自然原因的或是在大城市中的空气污浊、战争、杀婴、瘟疫、饥荒等等。其中有些是出于自然规律，有些是出于人们的罪行和愚昧，但都可以把它们直接看成物质上的缺陷，虽然有许多在不同程度的间接关系上是精神上的缺陷的结果。

物质上的缺陷发挥作用时，其决定性的和不可抗的形态是生活必需品不足——由于艰苦或饥饿而造成死亡。这几乎是无理性动物的增殖的唯一制约。至于人类，随着生活状况的降低，会越来越屈从于这一制约的势力。在最低级的野蛮状态下，这是主要的和显而易见的制约力量。在高度文明社会中，这一力量几乎是难以觉察的；但这只是由于另一替代力量在发挥作用。

前已指出，这是一个通则，在某一地区范围以内的土地上，耕种时尽管增加劳动，所得的却是比例递减的报酬。另一方面，就人类的生殖力和寿命来说，在某一地区的人口，却至少每25年可以增加1倍。这就很明显，粮食生产可以增加的速度和人口不加制约时可以增加的速度全然不同。按期生产的粮食数量每作一次增加，一般就会使进一步的按期增加更加困难。另一方面，现有人口的每一次增加，却扩大了进一步增加的手段。如果不论是缺陷或对缺陷的顾虑都不足以制约英国的人口，则其人口在一个世纪内将增加到2亿。假定我们生产或输入2亿人口的生活资料是做得到的，那么，在125年以后养活四亿人口，或者是在150年以后养活八亿人口，这难道也是做得到的吗？但是很明显，如果不加制约，则远在一个世纪过去之前，远在2亿那个数目到达之前，无论我们的制度怎样优良，气候怎样适宜，无论我们怎样吃苦耐劳，也无法防止我们的生活资料越来越感到缺乏，从而使我们的进展受到阻碍。即使一切其他精神上的和物质上的约束力量都可以摆脱，既没有战争，也没有放荡的生活，即使我们在居住、工作和习惯各方面都是有利于健康的，并且也不会由于对贫困或失业的顾虑以致使婚姻推迟或受到阻碍——即使是这样，但是饥荒作为一个最后手段，不久必然会发挥其特有威力，使我们人口的增殖受到抑制。

但是，我们虽然可以肯定，不存在一切其他制约力量时，饥荒这一不可抗拒的力量必然会压倒一切，然而同样可以肯定的是，这样的事态从来没有发生，将来也决不会发生。

第一点，足以减速人口增殖的一切其他精神上和物质上的缺陷的不存在这一事实表明，这时人类所享有的不仅是高度文化，而且是高于所已经享有的文化。不可能设想，像这样一个社会会缺乏充分的明智，从而预见到人口增长过速的弊病，会不具有充分的慎重态度，从而防止这种弊病。在这样情况下，防止性制约就会充分发挥作用，就可以甚至无须接近于任何积极性制约。

第二点，像饥荒这样激动人的、这样残酷的一种积极性制约，一旦发生以后而不带来其他种种的祸害是不可能的。疫病是它必然的伴随物，凶杀和战争是它的继起者。成群的人，眼看着自己朝不保暮，他们周围的妻子、儿女和父母在挨饿，决不会乖乖地躺倒等死。如果存在着贫富不均状态，饥荒一般就会引起剧烈的内战——穷人暴动起来反抗富人。在未开化民族中，这就会引起大规模的敌意的迁徙，整个民族会不顾一切地越过邻国边界，结果为了要夺取更广大和更肥沃的土地，或者是自趋灭亡，或者是消灭土地上原来的占有人，或者是把他们赶走，使他们也成为侵略者。

实际上，一切积极性制约，由于彼此之间的反应，都有互相启发、互相加剧的倾向；某一制约力量所直接引起的破坏，一般也许是一种或多种其他制约力量所间接促成。在半开化民族中，范围最广、消耗最大的积极性制约是掠夺性战争。容易招致这种攻击的地区，不免要遭受其他种种的灾害。单是对受到侵害的恐惧，一般就足以促使大量人口不得不局促在拥挤的、因此也是不利于健康的城市，耕种也就不得不在和这些城市贴近的土地上进行，由此即使不完全破坏商业，也必然要损害商业到那样程度，使它不能成为获得生活资料的一个手段；一旦侵略当真来到，就往往会使受到侵略的社会全部被毁灭。非洲和亚洲中部人口比较稀少，造成这一情况的就是这种制约力量。

布鲁斯(Bruce)从阿比西尼亚到塞纳尔(Sennaar)的旅途中，

穿过曾经遭到达文纳阿拉伯人(the Daveina Arabs)袭击的阿特巴拉(Atbara)地区。但见整个地区是一片荒凉。他在一个村庄加利加拉(Garigara)过了一夜,这里的庄稼在一年前被毁坏。居民全部都饿死了,他们的遗骸没有掩埋,散布在这个村庄原来的所在地。旅客们就在白骨累累中架起帐篷;他们竟找不到一块没有尸体的干净土地。他的下一个落脚处是提蒂(Teawa)。他说,"这里只是在静静地候着,直到那些阿拉伯人决意向它进攻,到了那个时候,它的大片麦田就会被千军万马在一夜之间焚成焦土,遗留下来的只是狼藉遍地的当地居民的尸骸,跟悲惨的加利加拉村的情形一样。"

在未开化或半开化民族中,就对其人口的各种积极性制约而论,其中重要程度次于战争的是饥荒。如果一个民族在给养上所依靠的主要是最容易取得的那类生活资料——上述一些民族的情况就是这样——那么单是季节的变化,就已经会不时地形成致命的打击。如果社会组织得比较健全,这类变化带来的灾害就可以减轻;所以会这样,部分是由于富裕阶级的积有余粮,部分是通过输入的调剂,主要则有赖于用代价较低的食品代替。但是就一个未开化的、因此也就是贫困的、对外没有商业关系的民族说来,这却是最可怕的全国性灾害。我们所知道的关于这类国家的史乘,总是把饥荒看做国内头等重大事件之一,记录得特别详细。这些国家似乎一直在两个极端之间往复摆动;一端是当人口增长到粮食供应的极限时不得不忍受的困乏,另一端是通过战争、瘟疫或饥荒使人口减少时残存者得以享有的丰盈。此外的一些积极性制约,如杀婴和有害健康的气候、习惯或环境,与其说是会实际减少人口或实际防止人口增加，不如说是足以助长早婚。有人认为杀婴反而有利于人口的增加，因为由此对结婚就无须审慎考虑；另一方面，杀婴这一措施在想象中似乎轻而易举，然而出于做父母的天性，临时往往畏缩。有些地区绝对有害健康，完全没有固定居民，只有一些异乡人暂时驻足，因此其人数须不断补充。例如，意大利的某些最不合卫生的地区，情况就是这样。一些大工业的城市，即使其地的气候极其适宜，情况也属于这一类；除非在清洁卫生和空气流通方面格外注意并给以高明的技术处理。在新拓殖地域，如美洲的边远地区，土地辽阔，生活资料在不断增加，这就使任何防止性制约都没有必要，这时任何足以缩短寿命的原因就必然要妨碍到人口的增长。但是除这类例外，有害健康这一现象，与其说是足以减少实际居民人数，不如说是足以加速先后各代的相继死亡。瑞士有几处最合卫生条件的地区，其一年的死亡率每48个内还不到1个。荷兰有许多低湿地区，其死亡率为23∶1强。但不可由此就轻率地认为前者人口的密度高于后者，或认为前者人口增殖的速度高于后者。实际上情形适得其反。在上述瑞士的那些地区，其出生也同死亡一样的稀少，因此其地的人口不多而稳定。在荷兰的那些地区则出生略多于死亡，因此其地的人口既稠密而且在增长中。很明显，在既定的一年出生对总人口的比例下，人口的增殖率必然取决于一年死亡对总人口的比例，在既定的一年死亡对总人口的比例下，人口的增殖率必然取决于一年出生对总人口的比例；简短些说，人口增长的速度，在既定的平均寿命下必然取决于生殖力，在既定的生殖力下必然取决于平均寿命。如果两者都是已知的，就可据以计算增长率；如果只知其一，就不能作出肯

定的结论。如果一年的出生要占到现有人数一个很大的部分，就可以由此推断，不是人口增长得非常迅速，就是积极性制约在起着有力的作用。否则，如果死亡率很低，就可以由此推断，不是人口在迅速增长，就是防止性制约在起着有力的作用。英国人的平均寿命比美国人长，但是防止性制约的力量比在美国的要大得多，结果美国人口的增长率比英国大约要高出一倍。再说，上述瑞士乡村中的平均寿命与英国的相同；但是在英国的防止性制约，与美国对照时固然显得非常有力，与瑞士某些地区对照时却软弱得多，结果一年的死亡率彼此相同，而瑞士的人口是稳定的，英国的人口却在迅速增长。

但是，一个国家内人民的平均寿命，尽管不足以作为其人口是稳定还是在增长中的一个确证，却是其人民生活是否繁荣的比较最可靠的证验，比立法者以前所依据的出生人数要可靠得多。不论是精神上或物质上的缺陷，都不免具有足以直接或间接缩短寿命的倾向，但是其中有许多却具有足以提高生殖力的直接倾向。英国人的平均寿命特别长，超过任何其他人口同样稠密的地区的这一平均率，这是我们在气候、制度和习惯方面的一般优越的一个确证。

现在要进而讨论的是对人口增长的防止性制约。前已指出，这类制约因素是乱交和不结婚。

前一点似乎没有多大的重要意义，无须详细讨论。据说这对某些南海岛的上层阶级的人口增长是发生了相当作用的，在西印度黑人的相当大的范围内，也同样发生着作用。但南海贵族的情况并不值得加以单独考虑。至于就西印度奴隶之间的情况说，其他形态的精神缺陷和物质缺陷还多得很，如果单是将这一缺陷消除，也未必能促进其人口的增长。

但是，除去这类例外情况，几乎没有什么妇女，其生殖力会因乱交而受到阻碍或降低，至于以卖淫为专业的那些不幸的人们，自当别论。这种人只是全世界人口中一个极小的部分，由于这部分人的无所生育而使人口受到的制约，尽可以置之度外。

现在剩下的唯一制约是不结婚。读者一定明白，这里使用"结婚"这个词时，指的并不是那种特有形式的永久的男女之间的关系——这在基督教国家只是对这种关系才给以这个名义——而是多半会引起生育儿女那种情况下的男女同居。我们已经看到，所以不结婚，几乎完全是由于对缺乏我们总称之为财富中的某些事物的顾虑，换句话说，是由于抱着慎重态度。当然也会出现这样的情况，有些人尽管家道富足，教养儿女的费用不在话下，而依然抱独身主义。但是处于这样地位的人为数极少，只能说是例外情况，即使这一类人彼此之间将这一行为看成常事，实际上是不常见的，并不值得注意。

因此，于研究防止性制约时，尽可以集中注意于慎重态度这一成因，从而假定，足以直接缩短人类的寿命的不外是物质上的缺陷，足以抑制其生殖力的不外是对某类财富不足的顾虑，这决不会使我们陷入错误。

对某类财富不足的顾虑，固然基本上是人口增长的唯一防止性制约；但是很明显，对不同种类的某些物品缺乏的顾虑，对一切人们说来，所引起的作用会大有差别，即使所唯恐缺乏的是同样物品，对不同阶级的个人在心理上所起的作用也不同。唯恐缺乏的可能是谷物,也可能是丝绸,这两个方面的顾虑,对一切英国人说来,在心理上将引起完全不同的作用。如果唯恐缺乏的是肉类,对不同阶级的英国人,会在心理上受到不同的影响。因此,为了适应这里的目的,不妨将各项财富分为必需品、场面用品和奢侈品三大类,然后说明对分别属于各该类财富缺乏的顾虑所发生的不同影响。但是首先必须尽可能确切地说明我们所使用的必需品、场面用品和奢侈品这几个词的意义;这些词自从精神科学最初受到注意以来就一直在使用,但很少注意到词义的正确与始终一贯。

读者一定明了,这些都是相关名词,将某一商品或服务说成是必需品、场面用品或奢侈品时,必然是联系到某个人而言的。

所谓必需品指的是,使某个人得以保持对于完成其日常工作说来所必不可少的健康和体力而必须使用的那些事物。

所谓场面用品指的是,某个人为了保持他在社会的现时地位而必须使用的那些事物。

某个人于此外所使用的一切事物,也就是说,所有他的那部分消费,对于他的健康和体力说来或是对于他在社会的现时地位的保持说来不是必不可少的,我们都把它们叫做奢侈品。

很明显,同一事物,由不同国家的人民消费时,或者甚至由同一国家不同的个人消费时,可以是奢侈品或场面用品,也可以是必需品。

鞋子是英格兰一切居民的必需品。我们的习惯是这样,没有人能离开这件东西,缺少了它健康就要受到损害。对苏格兰下层社会的人们说来它却是奢侈品;风俗使他们惯于赤着脚走路,并不感到不方便,也不感到有损体面。一个出身下层社会的苏格兰人如果上升到中层社会，对他说来，这件东西就成了场面用品。他穿上鞋子不是为了保护他的一双脚，而是为了保持他在社会上的身份。那里上层社会的人们却从小就习惯于穿鞋；对这些人说来，跟英格兰一切的人们一样，鞋子是必需品。在土耳其的上层社会，酒是奢侈品，烟草是场面用品。在欧洲则情形恰好相反。土耳其人的喝酒和欧洲人的抽烟，并不是符合而是违反卫生条件和社交礼貌的。但是酒在欧洲以及烟在土耳其是敬客的必备之物，如果掉个头，在这个国家用那一样、在那个国家用这一样来敬客，那就不成体统了。

据说运煤工人、驳船工人以及伦敦某些其他体力劳动者，不借助于黑啤酒的刺激，就无法忍受其劳苦。如果确是这样，对这些人说来黑啤酒是必需品；对一切其他的人说来却是奢侈品。马车对时髦的妇女说来是场面用品，对医师说来是必需品，对小商人说来是奢侈品。

某一商品，究竟应当把它看做场面用品还是奢侈品，如果不说明地点、时间和使用者的身份，这个问题显然就无法答复。在英国，同一套服装，百年以前只是还过得去而已，现在看来却显得过于华丽了；然而现在由一位绅士置备的很平常的住宅和家具，在百年以前即使供贵族使用，也要觉得过于奢华。至于一种商品之所以有资格被称为必需品，其原因却比较地带有永久性和普遍性。这类原因部分取决于有关的那个个人从小所养成的习惯，部分取决于他的职业的性质，是轻工作还是重劳动，需要艰苦耐劳到什么程度，并且部分还须取决于他生活地区的气候。

这些原因内的头两个，已经用大家所熟知的鞋子和黑啤酒的事例说明。但主要原因是气候。取暖的燃料、避寒的密室和衣服，对一个拉伯兰人的生存说来是必要的；但是在热带地区，这些事物非但无用，而且有害。习惯和工作是变化得很慢的，气候是简直不会有任何变化的，因此，尽管场面用品和奢侈品在不断变化，而某一地区各阶层居民所必需的那类商品，大都经过几个世纪而一无变化。

不论哪一阶级，由于单是对奢侈品缺乏的顾虑而形成的制约力量，总是极其轻微。促使男女进行结合的动机——也许可以说是天性——是极其强烈的，单是由于对丧失与健康或社会地位无关的用品的顾虑，决不会发生多大的抑制作用。即使单是对于缺乏必需品的顾虑，也不足以使人口的增长显著地受到阻碍。我们已经看到，在比较未开化的国家，也只是在这些国家，缺乏必需品是常见的事，防止性制约并不能起多大的作用。他们未尝不觉察到这种危险，但是由于缺少远见和自制，使这类制约无法对他们发生影响。另一方面，在文化高度发展的国家，任一个人或其尚待组织的家庭可能遭到实际贫困的那种危险，对男女结合的动机是能够发挥作用的，但是这样的危险在这样的国家里看来过于渺茫，不能由此构成普遍的行为准则。

较大的防止性制约是丧失场面用品的顾虑，也就是借助于在较长期的独身生活中的积累、取得购买足以提高其社会地位的场面用品的手段的希望。一方面是恋爱与结婚，另一方面是仔细打算，审慎从事；当一个英国人在这两者之间迟疑不决时，他所担心的并不是全家的真正挨饿，他晓得，遇到了真正困难时，他有救贫法为保障。但是，无论他怎样地不存奢望，当他考虑到他的收入用以维持独身生活是足够的,结了婚之后,这一收入也许不足以保持他的社会地位这一层时,他总不能不感到忧虑;将来也许无法使他的子女受到他自己所享受的教育的利益;总之,他所担心的是他的身份会下降。进取心较强的人会延迟结婚;这不但是由于身份下降的顾虑,而且是出于一种希望,要想在无所牵累的情况下争取升腾。在这样的进程中,如愿以偿的希望往往会越来越渺茫,就这样一直蹉跎到那一天,到了那个时候,要实现大概每个人会在他青年时代构成的那种幸福家庭计划的时间已经过去。

长期稳定的文明国家,所以不至于受到人口大大超过生活资料足量供应所引起的祸害,就是由于这种对不同于必需品的场面用品的欲求。古代朴素生活与近代奢侈生活的对比,是日常谈论中最常见的话题之一。安于贫困,不以此为耻,不爱虚荣,杜绝靡费,是一直为人们所赞扬的美德,别的美德,不管有多大价值,很少会比它受到更大的重视,一切有高度文化的民族,都认为他们的祖先是具有这种美德的。反过来说,铺张浪费是要受到谴责的,别的恶习,不管有多大毒害,很少会比它受到更普遍的指摘,每一代似乎都把这一恶习看成它自己的特征。

初看起来似乎可以肯定,不必要的消费既足以减少个人的财富,对国家的财富也必然具有同样的效应。分别地考虑时就会觉得很明显,非生产性的消费,不管它使消费者得到多大的满足,必然会使社会的富力受到在这一限度上的削弱。共同的贮积由此减少了这许多,消灭了这许多。一国的资本既然是由各个人的总储蓄组成,这就可以肯定,如果各人都罄其所有,尽力花费,则一国的全部资本将逐渐消耗,造成普遍穷困。但显得同样肯定的是,如果各个人的消费都仅仅以必需品为限，则造成的将是同样普遍、同样严重的穷困。

我们已经看到，人民的生殖力如果不受到抱慎重态度这一因素的抑制，那就必然会引起几乎是属于一切形态的精神上和物质上的缺陷。在这样的假设情况下，社会的需要将以维持生活所必要的衣食住三者为限，而且都将以最低劣的材料构成。现今在文明国家中从事于耕种的只是其人口的一部分，一般地说，国家的财富越是增加，这部分人口所占的比例就越小；在英国还不到三分之一，而且从事于这一劳动的有很大一个部分是奢侈品生产者。实际上，以土豆供作粮食，要比谷物丰富五六倍，比肉类丰富二十倍以上；从爱尔兰下层民众的外貌和精力来判断，土豆也同样适宜于健康，肉类和谷物的代价既高于土豆，就不妨把前两者看做就这一限度说来的奢侈品。在与私有财产的存在相一致、与对财富的欲求相一致的情况下，事实上这也不能使耕种方式导向尽可能大的报酬的取得。目的是在于与农业的有利经营相一致的最大报酬的取得；但是于追求这一目的时，为了节约劳动或节约时间，产物的数量必然会经常受到牺牲。

如果除必需品之外别无所求，那么现在的土地分配和现在的分工就都将发生变化。各个家庭除各占一小块土地以便取得其所需的土豆和牛奶之外，就不会愿意占有更多的土地。即使这些家庭尽力从事于精耕细作，它们也应当还有余力从事于制造其自身所需要的简陋用具。这时全国人民都将成为农业人口。现在英国从事于农业的计761 348户，虽然他们的劳动距离从事于生产尽可能大的数量这一目标还远得很，但是在不依靠进口方面大量帮助的情况下，可以为全国2 745 336户供应其所需的粮食。如果全国都从事于农业，并且于耕作中以追求产物的数量为唯一目标，则在通常气候下，英国的农产品所能供养的人数将不是1 500万，大概至少是6 000万；以欧洲而论，所能供养的人数将不是2亿，而是8亿。这时在欧洲对人口增长的制约力量如果并不比在美国所见到的强大，则在50年内，欧洲的人口就可以增加到8亿。在这里所假设的情况下，欧洲人口的增长速度，很有可能会超过美国人口的增长速度。那时防止性制约将不复存在，因为没有理由预计会发生饥荒，结婚就不会由于抱慎重态度而受到阻碍，甚至也不会推迟，而早婚的习惯将使放荡生活告一结束；那时一切习惯既然都是高度合乎卫生的，积极性制约将缩减到最低度。

到此为止，这一图景看起来似乎相当美满；它所显示的社会状态当然不是富裕的，不是优越的，但是足以养活为数极其众多的健康、甚至强壮的民众，他们享受着由早婚而来的种种幸福。但这一状态显然不能持久存在；实际上大概决不能延续到250年。到了那个时候，欧洲的人口将达到3万亿以上；整个地球上可以容许这么许多的人口生存是难以想象的。

因此，人口的增长迟早必须加以制约。我们已经看到，慎重态度是唯一与缺陷或穷困无关的制约。但是，促使男女实行婚嫁的情欲是非常炽烈的，各个人对于他自己优良的操行和远大的前途又是信心极强的，这就往往会遭遇到种种缺陷——不管是什么样的缺陷；慎重态度这一制约力量，就是由于对可能发生这类缺陷的顾虑而来的。如果缺陷是在于丧失奢侈品，那是可以不介意的；即使是丧失场面用品，也还是受得了的。但是在这里的假设情况下，慎重态度这一制约力量的形成，只是由于对必需品缺乏的顾虑；而必需品的缺乏，在许多实际发生的事例中，将造成在形态上最可怕的积极性制约。所以会发生必需品缺乏这一缺陷，不但可能是由于一切人们——那些急于结婚的人当然不在例外——都容易犯的对前途估计的错误，而且可能是由于不是凭个人的慎重态度所能提防的意外事故。一次的歉收是可以预防的，一连几次的凶年（这样的情况的确会发生），就会使这里的假设情况下的民众陷于绝对的饥荒。如果连续的歉收发生于平时很着重于奢侈品消费的国家，那么暂时牺牲这类消费，情势就可以得到缓和。平时供酿酒厂做原料的谷物就是一项贮积，随时可用以接济急需；平时用以饲养家畜但也可以供作人类食用的粮食，情形也是这样。此外，原来是要向国外购入奢侈品和奢侈品的原料的，现在可以改购必需品；例如，原来是要输入葡萄酒的，现在可以输入谷物。

有些人也许会说，实际上也的确说过，现在地球上人口的分布既不平衡，各地的施耕情况也参差不一，因此，一切人口密度比较高的国家尽可以实行移民，这件事既轻而易举，而且可以开辟广大资源，这就可以使一切对人口增长的由慎重态度形成的制约没有存在的必要。

很明显，使用于法兰德斯（Flanders）和苏格兰低地区的最优等土地的资本和技术，如果能应用到可以供人类居住的全世界各地，那么能够供养的人口也许比现在要大 10 倍、100 倍、甚至 500 倍，这些人所享有的给养也许跟现在为数据说约计 10 亿的全世界人口所享有的不相上下，也许还要好得多。在几个世纪、或者不如说是好几百个世纪以后，这种美妙的幻想可能——我们且不说未必可能——会成为事实。但是一切经验证明，没有一个被其他文明国家包围着的文明国家或大国，会敢于依靠移民这一手段作为对人口的永久制约或适当制约。为什么说"没有一个被其他文明国家包围着的文明国家或大国"呢？这是因为我们晓得，在中亚细亚和欧洲北部的游牧部落以及某些小国如古希腊和腓尼基的一些城邦的过剩人口，前者经常以殖民为出路，后者经常以武装移民为出路；还有，出于欧洲血统的美国人有广阔的大陆为后盾，他们尽有漫无限制地加速其繁殖力的余地，这样的环境他们已经享受了几个世纪，看来还可以享受几个世纪。但是，在现在组织下的欧洲是不能学样的。从欧洲的立场来看，一切陆地上的边疆都已经有了主人，为殖民地而进行侵占是不可能的，孤独的旅客要受到语言不同、法律不同、技术不同、甚至宗教不同的种种障碍；如果舍此另谋，那就得航行到海外，费用既大而且距离遥远，到了目的地，或者是那里的一切还没有安定下来，因此一般说来不利于健康，或者是仍然同上述安定地区的情形一样，要碰到法律上、语言上、宗教上和技术上彼此扞格的种种障碍。这就使大规模和有计划的移民出境无法坚决进行。即使在同一统制范围内的不同地区，如果语言不同或习惯不同或相隔很远，彼此之间也不能有多大帮助。奥地利的领土，含有欧洲人口最稀少的地区，也同样含有欧洲人口最稠密的地区；但是伦巴迪(Lombardy)平原的居民并没有移入匈牙利。如果有什么欧洲国家可以希望用移民出境来完全代替抱慎重态度这一对人口增长的制约力量，那么可以抱有这种希望的，也许是英伦诸岛的人民。我们在每个半球上都拥有不见人烟的大陆，我们掌握着世界上空前巨大的海军，可以把我们运送到那些地区，

我们也累积了空前巨大的资本，足以负担这方面的费用，我们的人民不但具有高度的进取心，而且特别富有在这方面的进取心。好几个世纪以来我们就享有这些优点；差不多从都铎王朝的时代以来，我们就占有了在本土以外的广大区域，其范围远远超过了我们在欧洲的领地。然而，在这一长时期间，就移民出境对我们人口所发生的影响来说，是多么轻微？我们过去送出的和现在送出的一批又一批的人，似乎立即被另一批人所替代。我们已经建立了一个帝国，此后也许还要建立许多；但是，设置了一个殖民地之后，其人口的增加，主要并不是由于来自其母国的为数比较少的移民，而是由于人们的漫无约束的生殖力。

在本书的后一部分，我们对于妨碍移民的种种原因还要作出较详细的解释。目前要反复说明的只是，一切经验证明，就任何人口众多而文化相当高的广大地域如欧洲、中国或印度说来，移民并不足以抑制人口。因此，看来只有对结婚抱慎重态度和在消费方面要保持相当水平的习惯，才能持久防止生活资料受到人口增长的过大压力，以致不断招致积极性制约的痛苦。由于只有文明社会才存在着上述前一习惯，只有富裕社会才存在着上述后一习惯；这就可以清楚地看出，当一个国家在文化程度和富裕程度上日益进展时，积极性制约就势必为防止性制约所取代。如果这个说法是可靠的，那么，随着社会的逐步进展，人口过剩——说得明确些，也就是人口过多，以致不能获得必需品充分的、有规则的供应——的弊害势必逐渐缩减。财富增加以后，上一代的奢侈品就会成为下一代的场面用品。这时日益成为风气的，不仅是更求舒适、更求便利的爱好，还有得不到这类事物时的耻辱感觉。劳动生产力在多方面的增长，必然会使越来越多的人能够享有更多的舒适和便利。这既是越来越有利的演进，也显得是越来越自然的演进：更多的舒适和便利不仅应当随着人口的增加而同时出现，还应当领先一步，在人口增加之前出现。

但是，我们虽然认为当文化逐步提高时，人口增长对生活资料的压力是一个在减退中的弊害，却决不是否认在一切长期安定的国家中这一压力的普遍存在。实际上，除开其本身即殖民地所在、正在将古老国家的知识应用到空闲地区的那些国家之外，这一压力在其他一切国家都是不能免的。我们认为欧洲绝大部分的情形是这样：如果人口比现有的少些，其地的人民就可以比现在富裕些；如果其人口的增长率能够降低，今后的生活就可以有所改善。不论什么样的社会改革方案，如果不兼顾到提高财富生产和防止人口作相应增加的两个方面，就不可能是完整的。前者的实现有赖于立法机关，后者的实现则有赖于个人的审慎和远见。前者的实现必须依靠社会中的统治阶级，而后者的实现则差不多须完全取决于下层民众。作为改进的一个手段，总的说来，后者比较有效。对后者差不多每个人都可以出把力，但也可以掉头不顾。但是就目前欧洲的舆论和商业及财政政策来说，坚持前者，也许可以取得较大的进展。忽视了任一个方面的政治家，只是考虑了问题的一个部分。

但是无可否认，我们的看法并不是被接受了的意见；或者应当这样说，我们的见解几乎同直接讨论人口问题的每一个作家——不管是属于这一派还是那一派——的说法都是对立的。我们可以看到，几乎每个经济学家，在他著作中以讨论**人口原理**为专题的那

个部分，总是站在两个对立派别的这一边或那一边，两派不但互相对立，而且跟这里所力图说明的论点也是对立的。一派认为，当人口增加时，必然会同时出现的不仅是生产力的绝对增长，还有生产力的相对增长；认为人口的密度是繁荣的起因，也是判断繁荣的标准；认为“世界上每一个国家，如果都能摆脱一切对人口增长的自然制约和人为制约，以尽可能大的速度进行繁殖，即使一连经过许多世代，也决不会感到任何威胁。”①

另一流派则认为人口的增长有超过生活资料增长的倾向（这里用倾向这个词来表示可能性或盖然性）；也就是说，无论生活资料的现在情况怎样，人口完全有可能赶上它，甚至还竭力要超过它，这种趋势所以会受到阻挡，主要是由于在这一演进过程中必然要引起的那些弊害和苦难。

我们在前面作出的分析对上述第一类作家已经提供了一个答复，这里不再重复。对于还有一类作家的意见，有必要加以比较详尽的讨论；这里准备先引录几段麦克库洛赫先生、穆勒先生和马尔萨斯先生的话。

麦克库洛赫先生在他所编注的《国民财富的性质和原因的研究》里的一些富有意义的评注中，有一段关于人口问题的讨论很值得注意。这一段的目的之一是要表明，美国的人口今后在一个很长期间，决不能按照如过去百年以来那样的速度继续增长。我们完全相信这一预期的正确。我们所以选录下面这一段，并不是反对他关于美国的见解，我们所不能同意的是他所提出的关于人口

① 斯克罗普（Scrope）：《政治经济学原理》，1833 年版，第 276 页。

问题的一般原则。

麦克库洛赫先生写道，“也许可以说，我们必须估计到在社会发展过程中在农业科学方面可能出现的一些改进的效应，或者是，在将来的某个时期可能出现的进一步高产的谷物品种。但是很容易看出，这样的改革和变化即使完全实现，其效应也只是一时的，决不能影响到如下的一个原则的真实：归根到底，人类的增殖力必然要压倒生活资料的增长。假定由于某种出乎寻常的改进，在英国每年生产的粮食和生活必需的其他物品的数量，突然提高了一倍，结果一切阶级的人们的生活条件都有了显著改善，精神上的制约就不必如以前那样地严格，结婚年龄也就可以提早；人口增长的原则受到了这样有力的刺激之后，在一个很短的期间，人口将再度增长到与生活资料处于同样的水平。这时由于在结婚方面人们的习惯上必然要引起的改变，由于人口正在增长到增加了的粮食供应的水平，就会引起人口过剩、死亡率提高的极大危险。因此，虽然不可能为技术进步设下任何一定的限制，可是很明显，即使粮食供应原来是丰富的，它也不能在任一个相当的长时期，不断地与人口作等比例的增长。劣等地需要资本和劳动的较大支出才能获得与优等地同样的供应，而在社会的进展中，必然要考虑到对劣等地的耕种——否则将发生何种后果，这一点对每个人说来都是极其明显的——这一点表明，随着人口密度的提高，增加粮食供应的困难会越来越严重。”

穆勒先生的见解，见于他讨论工资的那个部分。他在《政治经济学原理》第 2 章第 2 节里说，“如果出于自然的趋势，资本（他用这个词来表示的是，劳动的工具、劳动借助于工具从事生产时所使

用的原料和劳动者的生活资料)增长的速度高于人口,要保持人民的繁荣的生活状况,那就没有困难。否则,如果出于自然的趋势,人口增长的速度高于资本,那就会引起很大的困难。工资会不断地倾向于下降,使人民越来越贫穷,由此必然要发生的后果是困苦和堕落。贫穷和跟着发生的困苦扩大以后,死亡率就必然要提高。由于生活资料的缺乏,一个大家庭里的许多儿女,其中只有一个部分可以抚养成人。人口增长不管是在什么比例下高于资本的增长,出生的人们将按照这个高出的比例死亡;结果,资本增长与人口增长的比例将依然相等,工资将不再下降。在多数地区,人口增长确有超过资本实际增长的速度的倾向;在世界上多数地区的人民的生活状况就是一个铁证。差不多在一切国家,其广大人民的生活总是贫穷和困苦的。假使资本增长的速度高于人口,这种情况就不会发生。那时工资必然会提高;在高工资下,工人就可以摆脱供应不足的困苦。人类所以会普遍陷于这样的困苦状态,其原因只能是出于如下两个假设之一:或者是出于自然的趋势,人口增长的速度高于资本;或者是由于某种原因,资本没有能按照其应有的增势增长得那样快。因此,这一问题的研究具有极大的重要意义。"

穆勒先生研究的结果是否定了第二个假设,肯定了第一个假设,就是说,他认为出于自然的趋势,人口增长高于资本增长的速度。

马尔萨斯先生在他长期的和辉煌的科学研究过程中,在见解上似乎经过了很大的转变。在他那部杰作的第 1 版里,他把人口增长说成是广大人民长远幸福的不可克服的障碍。即使在他著作的最后一版里，下面所引录的仍然不外于这个思想范畴。

“很少国家不是在不断地努力，使其人口增长超过其生活资料的增长，这种不断的努力会不断地使下层社会陷于贫困，使他们的生活状况无法得到显著的长远的改进。在现在的社会状态下，造成这一现象的似乎是由于这样一种想法：在我们看来，任一国家的生活资料可以与其人民的安乐生活之所需恰恰相等。由于对人口增长的不断努力——即使在最恶劣的社会中情形也是这样——使人数的增加走在生活资料增加的前面。因此，原来供应1 100万人的粮食，现在必须分摊给1 150万人。结果，穷人的生活必然更加恶化，其中许多人将陷于严重的贫困。劳动者人数由此也会超过市场中工作的需要，劳动的价格必然趋于下降，而粮食的价格这时将趋于上升。因此，劳动者必须做更多的工作，才能赚得与以前相等的收入。在这样艰苦的期间，要养家糊口困难极大，成家的念头受到了严重抑制，于是人口增长的速度将降低。这个时候工价低贱，劳动者人数众多，并且有进一步勤奋工作的必要，这就鼓励了耕农，在他们的耕地上添雇人手，从事于开辟新地，在已有的耕地上进一步完善地改良土壤，改进施肥，直到生活资料对人口的比例，也许会终于达到与这里的设定期间开始时的这一比例相等的程度。这时劳动者的处境就又觉得比较从容，对人口的抑制就多少有所放松。经过一个短时期之后，这种在人类幸福方面的起伏过程会反复重演。”以上一段见《人口原理》第 1 篇第 2 章。“根据人口原理，人口具有比粮食增加得快的倾向。因此，使一国的国民增加到生活资料的十足限度是一个不变的倾向；所谓限度，这里指的是足以供养稳定的全国人口的粮食的最低数量。”以上见同上书

第3篇第1章注释。

但是，当西尼尔先生向他提出在不存在干扰因素下、生活资料的增长速度多半会超过人口的增长速度这一相反的论点时，他似乎推翻了——我们不说是他上面的说词，而是——从上面的说词所得出的推断。

马尔萨斯先生这样说："关于您所反对的那个说法(人口增长有高于粮食增长的速度的趋势)，我的意思是说，如果抑制人口的阻力不复存在，人口增势就随时会有超过粮食增势的倾向；并且，即使这类阻力足以防止人口增长对生活资料发生威胁，甚至足以使前者对后者保持较大的落后距离；然而，不管实际上是人口的增长速度高于粮食，还是粮食的增长速度高于人口，情形总是这样：除开处于有利环境的新殖民地外，人口总是在威胁着粮食，总是会随时发动攻势，使其增长速度超过粮食的实际增长速度。"

"我们完全同意，人类凭其理性与远见，天然赋有设法减轻因人口对粮食施加的压力而引起的祸害的能力。我们还进一步同意，在社会发展过程中，随着教育的推广和知识的普及，极有可能的是，这类祸害会大大减轻，劳动阶级的生活会有所改善。"①

经过这样解释之后的马尔萨斯先生的见解，是和穆勒先生及麦克库洛赫先生的见解对立的。他对"在社会发展过程中，因人口对粮食施加的压力而引起的祸害会有所减轻"的说法是认可的；而麦克库洛赫先生的说法是，"归根到底，人类的增殖力必然要压倒生活资料的增长"，穆勒先生的说法是，"人口增长确有超过资本实

① 西尼尔的《关于人口问题的演讲》的《附录》，第61—82页。

际增长的速度的倾向，在世界上多数地区的人民的生活状况就是一个铁证。”教长惠特力以其惯有的敏锐识力对这个问题作了分析，说明其症结是在于用词上的含糊。

他写道：“有些人的看法是这样，认为由于人口增长速度有高于生活资料增长速度的倾向，因此可以预计，人口对生活资料的压力会一代比一代加重（除非有新的特出的补救办法可以借助），从而使人类福利受到越来越大的打击；尽管一切文明国家在财富的量上有了相应增长，而这个论调依然不变。所以会这样，也许主要是由于没有能看出‘倾向’这个词作为论证中媒辞的一个部分时意义的含糊。所谓会引起某一结果的‘倾向’，有时其含义是一种原因的存在，这种原因如果听任它发挥作用，不受阻挠，就会产生这一结果。按照这个意义，我们就的确可以说，地球，或者是环绕着一个中心运动的任何别的物体，会有突然逸出常轨的倾向；就是说，某一物体虽然为向心力所控制，但离心力仍然朝着离心的方向活动。我们还可以说，对人类说来所具有的较大倾向是跌倒在地上，而不是直立在地上；就是说，地心吸力和重心的位置是这样，人类假使不是靠了肌力的自发努力，则一阵微风就可以把他吹倒。因此还可以说，人口增长有超过生活资料增长的倾向；这就是说，人类是具有这样一种倾向的，如果不加抑制，就会导致这样的结果。

“但是，有时也可以把‘会引起某一结果的倾向’的含义看成是‘这样一种事态的存在，由此可以预料会发生某一结果’。在上述论证的两个前提中，‘倾向’这个词就是在这两种意义下使用的。但是，按照后一意义，地球所具有的较大倾向是保持它的常轨，而不是逸出常轨，人类所具有的较大倾向是直立在地上，而不是跌倒在地上，并且(这是可以根据任一国家的比较开化和比较未开化时期的历史对照来证明的)，在社会的发展过程中，生活资料的增长速度具有大于人口增长速度的倾向。例如在我们这个国家，最近五个世纪以来我们的人口有了很大的增长，然而对生活资料的比率却比五百年前要低得多——虽然还远远高于所可能想望的比率。"①

很明显，如果世界的现状跟有纪录以来最初的状况相比是相对地贫困，那就无可否认，人口的增长具有高于生活资料增长的倾向。如果生活资料与人口持续地处于完全不变的比例，那就很明显，前者的增势与后者的增势相等。如果生活资料比人口增加得快得多，那就很明显，不但上述论点是错误的，而且跟它相反的论点是正确的，就是说，生活资料具有比人口增加得快的自然(用这个词来表示的意义是"多半会发生的")倾向。我们可以看一看，那些现在已经开化的国家的最初纪录中所显示的图景是怎样的；或者——实际上是一样的——可以看一看，一些野蛮国家的现在处境是怎样的。我们看到的只是，习以为常的贫困和不时发生的饥荒；人口稀少，可是生活资料更加稀少。我们承认——事实上也无可否认——几乎在所有的国家，其广大人民的生活是贫穷的、困苦的；然而，贫穷和困苦既然是从最初就已经存在的现象，那么关系到其人口增长的速度高于其财富增长的速度这一倾向时，从上述贫困的持续存在，可以得出什么样的推论呢？如果能发现这样一

① 教长惠特力：《政治经济学演讲》，第9讲。

个国家，它的贫困程度低于在野蛮国家中普遍存在的贫困程度，这就足以证明，在这个国家所处的环境下，生活资料的增长具有超过人口增长的倾向。要晓得，每个文明国家所处的就是这种情况。即使是爱尔兰，那是极有可能要被用来作为说明这类事物的倾向的一个例子的，那里的人口稠密而生活贫困，但是那里的八百万人口在今天的困乏情况，跟它当初只含有若干家族的猎人和渔夫时代的生活状态相比，已经有了很大改善。在我们自己的早期历史中经常要遇到的是饥荒和由饥荒而来的疫病。现在，虽然我们的人口已经增加了三四倍，这类灾害却不再听到。

美国是人口显著增加和不断增加的最明确的例子。那里提供了一个大好的活动场所，人口尽可以无所顾忌地增长，可是，尽管尽了最大的努力，依然赶不上生活资料的增势。最初的移民在整个殖民区域内陷于绝对的困乏，他们的后代跟穷困和苦难展开了长期的奋斗；但是人口每有一次增加，生活资料似乎就同时、甚至还领先一步有了更大的增加。如果我们承认在人类中存在着从未开化进展到开化的自然倾向，并且承认生活资料在开化状态下比在未开化状态下相对地更加充裕——事实上这两点都是无可否认的——那就必然可以断定，生活资料的增加，具有在比例上大于人口增加的自然倾向。

马尔萨斯先生在其早期发表的著作中，对于他自己的论点有时也许过于夸张，这在一种学理的发现者说来是在所难免的；但是，即使他犯了这个错误，也并不影响实际的结论，这些结论就造福人群这一点说来，使他可以和亚当·斯密并列而无愧。只要我们认识到人类的苦乐主要取决于生活资料与人口两者的相对发

展，而两者的发展是有它的原因的，这些原因在人类的控制范围以内，因此是可以加以调节的；那么，在不存在干扰因素的情况下，具有较高速度的倾向的不管是生活资料还是人口，就都是一个无关紧要的问题。这就是马尔萨斯先生根据事实和推理得出的主要论点，这类论点与根深蒂固的偏见相对立，引起了各式各样的叫嚣和抗议，有多种多样的诡辩对它进行攻击：但是现在终于获得了多数的明白事理者的赞可，甚至那些对事理不加深究即信以为真的人，大多数也接受了这类论点。

至于足以促使生活资料与人口作相对增长的原因是什么，关于在这方面的作出解释，实在是政治学作家的职责，而不是政治经济学作家的职责。这里只须提一提，知识、财产的安全、国内交换和国外交换的自由和获致权力与地位的机会均等是一些主要原因；这些原因既足以促进生活资料增长，并且由于提高了人民的品性，使他们得以在较低的速度下进行繁殖。反之，对交换和商业的限制使多数人不能享有上进机会的人为障碍，尤其是愚昧无知和人身与财产的不安全，是一些一般的原因，由此既足以降低劳动的生产力，而且会造成一种但顾眼前不计将来的野蛮状态，在这一状态下，慎重态度这一制约力量就不复存在，生殖力总是在尽力争取超过生活资料的供应限度，这时抑制着人口增势的就只是贫困和堕落。这里所以使用**一般**原因这个词，是由于要将某些国家所特有的、需要加以单独考虑的那些原因除外——例如，在中国关于生育儿女的迷信愿望，在爱尔兰的以前足以造成大量自由世袭地领有农的政治动机，以及在英格兰某些地区的救贫法的施行，等等。但是，如果将这类个别事例除外，则一般说来，凡是足以败坏人民的品性或是降低人民的生产力的，都具有降低生活资料对人口的比例的倾向，反过来也是这样。因此，当人口增长速度高于生活资料的增长速度时，一般说来是治理失当的征兆，表明其间还有更加深固的弊病，而上述现象只是其后果之一。

关于穆勒先生和麦克库洛赫先生，我们尽管在前面引录了他们著作中的那几节，可是我们认为这里所谈的一些见解也就是他们两位的见解。我们认为两位杰出作家对于近500年来欧洲居民的情况已逐渐有所改善这一点，都不会有所怀疑；并且也不会以为改善已经达到了顶点，或是以为其演进会有任何明确的限度。当他们谈到对人类前途的展望时，所教导的学说跟我们的并没有什么两样。只是当他们专门讨论人口问题时所使用的一些言词，我们却不敢贸然附和。当这样使用这些言词时，我们相信他们自己并没有被引入歧途；也许正是由于这个原因，以致没有能看到，由此却会使别人发生误解。有些人对政治经济学只有肤浅的认识（这类人构成了知识分子中的多数）；在我们看来无可否认，这类人就的确在这样表达方式的人口理论下发生了误解。如果有人告诉他们，“人口增长是具有比粮食增长得快的倾向的”，“是会使一国的人口完全赶上其生活资料供额的最高限度的”，他们就会由此得出结论：既然具有发生的倾向，这就势必要发生。由于人口增加也许要引起贫困，他们就以为必然会这样；由于生活资料的增加也许要被跟着发生的待供应的人数的相应增加所抵消，他们就以为演进的结果必然会是这样。不幸的是，有许多人，由于疏懒，或利己观念，或一时的沮丧，会欣然接受这样的论点。一切改革方案所不免要引起的麻烦或花费，借此就可以安然避免。他们会这样说，

“发动大规模的移民出境又何济于事，反正整个真空会立即被必然要增加的人口所填满。我们又何必要变更谷物法？即使粮食暂时比较充裕，不要多久，人口依然会与生活资料处于同一水平，我们依然会跟以前一样地困苦。”

还有许多人，特别是那些没有头脑、遇事不求甚解的人，他们并没有对这类学说表示赞同的智力，然而却相信这是政治经济学中已经获得公认的成果之一。这类人将在荒谬观点下得来的论证应用到整个科学；他们并不深究推论的是否正确，也不愿意去检查一下使这类要不得的结论得以产生的那些前提。

我们认为这类误解流行得非常广泛，因此敢于耗费读者一些时间，作了这一冗长的讨论；这一讨论，也许有人要认为只是在用词上如何求其更加切当这一点上的争执，也许还有人要认为所力图证明的只是些不言而喻的事实而已。

第三个基本命题

——劳动的力量和生产财富的其他手段的力量，借助于将由此所生产的产品作为继续生产的工具，可以无定限地增加

生产。前面已经说明这里使用的财富这个词的意义，对人口理论也已经提出了一个概要，现在要接下去研究的是生产，也就是生产财富的手段。我们首先应当给动词生产和名词产品下个定义。

产品。就政治经济学而论，进行生产是促使现存的一些物质

的状态发生变化，由于这一变化的发生，或者是由此造成的结果，可以换取某些事物。这一变化的结果是产品。大家都知道，物质是不增不减的，人类所能做的，或者是我们所知道的任何其他能因所能做的，只是变更现存物质的状态。由于政治经济学所讨论的只是财富，因此这里所讨论的只限于其结果为财富的那类变化，我们不得不将一切其他的变化从产品的定义内除去。孩子们在海滩上用沙搭成一座高楼，搭成后又把它踢倒，其间每一次动作所发生的效应，跟工人建成一座宫殿或拆毁一座宫殿的效应，属于同一类型；但后者的努力使他有权利可以获得报酬，应当把他说成是在进行生产，他动作的结果，不管是在空地上建起楼台，还是使原来有屋宇之处成为空地，都应当把它说成是产品。

产品被分成服务和商品。产品被分成两类：物质的和非物质的，或者用不同的字眼来表达的同样区别是商品和服务。亚当·斯密将劳动划分成生产性和非生产性两类，这是众所周知的；上述区别似乎就是出于这一暗示。有些人认为亚当·斯密作出的划分原则未尝不方便；但是，如果把那种一切其他劳动非此就不能有效地进行的劳动说成是非生产性，却不免感到困难，因此创造了服务或非物质产品这个词，用以表示这种劳动的成果。

但是，在我们看来，所有这些区别，不论是生产劳动者和非生产劳动者，或是物质产品生产者和非物质产品生产者，或是商品和服务，作出时所依据的并不是存在于我们所要考虑的那些事物本身的差别，而是存在于引起我们注意的那些方式上的差别。有时我们所注意的，主要并不是使事物发生变化的动作，而是动作的结果，即变化了的事物；在这种情况下，经济学家把造成这一变化的那个人叫做生产劳动者，或者是商品或物质产品的生产者。否则，如果我们所注意的主要并不是变化了的事物，而是造成这一变化的动作，经济学家就把造成这一变化的那个人叫做非生产劳动者，把他的那一番努力叫做服务或非物质产品。制鞋工人将皮革、线和蜡改变成一双鞋。擦皮鞋工人把一双龌龊的鞋子改变成一双干净的鞋子。在前一情况下我们所注意的主要是改变了的事物，因此我们把制鞋工人说成是制造鞋子或生产鞋子的。在后一情况下我们所注意的主要是擦皮鞋工人所完成的动作。我们并不把他说成是制造或生产了一双干净的鞋子这一商品，而是认为他完成了擦干净了一双鞋子的服务。当然，在上述两种情况下都存在着一种动作和一种结果；但是在一种情况下我们所注意的主要是结果，在另一情况下所注意的主要是动作。

至于那些足以直接促使我们主要注意于动作或主要注意于结果的原因，似乎首先是所引起的变更的程度，其次是由于这一变更而获得利益的人购买这一利益时的方式。

如果变更是轻微的，尤其是如果发生了变更的那一事物仍然保留着原来的名称，那么我们所注意的就主要是动作。我们不说厨师制造了一盆烤牛肉，而是说他烹调了一盆烤牛肉；可是我们却会说他做了一盆布丁，或是做了一些比较精细的拼盘，我们把这些叫做特制菜肴。名称的改变是很重要的；我们说成衣工把一块衣料做成了一件外套，可是我们不说染工把一块未染的衣料做成了一块染好了的衣料。一块衣料经过染工的手所引起的变更也许比经过成衣工的手所引起的变更更大，但是经过成衣工的手之后，这块衣料就改换了名称，经过染工的手时其名称却没有改换；染工没有使衣料获得一个新名称，因此，在我们的心目中，在他的手里也没有产生一件新事物。

然而，主要条件是支付报酬时的方式。在某些情况下，生产者所惯于售出和我们所惯于购入的并不是生产者的劳动，而是使用了他的劳动的那一事物；例如，我们买一副假发或一箱药品时情形就是这样。在另一些情况下，我们所购入的并不是经过了改变的某一事物，而是改变这一事物的劳动；例如，我们求助于理发师或医师时就属于这类情况。在所有这些情况下，我们所专心注意的自然是在于我们所惯于购入的事物；我们所惯于购入的也许是劳动，也许是花费了劳动的事物，实际上就是说，我们所惯于购入的也许是服务，也许是商品，随着情况的不同，我们就把服务或商品看成是所生产的事物。不论是绘画或是演技，其最终目的是从模仿中得来的愉快。画家和演员所采用的手段属于同一类型。两者所运用的都是人身的器官，但画家运用时在于将色彩涂抹在画布上，演员是在于使他自己处于某种姿态，发出某种声调。演员所售出的是他所发挥的力量本身；但画家所售出的不是他所发挥的力量，而是经他使用了那些力量的图画。两者售出他们所发挥的力量的方式，构成了仆役和其他劳动阶级之间的唯一差别。仆役将煤从地下室搬到客厅，矿工则将煤从矿底搬到矿口，两者所完成的是性质完全相同的工作。但是，煤被采出以后终于运到消费者的地下室时，消费者所支付的是煤本身的代价，他付给仆役的则是把煤搬上来这一动作的代价。因此，把矿工说成是生产物质商品——煤的，把仆役说成是生产非物质产品——服务的。实际上两者所生产的是同样事物，都是改变了一些现有物质的地位；但是

我们所专心注意的，在一个情况下是动作，在另一个情况下是动作的结果。

在社会的比较原始状态下，几乎一切制造都是在家庭中进行；英雄时代的王后和王女是惯于从事监督其侍女的劳动的。分工的结果把织机和捻杆从大厅赶到了制造厂；我们在上面的一些说法如果是正确的，那就应当说，分工的结果使纺织工人从非生产劳动者变成了生产劳动者，从非物质服务的生产者变成了物质商品的生产者。

服务与商品的区别。我们固然反对这样地使用术语，把生产者因其所生产的产品性质不同而分成服务的生产者和商品的生产者，但是我们并不否认作出服务与商品本身之间的区别的恰当——把服务这个词应用于促使事物现有状态发生变化的动作，把商品这个词应用于所变化的事物，使产品这个词包括商品和服务两者。

应当看到，在日常语言中并不把某个人说成是生产某一事物，除非他是专为这个目的进行的。假使英国的一个采牡蛎的碰巧在一只牡蛎内发现一粒珍珠，我们不会说他是珍珠的生产者，只说他是珍珠的偶然发现者。但是，我们却把在锡兰的采牡蛎的——其专业是捞取珍珠贝——称为珍珠的生产者。单就珍珠的存在而论，在两种情况下都是出于自然的作用；珍珠作为一件珍贵物品的存在，在两种情况下都是出于捞取者的作用——把它从无价值的地位发掘出来。在一种情况下他是有意这样做的，在另一情况下只是出于偶然。在一种情况下人们所注意的是捞取者的作用，因此把他叫做珍珠的生产者。在另一情况下人们所注意的是自然的作用,因此只是把他叫做占有者。但是在我们看来,就科学的立场说,比较恰当的分类办法是在两种情况下都把他叫做生产者。

消费的定义。经济学家大都把消费和生产摆在对立地位。他们把消费说成是财富的任一部分的全部毁灭或部分毁灭;认为这是一切生产的最终目的。

萨依先生说,"一切产品都是要被消费掉的;因此,所创造的一切价值都是要毁灭的,创造只是为了毁灭。"①

马尔萨斯先生说,"消费是一切生产的巨大目的。"②麦克库洛赫先生说,"消费的意义就是消灭使商品成为有用的或合用的那些特质。消费艺术品或工业品就是夺去构成这些产品的效用的实质,因此也就是夺去劳动所给予这些产品的交换价值。消费实际上是人类努力的目的,如果一种商品处于被使用的适当状态而没有能被及时消费,这就发生了损失。"③

差不多一切生产出来的事物都是要毁灭的,这是事实;但是我们不能说为了要毁灭一件事物而进行生产。生产一件事物的目的是要加以利用。毁灭是随着使用而发生的事态;人们不但不想造成这一事态,而且希望尽可能地避免这一事态。实际上有些事物,除非遭到意外的伤害,似乎是不容易毁灭的。美术馆里的雕像,或者是藏在橱柜里的宝石,或者是一枚勋章,可以保存几个世纪而没有明显地变质。还有些别的事物,例如食品和燃料,在使用的那一动作中即被消灭,由于这些都是最不可缺少的商品,因此,消费这

① 萨依:《政治经济学》第3卷,第276页。

② 马尔萨斯:《政治经济学原理》,第219页。

③ 麦克库洛赫:《政治经济学原理》第2版,第511—512页。

个字眼就被普遍用来表示对任何事物的使用。但是，大多数商品的毁坏是由于多种多样的动因，我们把这些动因概括地叫做时间，由此所起的作用是我们要尽力阻止、尽力推迟的。假使消费果真是一切生产的目的，那么就得把住宅的住户称为住宅的消费者，但是如果把他称为住宅的破坏者是要使人感到非常奇怪的；因为无疑的是，如果把房子空着不住人，就必然会毁坏得更快。如果在政治经济学用语中，用“使用”这个词来代替“消费”，那将是一种改进。然而，要更改一个约定俗成的用语是很困难的，因此，我们将继续使用消费这个词，不过得预先说明，我们用这个词时指的主要是对一件事物的使用，在这种情况下，一件事物的毁灭一般说来是偶然的，但不一定是偶然的。

一个国家的财富在很大程度上取决于这一点：其人民在消费上所偏重的是毁坏得慢些的物品还是毁坏得快些的物品。

然而，国家的财富还在更大得多的程度上取决于，其人民所偏重的是生产性消费还是非生产性消费。

生产性消费和非生产性消费。生产性消费是对商品的这样一种使用，由此会导成另一种产品。当然，非生产性消费是在不会导成另一种产品的情况下的对商品的使用。非生产性消费的特征是，除消费者本人外，不会增进别人的享受。它对社会中其他人们的唯一效应是，在这个限度上减少了可以供他们使用的那一宗商品。

有些商品是无论如何只能供作非生产性消费的；例如花边、绣货、珠宝和其他个人饰物，这类东西只能供作装饰，既不能用以保暖，也不能用以防身。烟草、鼻烟和其他刺激品也可以列入这一类;这类东西充其量只能说是无害的。还有范围广大得多的一类商品是专门供作生产性使用的;除了出于误用,决不供作非生产性消费。属于这一类的是从最简单到最复杂的一切工具——从木筏和铁锹到蒸汽机和大商船。但是大多数商品可以随所有人之意,供作生产性或非生产性使用;消费时,其作用可以是借此来代替某一已经毁坏的产品,也可以是除开随其使用而来的即时的愉快之外,别无任何进一步的有利后果。不论什么,凡是可以用来维持人类生存的,都可以用来供养其本人就是生产者的那些人,或其本人不是生产者的那些人。在前一情况下是生产性消费;在后一情况下是非生产性消费。

至于生产性**消费者**与非生产性**消费者**之间的区别,却没有生产性**消费**与非生产性**消费**之间的区别那样地明显。如果要把人类分成生产性消费者和非生产性消费者两类,实际上是虚假的划分,因为很少人不是在某些方面兼属于两类。某个人的消费,只要对他的生产说来是必要的,这时他就属于第一类,只要对他的生产说来是非必要的,这时他就属于第二类。只有不论消费什么而全然无所返还的那些人,才能称为单纯的非生产性消费者;只有对不论什么都不任意做过多的消费的那些人,才能称为单纯的生产性消费者。

属于第一类的是这样一些人,他们由于自己过去的努力,或者是偶然地出于捐赠或继承,手里有着足够的生活费,并且情愿将他们的收入和空闲时间单纯地用于享乐。在社会的任何状态下,这样一类人为数是决不会多的。在愚昧、因此也就是贫困的社会中,拥有足够的生活费,可以不依靠劳动而安闲度日的人,为数必然很

少。在文明国家中，由于爱居积，爱权势，爱荣誉，爱劳动，或者是由于要使自己多少成为一个有用的人的崇高愿望，对懒散度日、安享余年的上述情况，都会起有力的反抗作用。由于财产有了进一步安全的保障，由于要想扶摇而上时前进的道路是开放的，由于民众所格外重视的已经是个人的特长和财富而不是他的出身贵贱，由于轻视劳动的那种未开化时代的偏见已经渐渐过去，由于正确的宗教教义，人们已经懂得他们生在世上并不是为了追求一己的享乐或无谓的苦修禁欲，其间还有更加崇高的目的——总之一句话，由于文化的提高，关于自觉努力的一切动机就获得了力量。虽然懒散度日的那些人为数也许会有所增加，但是，行使这样的特权的极其不幸的人们在比例上却有所降低。

还有一类人，他们的生活完全来源于掠夺或别人的施舍。随着文化的发展，靠巧取豪夺为生的人为数显然在减少。至于靠行乞生活的人，其人数的为增为减，也许有些疑问，因为对这类人的存在说来，社会上存有若干过剩财富似乎是必要的；当供养他们的这类过剩财富有所增加时，也许可以认为其人数将有所增加。我们从自己的经验中知道，在立法上或法律的执行上如果有欠缺，就会使行乞的人数增加。但是，似乎无可怀疑的是，如果有一套完善的商法和国内法，则体格健全的贫民可以减少到几乎微不足道的限度。

构成最后一类非生产性消费者的是，由于年老或衰弱而永远丧失生产能力的那些人。这里所以说永远，是将儿童和暂时丧失劳动力的那些人除外的。儿童和病弱者当时虽然没有收入，但是为了使他们将来能进行工作，对他们的抚养是个必要条件。这类人在各类非生产性消费者中占到绝大部分，而且在人数上不大会发生相对的减退，因为同样的原因，足以消除疾病和损伤的，也足以使病痛无法根治的那些人延长寿命。但是根据1825年7月5日关于互助会的众议院报告第四卷所收集的资料，我们认为，上述一类人不会占到这个国家总人口的1/40，即2.5%左右。

绝对的生产性消费者，即，只是为了再生产才进行消费的那类人，为数还要少得多。在没有奴隶或没有类似于奴役的规定的国家，实际上是否有这样一类人，也许还是个问题。即使是最末级的劳动者，也总有些对他的健康和体力说来非必要的花费。我们对待家畜，除了对其生存所绝对必要者外，往往别无所给，在那些把人当做畜类看待的国家里，奴隶的消费也许受到同样的限制。但即使是奴隶，一般也可以取得一些私产，这就意味着，他的日常给养是略为超过他的最低需要的。

从这里的分析可以看出，社会中的大多数既不是生产性消费者，也不是非生产性消费者，只是以所考虑的某一时间、某一部分的消费为依据时，才能把他们说成是属于这一类或那一类。一个农民，如果他所吃的是刚刚够饱的最低贱食品，穿的是最朴素的衣服，住的是仅仅足以容膝、足以御寒暑、蔽风雨的房子，单就这一情况说，他是个生产性消费者。但是，他总不免还备有烟斗和杜松烧酒，一般说来还有啤酒，他本人和他的住房总还有些粗陋的装饰品，这就构成了他的非生产性消费。

当然，我们并不是说可以由此得出这样的推断，认为除纯粹的必需品之外，一切个人支出就必然是非生产性的。社会中居于较高职位的那些人不能不讲究点排场，否则就往往难以很好地完成他的任务。一位法官或一位大使,如果为了他的身份关系,其家庭开支一年需要2 000镑而花费了4 000镑,那么其中的一半就是生产性消费,另一半才是非生产性消费。那个坐在马车后面的第三个马夫,虽然一无用处,徒然加重了那几匹马的负担;可是,如果把他看成非生产性消费者却是完全错误的。马夫所消费的是他的工资,至少就他消费了他的工资是为了使他能够完成作为一个马夫的服务这一点来说,他是个生产性消费者。被非生产地消费的是他的服务,而消费这类服务的却是他的主人。另一方面,我们也不能把其本人就是生产者的那类人的一切消费——即使是必需品消费——都看成是生产性消费。那些处于半就业状态的贫民,其一年的劳动计值10镑,而其一年的消费则为20镑,其间的差额就是被非生产地消费了的。

生产的手段

上面已经说明生产和消费的性质,现在要研究的是生产借此得以进行的几个要素。

I. 劳动。生产的主要手段是劳动和不借助于人力的、由自然予以协助的那些要素。

劳动是为了生产的目的、在体力或脑力方面的自觉努力。这个词的含义极其明确,为一般所了解,似乎没有再加以解释的必要。但是,由于与价值的成因有关的一些特有概念,使某些经济学家使用劳动这个词时,跟通常所接受的意义相差得那么远,因此,如果使用这个词而不加解释,就未来的一个相当期间说是很危险的。我们已经看到，有许多近代作家把价值看成完全取决于劳动。如果要问一下，藏在地下室的葡萄酒和从幼苗转变为乔木的栎树，其价值是怎样获得增长的，当他们被迫作出解释时，答复是，他们认为酒质的改进和树木的成长，所体现的就是对两者所投入的那么多的劳动。我们不十分了解这一答复的含义；可是我们已经给劳动下了个定义，免得发生误解，以为我们是把单纯的自然作用也包括在劳动之内的。这里不妨再提一提，按照我们的定义，不论什么样的努力，凡是其用意不是在于使努力本身或通过努力所表现的产品成为交换主体的，都不在劳动的范围之内。受雇的通信员和为了消遣而出来散散步的，游猎者和猎场的看守员，英国参加跳舞会的贵妇人和印度为球戏服务的女郎——这些人同样要经过一番辛苦，可是按照通常的说法，决不容许把只是为了取乐而尽力的那些人说成是在劳动。

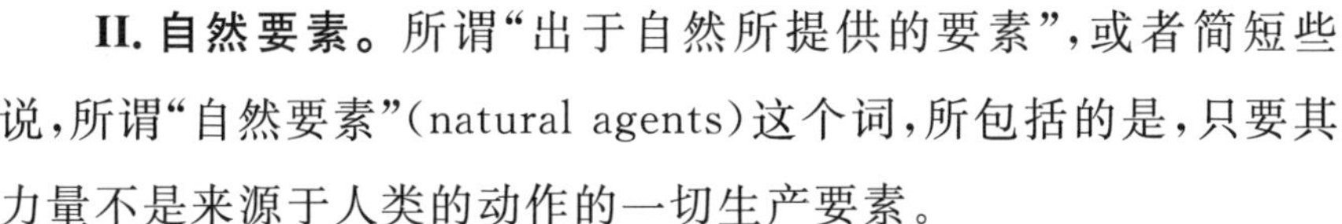

II. 自然要素。所谓“出于自然所提供的要素”，或者简短些说，所谓“自然要素”（natural agents）这个词，所包括的是，只要其力量不是来源于人类的动作的一切生产要素。

“自然要素”决不是一个完全恰当的名称；我们所以采用它，部分是由于有些大名家已经在这个意义下使用，部分是由于我们找不到更好的字眼。这类要素主要是土地及其矿山、河流、天然林和林内的野生动物；总之是一切出于自然的生产。此外还得加上的是海洋、空气、光和热，甚至还有那些自然法则，如引力和电，由于我们掌握了这些方面的知识，才能变化物质的组合。所有这些生产要素，似乎是出于一种不恰当的提喻法，一般总是用*土地*这个词来表示；这部分是由于作为利得的一个根源，土地是可以被占有的要素中之最重要的，但主要是由于占有了土地，一般就可以同时控制多数的其他要素。我们必须注意，虽然自然的力量是必要的，由此提供了使别的生产手段得以发挥作用的基础，但是，如果这类力量是到处可以随时取得的，其本身却不是价值的成因。我们已经看到，供给有定限是价值的一个必要因素，而到处可以随时取得的事物实际上是供给无定限的。

III. 节制。虽然人类的劳动和跟人力无关的自然要素是主要的生产力量；但是，要使两者得以充分发挥作用，同时还得有一个第三生产要素。即使是最勤劳的人民，处于最富饶的土地，如果倾其全力于取得眼前的成果，取得以后就把它消费掉，那么，他们不久就会发现，即使作了最大的努力，所生产的还是不足以适应其生存的最低需要。

我们把没有它则其他两者就无能为力的这个第三要素或生产手段叫做节制(abstinence)。我们用这个词来表示个人的这样一种行为：对于他可以自由使用的那个部分，或者是不作非生产性的使用，或者是有计划地宁愿从事于其效果在于将来而不在于眼前的生产。

我们在上面提出的第三个基本命题是，劳动的力量和生产财富的其他手段的力量，借助于将由此所生产的产品作为继续生产的工具，可以无定限地增加；我们提出这个命题时，所想到的就是这个第三生产手段的效应。我们随后要作出的关于节制的一些见解，都是对这一命题的引申和说明；所以说“引申和说明”是因为这一命题实际上已没有加以具体证明的必要。

把生产手段分为三大类是经济学家所久已熟知的；他们大都

把这三者叫做劳动、土地和资本。我们原则上同意这样的分类;虽然对第二类和第三类我们用了不同的措辞来代替。我们宁愿用自然要素而不乐于用土地这个词,借此避免用一种事物的名称来代表全体——这样的做法,已经使其他属于同种的事物经常被忽视,甚至被遗忘。基于种种理由,我们还打算用节制这个词来代替资本。

资本这个词的定义种种不一,因此它究竟有没有任何被共同接受的意义,也许还是个疑问。我们认为,按照大众所认可的词义,并且按照经济学家自己一时没有注意到他们自己提出的定义时所认可的词义,资本这个词所指的是,出于人类努力的结果、用于财富的生产或分配中的一项财富。这里所以说"出于人类努力的结果",为的是要把我们称之为自然要素的那类生产手段除外,那类生产手段所提供的不是利润(就这个词的科学意义说),而是地租。

很明显,在这样定义下的资本并不是单纯的生产手段,是所有三种生产手段结合起来的结果。其间必然有某种自然要素提供了原料,一般说来必然有享乐上的某种推迟,从而避免了非生产性使用,并且一般说来还必然使用了某种劳动,从事于制造和保存。我们用节制这个词所要表示的是这样一种要素,这跟劳动和自然要素不同,对资本的存在说来它的协助是必要的,它对利润的关系就和劳动对工资的关系一样。我们晓得,节制这个词按照我们的用法,其含义比普通习惯所认可的为广泛。一般只是在不与劳动相结合的情况下,才注意到其间含有节制这一行为。某个人听任一棵树或一头家畜获得充分成长,这就立即可以看出,在其行为中是含有节制这一因素的；但是，如果他从事于栽培幼树或播种谷物，在其行为中的节制因素就不是这么明显。观察者所注意的只是在于劳动那个方面，他没有想到花费劳动于遥远目的时还必须忍受额外的牺牲。我们把这种额外牺牲包括在节制这个词的含义之内；这并不是因为节制这个词是无可訾议的，而是因为我们找不到更好的词。我们曾一度想用“远虑”（providence），但这个词并不含有“克己”的意味，和利润也并没有必然的联系。出门带把伞是有远虑的行为，但是跟通常意义下的利润这个词不相干。后来又想到“俭约”（frugality），但这个词意味着“小心”和“注意”，就是说，不免要意味着“劳动”；虽然“节制”实际上也几乎必然要牵涉到某一程度上的劳动，但是在关于生产手段的分析中，显然有必要把它分开。

也许有人要说，单纯的节制在性质上只是消极的，不能产生积极效果。同样的评语也可以应用到“刚毅”、甚至“自由”这些字眼；但是，有谁反对过把它们看成积极因素的吗？在节制的原则下，放弃我们力所能及的享乐，或者是放弃切近的效果而追求遥远的效果，是人类意志上最艰苦的努力之一。诚然，处于任何状态下的社会，总是在进行着、并且经常地在进行着这样的努力的，即使最低级的社会也是这样，因为否则社会就无法获得进步。在人类借以提高其生存地位的一切方法中，节制也许是其中最有效的，但是它进展得最慢，也最不容易普及到大众。那些文化最低的国家，并且在同一国内那些教育最差的阶级，总是最无远虑的，因此也就是最不讲求节制的。

资本。上面已经给资本下的定义是，出于人类努力的结果、用于财富的生产或分配中的一项财富;我们并已看到,就资本的各个项目说,一般是劳动、节制和自然要素三大生产手段相结合的结果。

使用资本时的不同方式。某个人拥有一项财富时,如果他决意不用于享乐,而用来作为一项资本,或者换个说法,要用来作为进一步生产中或是分配中的一项手段,这时要实现他的计划,似乎可以有八种方式。

1. 他可以故意毁坏那项财富,为的是要取得由这一毁坏的直接后果而来的效应。开矿时使用火药,在蒸汽机的炉内烧煤,可以供作这方面的例子。每个生产者为了使自己得以继续成为一个生产者就得保持自己的健康和体力时所必须消费的粮食,也是这样消耗了的。

2. 他可以保留那项财富,使用那项财富,在这样情况下,毁坏是在所难免而不是所想望的,也可以说,无论如何毁坏是必然的结果。一切工具和机器都是在这样情况下使用的。

3. 他可以改变那项财富的形式,例如将原料转变为制成品。

4. 他可以只是把那项财富保留着,直到由于时间的推移或市场情况的变化而引起变动、使其价值增长时为止。葡萄园的业主收得了葡萄,酿成了酒之后,总是把它保留着,目的就是在于获得这两种利益。

5. 他可以掌握着那项财富,随时准备出售,以适应顾客的需要。零售商手里的成品或存货就是一个例子。

6. 他可以把那项财富给予一种自然要素的所有人,从而使用那一要素;例如农场主向其地主缴付地租。

7. 他可以把那项财富付给劳动者，从而易取他的劳动；也就是说，他可以用以支付工资。

8. 他可以用那项财富来交换其他商品，将换得的商品作资本使用；就是说，他可以将那项财富作商业上的使用。

多数资本家是在所有这八种方式下使用其部分的资本的。

假定某一葡萄酒零售商资本的内容是，他学习这一行业时所获得的知识、他经营这一业务所必需的店面和简单设备、他自己经常消费所必需的一些日用品的贮积、桶装和瓶装的葡萄酒计一万加仑，我们就会看到，他的知识、设备和一些必需品都是在未经直接交换的情况下被消灭的——仅有的差别是，第一，他的知识，直到他死亡，或是直到他引退，从而突然成为一无价值时止，是始终无所减损的，而他的房屋、设备、衣服、家具和食品是不断地在消耗中和置换中的；第二，食品的消灭是即时即刻的，而房屋、设备、家具和衣服的消灭是逐渐的。我们还看到，他会保留着葡萄酒的一部分，使其质量经久存后提高，其余则为供应市面的存货，随时出售，但终究是要全部出售的。于是他将所得的代价用于种种方面，部分用于他的建筑物所在的基地的租金，部分用以支付管理员、搬运工人、店员和其他劳动者的工资，部分用于房屋和设备的维修，部分则用于酒、酒瓶和软木塞的添置，使他的堆栈和店铺中有着足够的存货。他所得的售款，除作上述用途外，其余下的部分——他必然是有些剩余的，否则跟他的同行们相比，就处于劣败地位——一般叫做**利润**。他必须将利润的一部分用于为保持他自己的健康和体力所必要的那些日用品贮积的置换。至于其余的部分，他可以或者用于他自己的以及和他的友好们一道的人身享乐，那是非

生产性使用；或者用来扩大他自己的资本，或供别人创造资本，或用于对他的、比方说子女的教育，那都是生产性使用。

固定资本和流动资本。亚当·斯密把资本分成固定的和流动的两种。

他说，“用资本来产生收益或利润，可以有两种方式。

“第一种，资本可以用来出产和制造货物，或者将货物买进后再卖出，从而获得利润。这样使用的资本，如果继续由所有人占有，或继续保持原来形态，对使用者就不能产生收益或利润。商人的货物在未经售出易成货币之前，不会为他产生收益或利润；货币在未经再度易成货物之前也是这样。他的资本不断地在这一形态下从他的手里流出，在另一形态下回到他的手里；只是靠了这样的流动，或连续的交换，资本才能为他产生利润。因此，应当把这样的资本称为流动资本。

“第二种，资本也可以用来改良土壤，购买商业用的机器或工具，或者是用于这样一类事物，这类事物无须经过进一步的更换主人或进一步的流动，就可以产生收益或利润。因此，应当把这样的资本称为固定资本。

“商人的资本全部是流动资本。他无须置备商业用的机器或工具——除非是把他们的店铺或堆栈看成这类事物。

“每个独立的技工或工厂主，必须把他资本的一部分固着在他那个行业所需要的工具上。不过，在某些行业中这是很小的一个部分，在另一些行业中却占到很大的一个部分。成衣业主除了一包缝针之外，简直不需要什么别的本行用的工具；制鞋业主的工具价值就比较昂贵些，但昂贵得也有限。

“有些别的行业，需要大得多的固定资本。例如一个大型铁工厂，它的应用工具是熔铁炉、锻铁炉、轧钢机，这是要费很大的代价才能设置的。至于农场主，他用于农具的那个部分是固定资本，用于雇工的工资和给养的那个部分是流动资本。他赚取利润的方式，就前一类资本说是把它掌握在自己手里，就后一类资本说是把它支付出去。为了靠取乳和进行繁殖以获取利润而买进了一群牛，这群牛是固定资本；获取利润的方式是在于把它们保留着。饲养牛群的所需的是流动资本；这项资本的图利方式是在于把它支付出去。”(《国民财富的性质和原因的研究》，第 2 篇，第 1 章。)

亚当·斯密的这一划分原则曾否有人明白表示反对，我们不大清楚。固定资本和流动资本是不是我们所能够选得的最恰当的两个词，也许还有些疑问；但是亚当·斯密已经把他所设想的意义固着在这两个词上，从此这一词义就获得了广泛流行。

李嘉图先生在用词上是向来不顾到既有习惯的，因此使他的著作减色不少；他使用固定资本和流动资本这两个词时，其意义却与上述的完全不同。在这一点上，穆勒先生也学了他的样。他们两位都没有说明对这两个词的用法与寻常用法的不同，因此，这里不妨把其间的差别说明一下。

李嘉图先生说，“资本有些消耗得快，必须经常进行再生产，有些则消耗得慢。根据这种情形，就有流动资本和固定资本之分，这种区分不是本质的区分，其间不能划出明确的界线。酿酒业主的厂房和机器设备是价值昂贵和耐久的，所以便说他所使用的大部分资本是固定资本。反之，制鞋业主的资本主要是用来支付工资，而工资则是用在食物、衣着等比厂房和机器设备更容易被消耗的商品上，所以便说他所使用的资本大部分是流动资本。”(《政治经济学及赋税原理》，第 1 章，第 4 节〔商务印书馆，1962 年版，第 24 页〕。)

李嘉图先生尽可以说在这两种资本之间无法划出一条明确的界线；因为，还有什么比“快”和“慢”这类对称词更加含糊、更加缺乏明确意义的吗？奇怪的是，他和穆勒先生竟然都会认为——看来很清楚，他们的想法确实是这样——他们的资本分类所遵循的就是亚当·斯密的方式。实际上很明显，他们所提出的跟亚当·斯密的见解恰恰相反。亚当·斯密挑选成衣业主的缝针作为固定资本的一个例子，因为缝针是由成衣业主保留着的；而按照李嘉图先生的说法，这应当是流动资本，因为这是不耐久的。另一方面，铁工厂的原料和存货，按照斯密的说法是流动资本，按照李嘉图的说法则是固定资本。

亚当·斯密对固定资本和流动资本还作了进一步的划分，这里再引录一段，由此可以使资本的性质和亚当·斯密的概念显得更加清楚些。

他说，“构成固定资本的主要是以下四项：

“第一，足以促进劳动并节省劳动的供商业用的一切适用的机器和工具。

“第二，供商业用或制造业用的一切建筑物，如商店、堆栈、农舍等等。这些都是商业用的一种工具，因此可以当做工具看待。

“第三，关于土壤的改良，如平整土地、打埝筑埂、排水、施肥等等有利措施，使土地高度适宜于耕作。我们对于一区经过改进的田地，可以和一架足以促进劳动并节省劳动的机器同样看待。

“第四,社会中一切成员所学得的有用的才能。通过教育、研究或当学徒从而取得这类才能是需要费用的;学习者所花费的这笔费用是一项资本,通过学习,这就好像是固着在他身上的。我们对于技术工人的熟练技巧,可以和足以促进劳动并节省劳动的商业用机器或工具同样看待。

“流动资本也是由四个部分构成:

“第一是货币。所有其他三个部分,只是借助于货币,才能在其各自的消费者之间进行流通和分配。

“第二是屠户、畜牧业者等等所拥有的、其目的在于出售的食品贮积。

“第三是衣服、家具和房屋的材料,这些材料或者还完全未经加工,或者已经过相当的加工,但都还没有完成,还掌握在种植者、制造者或商人的手里。

“第四是已经完成但仍然保留在贸易商或制造者的手里的商品,例如陈列在铁工、金饰工、珠宝商和瓷器商的店铺里的制成品。在这一方式下的流动资本是掌握在各个商人手里的属于一切类型的食品、原料和制成品,以及这些商品在最后消费者之间进行流通和分配时所必需的货币。”(同书,第 2 篇,第 1 章。)

这里提出的一些类目上的区别,有些也许是很无谓的,在我们看来,有两类事物不应除外;但一般说来,这里对不同类型的资本提出了极其高明的见解。

看来不应当除外的是:第一,由工人和资本家为了适应其自己的需要而消费的生活必需品;第二,由所有人出租给消费者的房屋和消耗得比较缓慢的其他商品。

亚当·斯密为什么不将工人所保有的必需品列入资本这个词的范围之内,我们不能认为他已经说明理由。他所看到的只是,工人尽可能地节约消费,他的收入完全来源于他的劳动。马尔萨斯先生却注意到了这个问题,在这一点上他同意亚当·斯密,理由是这样:

“可以正式称为生产性消费的,只是其目的在于再生产的资本家对财富的消费或毁灭。这是在生产性消费和非生产性消费之间可以划出的唯一的明确界线。资本家所雇用的工人消费他工资中所不储蓄的那个部分时,是把它作为收入看待的,目的是在于生存或享乐,不是在于生产;并不是把它作为资本看待的。”(《政治经济学中的定义》,第258页。)

马尔萨斯先生一定会承认,蒸汽机炉子里的煤的使用是生产性的;因为要使蒸汽机完成工作,煤的消耗是个必要条件。但是,工人消费粮食和蒸汽机消费煤又有什么两样呢?不同的只是这一点:工人会从他的消费中得到愉快,而蒸汽机却不是这样。假使工人的体质是这样,他对饮食既无所好,吃喝也不会使他的欲望满足,只是由于他知道缺少了饮食会使他衰弱,所以感到有此需要,那么,这时他的进餐就只是为了使他能够耐得住疲劳;在这种情况下,这难道不是生产性消费吗?出于大自然的巧妙安排,会因饥饿的刺激而感到一日三餐的必要,会由此获得享乐的报酬;难道刺激和享乐就损害了进食的生产性吗?庄稼人把吃饭看成是他的目的;难道因此使进食是使他得以耐得住劳苦的手段这一点就不那么明显了吗?难道以食料饲养耕牛不是生产性的使用吗?西印度的地主将生活资料给予他的奴隶时,难道他不是把这种供应品看做生产性消费的一项资本的吗?

亚当·斯密仔细说明了为什么他不将业主出租给消费者的房屋和其他用品列入资本项下。

他说,"社会中存品的一部分是供作直接消费的,其特点是不产生收入或利润。所有专供居住用的房屋就是这个部分中的一部分。如果将房屋出租给租户,房屋自身既不能有所生产,租户就必须用从劳动、资本或土地得来的其他收入来支付租金。在化装跳舞会流行的地方,出租夜间用的服装是一种行业。经营室内装饰业的,经常以家具按月或按年出租。但是由此得来的收入,最终必然是出于收入的某种别的来源。一件衣服可以穿上好几年,一套家具可以使用半个世纪或一个世纪,一所建筑得好、护理得好的房屋甚至可以继续存在到好几百年。但是,虽然房屋的总的消费时期是比较长的,而实际上仍然跟衣服或家具一样地是供作直接消费的存品。"(《政治经济学中的定义》,第二篇,第一章。)

如果亚当·斯密跟他多数的后继者一样,使资本这个词所包含的,以供作进一步消费的手段为限,他的说法那就是前后一致的。但是我们已经看到,他把不能供作生产性消费的那类事物,在没有到达最后使用者的手里之前,也包括在资本这个词的范围之内。如果应当把存在珠宝商手里的钻石项链叫做资本——亚当·斯密曾明白表示,这确是资本——那么,存在营造商手里刚完工的房屋,为什么就不是资本呢?我们觉得很难理解,为什么他那样着重上述事物的易耗性。哪些应当叫做资本,哪些不应当叫做资本,作出其间的区别时,易耗性和耐久性并不是应加考虑的因素。有许多生产目的上使用的事物,几乎是一瞬即逝的;例如制造厂里使用的煤气。另一方面，富贵人家的珍宝却不是资本，尽管它能存在到多久简直难以限定。我们至少可以作这样的设想，有可能把房屋建筑得那样坚固，因此可以无须进行修缮；难道这一事实也会影响到我们的问题吗？实际上，这类事物的易耗性是不利于亚当·斯密的论点的，因为由此表明了这类事物跟他所认为资本的那类事物之间的类似。他把酒店里藏的酒列入流动资本的第三类；酒窖里的存货越来越少，当喝到最后一瓶时，资本就化为乌有。一所设备齐全的住房，一个巡回图书室，一辆出租马车或驿站马车，或者是一艘定期轮船——它们跟地下室里藏的酒的差别只是在于，它们被消耗的进度比较地难以衡量。它们每经过一次的使用，就被磨灭一个部分；这个被房屋的租户或车辆的雇主所购买、也就是所消耗的部分，跟地下室里取出的那瓶酒完全处于同样地位。诚然，房屋和车辆可以用于非生产性消费，在这种情况下，租户或雇主就得用别的方面的收入来支付租金，这跟任何从事于非生产消费时所支付的代价的情形完全一样。但是，房屋、家具和车辆的暂时还没有被消耗的那个部分，按照亚当·斯密使用资本这个词的意义说来，是营造商和家具或车辆出租者的资本，这跟地下室里没有被消耗的那个部分的酒是酒店老板的资本的情形完全一样。

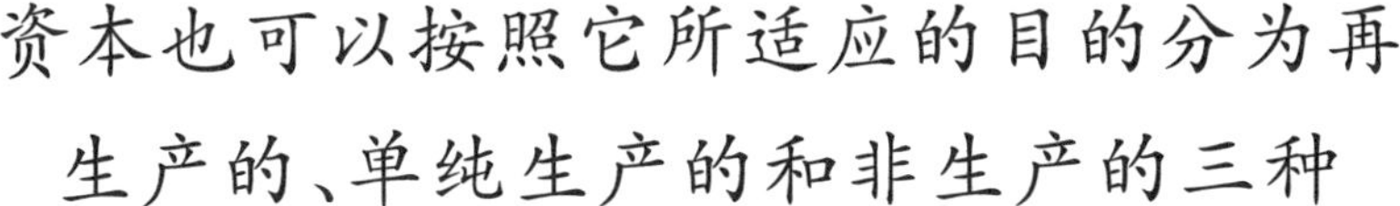

资本也可以按照它所适应的目的分为再生产的、单纯生产的和非生产的三种

我们用再生产的资本这个词来表示可以用来生产跟它自己属于同一种类的事物的那类财富。一切农业资本是再生产的；一切

生活必需品也是这样。从事于生产必需品的资本家和劳动者所消费的那部分必需品，是使正常供应得以继续下去的手段之一。开煤矿时使用的蒸汽机炉子里的煤，铁工厂里的铁制工具，装运木材和海军用品的船只，都是作再生产使用的。

我们用**单纯生产的**资本这个词来表示，虽然其自身为生产手段，但不能用来生产跟它自己属于同一种类的事物的那类财富。制花边的机器是单纯生产的资本。它的用途是制造花边，可是却不能用花边来制造新机器。一切工具和机器，凡是不能用来生产供作生产性消费的那些事物的，其自身都是单纯生产的资本。

我们用**非生产的**资本或分配的资本这个词来表示，预定是要作非生产性使用的、但是还没有成为其最后消费者的所有物时的那类商品。

在进步的社会状态下，所生产的商品中有很大一个部分——以价值计也许要占到较大的部分——在其最初生产阶段是属于这一类的。

我们已经看到，不论是属于什么状态下的社会，绝对非生产性的**消费者**总是属于少数，绝对生产性的消费者更加属于少数。但是，随着财富的增长，每个人都会增加他的非生产性**消费**，直到整个社会中这类消费的总量也许会——事实上也的确会——超过其生产性消费的总量。如果去浏览一下那些繁华都市里的商店，就会看到，专供享乐用的商品，在价值上远远超过用以作进一步生产的商品。

有些亚当·斯密的后继者，把我们最后提到的一些事物，排除于资本这个词的范围之外。我们却依照亚当·斯密的成例，把它

们包括在资本之内;这是由于两个原因:

首先是由于,把它们除外是跟日常语言的不必要的背离。珠宝商在他店里存有价值五万镑的金刚钻饰物,而说他没有资本,听到的人就很难猜想这个说法究竟是什么意思。

其次是,如果有可能——这肯定是非常需要的——为政治经济学想出一个新的术语,那时我们仍然将以这一类商品列入资本这个词的范围之内。所有的经济学家都在这个词之下列入制造这类商品所使用的原料和工具。如果天然金刚石和镶钻石用的黄金,当两者分开时是资本,而两者结合时就不承认它们是资本,这就很难看出,使用表示这样一种情况的术语,究竟有什么好处。还有,没有一个经济学家会怀疑,资本家关于上述一类商品所获得的利润,是和掌握在他手里的平均时间成比例的。为什么会产生这一利润,我们随后将试图加以说明,现在可以认为没有疑问的是,确实存在着这样的利润这一事实。要晓得,经济学家所一致同意的是,凡是能够产生利润的,都应当称为资本。

概述从资本使用中得来的利益

从节制中,或者是从——用比较通俗的语言来表达同样的观念——资本的使用中得来的主要利益有两点:其一是器械的使用,其二是分工。

I. 器械的使用。器械,或工具,或机器(这些字眼各自所表达的事物,从某些方面看来也许略有不同,但是,作为政治经济学的题材,它们是完全相同的),可以分为产生动力的和传达动力的两类。第一类所包括的是，能够产生与人力无关的动力的那类器械；例如，被风力、水力或蒸气所推动的那些机器。

第二类包括通常称为工具的那些事物，例如铁锹、锤子或小刀，它们对力量可以起协助作用，可以节省工人的时间，但其冲力则出于工人的双手。

两类以外还得加上个第三类，其中所包括的是其目的不在于产生动力或传达动力（按照这个词的通俗意义使用）的一切手段。这一类含有许多事物，对于这些事物，一般并不称之为器械、工具或机器。一块准备耕作的土地和准备在这块土地上播种的谷粒是这类手段之一，使用了这类手段就可以有所收获。书籍和手稿是手段，其生产力比阿克赖特（Arkwright）或布鲁内耳（Brunel）①所发明的还要大。此外还有许多事物，一般确是把它们称为器械，例如望远镜，但跟运动并无关系；又如锚，或链条，或任何扣栓物，其目的不是在于产生或传达运动，而是在于阻止运动。

其冲力出于使用它们的人的那类工具一般都是简单的，有些在人类最原始的社会状态下也可以看到。上帝提供给未开化的蛮人的最初的生活资料是处于他周围的一些野禽野兽；但是除武器以外还必然给了他一些工具，使他能够利用上帝的惠赐。

我们认为在一切器械的使用中都意味着节制的运用。我们是在广义下使用节制这个词的，认为它包括所有对长远效果而不是对眼前效果的那些方面的偏重。在文明社会中，这一点似乎显得

① 阿克赖特（1732—1792），英国人，纺织机发明者；布鲁内耳（1769—1849），英国工程师和发明家。——译者

极其清楚。就既可以供作目前享受又可以供作进一步生产的所有那些工具和材料——例如农业资本——的使用说来，这一点显然是真实的。就除供作生产不能作其他用途的所有那些器械——例如在通俗意义下的工具和机器——的制造说来，这一点也显得同样真实。在进步的社会中，其最普通的工具却是前几年的——也许是前几百年的劳动成果。就我们所能想到的说，木工的工具要算是最简单的。但是，他所使用的钉和锤的原料出于矿山，而最初进行开矿的那个资本家，关于眼前的享乐要忍受多大的牺牲！至于制造开矿用的工具的那些人，在获得遥远的效果这个方面又须花上多大的劳动力！实际上，除野蛮生活中的简陋器具外，一切工具，其自身就是先已存在的工具的产物；这就可以断言，在英国每年制出的无数产品中，没有一件——哪怕是小小一只钉子——不是在征服时代①、甚至七王国时代②以前其目的在于取得遥远效果的劳动的产物，或者用我们的术语说，忍受某种节制的产物。

亚当·斯密把个人所学得的才能看成是固着在所有人本人身上的资本；上面的说法对这一点也同样可以应用。在很多情况下，这类才能的获得是其本人已往的努力和费用支出的结果；在这方面消耗的精力和经费，原来未尝不可用以取得眼前的享乐，所以不这样做，只是为了希望获得遥远的报酬。几乎在一切情况下，这类才能的取得总意味着在家长方面或监护人方面大量费用的支出，

① 指1066年诺曼人征服英国。——译者

② 指第六到第九世纪英国盎格鲁撒克逊族建立的七王国。——译者

因此也就是其眼前享乐的重大牺牲。对于一个小孩，在其一生中的最初八九年间的抚养，实际上是无可避免的负担，因此不能把这种负担看成是一种牺牲。但是在这个年龄以后为他支出的费用，几乎都是属于一种自愿性质。他到了9岁或10岁，从事于农业工作也许就可以自食其力，从事于工业工作时还可以自给而有余，他到了21岁时所获得的工资，和他一生在以后任一时期所获得的相比，也许是最多的。但是，如果要获得即使是最低部门的熟练劳动，不花费相当代价一般也是无法接近的；从负担者方面来考虑，这项代价却显得非常之大——作为一个低级徒工的学费是15镑或20镑，这已经相当于一个农户的一年平均收入的半数。一个技工的收入，其中的大部分是通过在工人教育的相当支出方面所表现的那种节制的报酬。

无可否认，这里的推论并不适用于原始状态下的社会，这类社会也许不在政治经济学的研究范围之内。未开化的蛮人是不会将其目的专在于取得眼前享乐的时间，用来做一只弓或一支标枪的。他所发挥的是劳动或事先准备的观念而不是节制。前进的第一步，即从渔猎阶段上升到牧畜阶段，所表明的就是节制的运用。从牧畜阶段过渡到农业阶段需要较多的节制，也就是说，需要对资本的大得多的使用；再进一步，为了求得工商业的繁荣，那就在资本方面不但必须作更进一步的扩大，而且必须不断地扩大。农业国家是可以保持稳定状态的；工商业国家却不能这样。在五十年前使英国成为第一等工商业国家的那宗资本，就其量度和效能而论，也许还远不及法国今日所拥有的，甚至不及最近荷兰王国所拥有的。如果我们的资本保持稳定状态，不进不退，我们早就会沦为二等国或三等国。如果由于商业上的束缚或长期战争的消耗，以致使我们现有资本的增长受到抑制，而我们的对手却在不断前进，也会发生同样的结果。

上面已经说明节制与器械使用之间的关系，其次要研究的是器械使用所提供的利益。关于这个问题，这里只准备极概括地提一提。这是由于对这一问题要作出相当完整的叙述，不管怎样简单，也会远远超出本书的范围；并且，在百科全书内关于机械和制造业各篇，对这一问题已经作了相当详细的讨论；还有一层，我们相信一切读者都知道，尽管由于器械的使用而使人类能力有了惊人的提高，可是过去没有、甚至将来也不会有人会有足够的知识，彻底理解其间的关系和后果，从而估计这一提高的总量。我们所敢于尝试的只是，对产生运动——或是在术语上叫做**动力**的那类工具略陈所见。

现代劳动的生产力所以能胜过古代，大概主要依靠的是这类工具的使用。如果罗马帝国的全部居民倾其全力于制造棉织品，这些人在整整一个世代所生产的，是否能比得上兰卡郡部分居民在一年中的产量，还是个疑问；并且还可以肯定，在质量上前者也是比不上后者的。希腊人和罗马人所使用的，仅仅是出于一些下等动物以及水和风的动力。即使是这类动力，他们使用得也极其有限。关于风力，他们除小心翼翼地沿着海岸航行时有所借助外，很少利用。他们为了交通上的需要，只是在河流的原来状态下加以利用，没有开掘运河把它们连接起来。他们使用马力只是在于负重和牵引，关于后者，还不懂得利用弹簧。他们还不懂得使用我们通称为制造机的那类强大机器——借助于这样的设备，在畜力、风力、水力或蒸气的冲击下转运的一根连轴，就可以使一个儿童所运用的力量，有时相当于一千个工人的力量。

人们认为扯满着风篷的战舰是人力的最崇高表现，也许是最大的壮观。但是，如果要考验的是对物质的控制，是对无生物的支配力量，从而使后者既能发挥最强大的能力，又能完成最精巧的工作，那么，这种控制和这种力量，再没有比在一个大规模的棉织厂里表现得更惊人的了。就我们所看到的，已故的马斯兰德（Marsland）先生在斯托克波特（Stockport）所建立的，是最完备的这类工厂之一；在这里高度地表现了机器的力量和机器的服从管理，因此，也许值得将我们于1825年所看到的作一简要叙述。

马斯兰德先生所拥有的是占水路长约一哩的梅尔西（Mersey）河，和三面临河构成半岛式的一段狭长土地。通过半岛的地峡，他凿了一条可以容纳七个大机轮的坑道，使流入的河水足以推动这些机轮。机轮的转动带动了各自的垂直轴；垂直轴的转动又带动了用小齿轮同它们连接起来的无数的平行轴。各个平行轴分别在长达百余呎的工作室的平顶下运转。和用水力推动的机轮连接着的厂房含有六七层的工作室，每间工作室各自设有一个平行轴。每一架独立的机器的主轴各附有若干小型坚实的机轮，叫做鼓轮，用皮带把它们同工作室内的大型平行轴连接起来，这样就使平行轴的运转带动了机器。有许多这类工作室，马斯兰德先生自己并不使用。他把工作室地面的一部分，连同水平轴某一部分的使用权，按时、按日或按周出租给别人。租户把他自己的机器安置在工作室，将机器上的鼓轮跟上面在迅速运转中的水平轴连接起来，这就会立即看到他自己的小范围的机器活动，机器的那一套机轮、滚柱和纱锭都处于充分活跃状态，运转时的迅速和均匀，尤其是那种始终如一和坚持不懈，决不是人力所能及的。在机器的动作中，动力似乎跟物质一样，也可以作无限的集合和无限的划分。机器于完成某些任务时，其运转的速度足以使人惊愕，而完成另一些任务时，其运转又简直使人难以觉察。它掌握了准备用以制成围巾的棉花之后，先加以清洗，然后按其长度将纤维加以整理，把它们捻成一根坚牢的、连绵不绝的线，最后把这根线织成细软的棉布。它掌握了准备用以制成外套的羊毛之后，经过了比棉花为数更多的工序，最后把它织成呢绒。这条梅尔西河，几千年以来，实际上是从最后一次自然界的大激变而出现了这条河以来，直到马斯兰德先生凿成了他的坑道，它所具有的能力都被白白地糟蹋了，而现在却这样驯服地在作出它的贡献。

机器的最显著特征之一是能够无限地加以改进。如果把技工和机器委员会 1824 年收集的那些富有启发性的资料拿来看一看，就会看到，在那些作证者意念中印象最深的是不断改进的趋势——原来也许认为是至善至美的，不到几年已经变成废物。

格拉斯戈(Glasgow)有一位经营纺织业和机器制造业的霍尔斯沃斯(Holdsworth)先生说，在格拉斯戈的第一流工厂，相等于三四年前在曼彻斯特建立的第一流工厂。霍尔斯沃斯先生曾自述其经营的经过，内容足以说明很多上面提出的论点。

问他开始经营时，机器是不是从曼彻斯特买来的；他回答道："我没有这样做。我原来打算自己动手，也作了尝试；但是要觅到得力的工人极其困难，工具的费用又极大，因此打消了这个念头。后来觅到了一位堪以胜任的年轻技术员，就邀请他代我制造机器，将我的模型和设计一并交给他，结果他很好地制成了我第一个厂所需要的机器。两年后我建成了第二个厂，这个厂的机器也是他制造的。再经两年之后我又建立了一个比前大些的第三个厂，这个厂的机器是我自己制造的。”

问他最后所需的机器为什么要由他自己动手，他说：“首先是由于那位机器制造者非常之忙；”（随后才了解到，当举行这次调查时，那位制造者在16个月之内已无法完成新任务的任何部分。当时有八九个厂在等候着机器，有的厂已经准备好了12个月，得到的机器只有所需的一小部分；有的厂已经准备好了6个月，而厂内还是空空的。）“其次是由于机器制造者们大都不喜欢改变设计，我无法说服我的那位制造者实行曼彻斯特最近出现的革新。”（第五次报告，第378页。）

邓洛普（J. Dunlop）先生被邀请回答（见报告第473页），在他看来，美国的工厂比格拉斯戈的工厂要落后到什么程度。他的回答是，大约要落后30年。他又接着说，美国的工厂都处于发展状态。那里的人极其活跃，极其勤劳。然后又问他，“假使将英国的机器运到美国，再加上英国技工的协助，他是否认为美国的居民不久就会得到充分教导，能够跟英国的人们一样地在工厂操作？”他回答说，“是的，我认为他们有这样的能力；但是，在他们做到这一点之前，我们已经远远地走在他们的前面。这是以苏格兰同英格兰比较后得来的推断。我们的棉纺织业开始得比较迟；当然，我们比较落后，也一直比较落后，从来就没有能赶上它，我认为将来也决不会赶上它。”

60年在一国的历史中只是短短的一个时期；可是在最近60

年间，蒸汽机和棉纺织机却使英格兰和苏格兰南部的情况发生了多大的变化！两处的人口增加了将近一倍，工资增加了不止一倍，地租增加了约近两倍。由此使我们能够忍受——当然，其间不是不感到烦扰的，但是仍然能够忍受——增加了两倍以上的公债和三倍以上的赋税。由此使我们从原料输出者变成了原料输入者，从而使我们的谷物法从奖励出口的性质变成了近于禁止进口的性质。由此使我们得以给世界披上了轻暖的衣服，而且取得这一成就时竟这样地轻而易举，以致我们也许简直没有意识到由此所提供的整个享乐。

看来似乎没有什么理由——除非理由是出于我们自己的商业制度方面——为什么此后 60 年的进步就会赶不上以前的 60 年。棉纺织机离开完美的境地还远得很，上面征引的资料表明，它正在经历着日新月异的改进；蒸汽机还处于幼稚状态，关于它的初次被应用到船舶，我们的记忆犹新，至于在车辆上的应用，简直还没有开始；此外也许还有许多别的具有同样效能的力量依然是自然界的秘密，还没有被发现，或者是，即使已经知道，还没有加以运用。目前无疑有许多已经知道的生产工具，只是由于它们在单独的情况下并无多大效能，而在结合情况下的效能如何又未能发觉，因此没有得到人们的重视。印刷和纸张两者都没有极其悠久的历史。希腊人可能已经懂得印刷；罗马人则肯定已经把它付诸实践，因为在庞培已经发现印着制面包者姓名的开首字母的一条条的面包。中国从远古以来就使用纸张。但是这类工具在单独情况下，各自并没有多大价值。如果供印书用的最合用的材料，只是代价极大的如羊皮纸或性质极其脆弱的如草纸那类商品，那就很难指望书

籍会有足够的销数，足以抵偿高昂的印刷费用。没有印刷的情况下的纸张比没有纸张的情况下的印刷为有用；但是，即使纸张的代价极低，单是需要经常进行誊写的辛苦工作，就足以使书籍成为代价极其高昂的奢侈品。纸张和即刷这两种工具，在单独存在的情况下效用并不大，因此，人们一向把两者的结合看成是人类历史上最重要的发明。

II. 分工。从节制也就是资本的使用中得来的两种主要利益的第二种是分工。

我们已经说过，和“分工”比起来，“生产划分”是较为合用的一个措辞；但是，由于亚当·斯密的权威，已经使分工这个词获得广泛流行，因此，我们将沿用这个词，不过我们是在似乎曾由亚当·斯密使用的那个广义下使用这个词的。我们所以说似乎曾经使用，是由于他惯于在字眼的使用上不求精确，没有具体说明他所使用的这个字眼的意义。在他有名的那个第一章的末尾，他似乎把所有从国内贸易和国外贸易得来的利益，都包括在从分工得来的利益之内。这就很明显，所谓分工，他的意思指的是生产划分，也就是说，各个生产者和各类生产者应当把他们的工作尽可能地限于一个类型。

亚当·斯密认为从分工得来的利益是由三种原因造成。“第一是各个专业工人的技术熟练程度的增进；第二是从一种工作转到另一种工作时通常要遭到的时间上损失的避免；第三是足以促进劳动、缩减劳动、从而使一个人可以做多个人的工作的许多机器的发明。”

亚当·斯密是十分重视分工的第一个作家。他说明这一点时所举的一些例子既多种多样，又富有说服力，因此使第一章成为他全部著作中最引人入胜和最出名的一章。但是，他也同那些发现了一个新原理的多数作家一样，对于分工的效应，在某些方面未免说得过分些，在另一些方面却又说得不够。他说，“所有那些足以大大促进劳动和缩减劳动的机器的发明，似乎都是起源于分工”；这种说法就过于笼统。有许多极其有用的器械，发明的人既不是以制造这类器械为职业的，在其自己的业务中也无须使用它们。大家知道，阿克赖特是个理发工人，织布机的发明者是个牧师。如果说分工是由器械的使用所促进，也许比较接近事实。在社会的原始状态下，每个人拥有、并且能够运用一切种类的工具。在进步的社会中，复杂的机器和多种多样的工具代替了野蛮社会中仅有的几种简单工具，这时要在任何制造部门借助于机器来促进生产，只有受过了使用这类器械的专门训练的那些人才能胜任；在这种情况下，分工是必然的后果。但实际上，工具的使用和分工两者是互为因果的，在实践中很难把两者的效应区分开来。每有一次重大的机械发明，就会跟着发生进一步的分工；每经过一次进一步的分工，就会引起机械上的新发明。

就这样，彼此需要对方的帮助，
两者亲密地联合了起来。

工作者在技术熟练程度上的提高和从一种工作转换到另一种工作时时间上损失的避免，都值得亚当·斯密给以注意。两者都是分工的后果，前一点是很重要的后果。但是，还有些从这一原则得来的、看来要更加重要得多的利益，他却置之不顾，或者至少没有具体说明。

主要利益之一是出于这样一种事实:需要产生某一结果时所作出的努力,往往足以同时产生成千成万的同样结果。这里可以用大家所熟悉的邮政制度作为一个例证。要从法尔穆斯(Falmouth)[①]送一封信到纽约时所作出的那一番努力,足够递送50封信;差不多同样的努力,足够递送一万封信。如果每个人的信件都得由他自己传送,那么一个大商家即使把他一生的时间都花在旅途上,也许还不能送完邮局在一个晚上投递给他的信。少数几个人专门从事于投送信件的工作所产生的效果,如果由欧洲全部居民各个地单独进行,那就即使倾其全力也难以完成。

政府的效用,所依靠的也是这个原则。在社会的极端原始状态下,每个人人身和财产的安全主要依靠他自己。为此,他必须经常武装,经常处于戒备状态;他所有的那一点点财产必须是可以移动的,以便不至于跟他离开得过远。差不多充满了他全部的思虑、占用了他全部的时间的是防御还是逃亡这一问题;并且忍受了这样大的牺牲以后,收到的效果离开完美程度还是很远的。阿比西尼亚边境一个居民对布鲁斯说,"如果您在这里见到一个老头,那一定是个外乡人,本地人在年轻时就都被长矛刺死了。"

但是,每个人依靠他自己来进行保护时所必须花费的辛劳是多余的,这份辛劳由社会中少数人负担,就可以除保护他们自身以外,同时保护社会中的无数成员。可以说,政府就是由此发端的。作为任一政府的核心的总是某个人,他所提供的是保护,以此所易得的是服从。统治者以及跟他结合在一起的和他所委派的那些人

① 英国康瓦尔(Cornwall)郡的一个自治市。——译者

所负的责任是，保卫他的团体，使它不受暴力和欺诈行为的侵犯。至于国内的强暴行为，那是文明社会中最可怕的祸害；令人惊异的是，为数那样少的人就足以保障大众的安全。保障大不列颠1 700万居民人身和财产的安全的是为数约 1.5 万名的士兵，和为数不到 1.5 万名的警察、守望员和法官。任何行业所吸收的人员，在数量上总比用以执行这一最重要任务的人员要多些，简直没有一个例外。

然而很明显，据以建立政府的分工原则，容易发生它所特有的流弊。对于负有保护责任的那些人势必给以权力；而要依靠别人来保护的那些人，就会在很大程度上丧失其自卫的手段和自卫的意志。在这种情况下，政府和它的国民之间的交易——假使可以称作交易的话——并不是根据支配寻常交易的那些原则进行的。政府要取之于它的国民的，大都不仅是它服务的公平补偿，还有能够向其国民强迫取得、不至于损及其继续生产的能力的一切暴力或威吓手段。事实上它所勒索的，一般还远远不止是这些。如果周览一下世界各地的情况就会看到，难得有几个政府不是尽力实行压制，以致实际上损害了其国民的幸福生活的。我们晓得，在非洲和亚洲的某些残暴统治之下，千百万人民自认为他们自己的幸福跟他们的专制君主的滥施威权相比，简直不在话下；这就要使我们想到，虐政是人类会受到的最严重的祸害。但是，这跟不存在政府的情况下所感受到的相比，还只能算是轻微的。如果把埃及、波斯和缅甸的广大人民的处境，或者是——让我们找一些尽可能低级的例子——把达荷美和阿善提的君主统治下的人民的处境，跟新西兰的无所统属的群众的处境相比，仍然要算是享受着安定生

活。人们对这一点的感觉非常真切;因此,如果不存在残暴统治就只能处于无政府状态的话,人们就会热烈拥护前者。各种民族之间所存在的差不多一切的差异——是这样大的差异,以致有的时候我们几乎会忘却这些差异是属于同一种类的——都可以说是在享有良好政体的幸福方面的程度上的差异。如果说最坏的政府总比无政府好些,那么,最好的政府所带来的利益必然是难以计量的。迄今为止,世界上最好的政府是英国政府,以及其制度导源于英国的那些国家的政府;但是,这样的政府还远没有达到它们似乎可以达到的完善程度。就这类政府说来,执行次级任务的一般都是受过这方面的专业训练的人们,但高级人员却不是这样。政治学是一切科学中最广泛、最艰难的一门科学;而人们似乎认为,对社会中的显要人物说来,这门科学的知识是他们生来就有的附属物,或者是,只须利用他们在处理业务的百忙中挤出的一点时间间歇就可以取得这类知识。在专制政治下,其主要祸害部分是由于统治者的愚昧无知,部分是由于其性情恶劣。在代议政治下,祸害主要是由于执政者没有能精通其业务。希望通过分工——一切政府就是在这个原则下建立的——的进一步运用,使主持国家大计的那些人能够受到适当教育,从而使我们既可以免受因不公道行为所造成的祸害,在免受因愚昧无知或缺乏经验所造成的祸害方面又可以受到同样有效的保障。

亚当·斯密虽然提到但没有着重说明的分工的另一个重要后果是,每个国家在商业范围内、在某种程度上都可以利用世界任何其他地区的固有的和养成的优点,都具有利用这些优点的能力。托伦斯上校是把国外贸易和分工明确地联系起来的第一个作家,

他把国际贸易叫做“地区上的分工”。

上帝的意旨似乎是，世界上的一切人民都应当通过相互依存而联合起来组成一个商业大家庭。为此，他使无论哪一种气候下的和几乎无论哪一个广大区域内的物产，有了无穷无尽的差异；似乎还为此使各民族之间在欲望方面和生产力方面有了极大的差异。财富在现代所以超过古代，在很大程度上就是由于对这类差异的进一步广泛利用。我们每年输入茶叶约3 000万磅。购买和装运这一数量的全部费用不超过 225 万镑，即每磅约合 1 先令 6 便士；假定工人的一年工资 50 镑，则这个数目只等于 4.5 万人的劳动价值。按照我们的农业技术和我们的煤矿设备从事于生产茶叶时，每磅的费用将不是 1 先令 6 便士而是 40 先令，就是说，其代价不是 4.5 万人的劳动，而是 120 万人的劳动；只有在这样的牺牲下，我们才有可能自己生产茶叶，才能以不依靠中国自豪。但是 120 万这个数目已经大致相等于英国全国从事于农业劳动的人数。这就是说，假使在英国有可能将国内每一块耕地和每一个菜园都用来种茶，那么，这一个范围并不怎样大的行业倾其全力所能生产的，也不过是这么一些数量。

我们向国外输入茶叶反而比自己种茶、制茶为有利，其主要原因无疑是由于中国和英国两者之间气候上的差异；但在很大程度上也是由于两个国家的劳动价格不同。不仅是种茶，而且在茶叶的加工方面也需要花费很多的时间和劳力。工人的货币工资在中国非常之低，因此，花费了这些劳力之后，并不会使茶叶的货币成本增加到多大程度。在英国这笔费用却是要使人受不了的。如果生产力很高、因此其工资也很高的一个国家，使用其本国人员来完成可以由文化较低、其劳动价值也较低的国家来有效完成的任务，那就同用竞赛马来耕田一样，岂不是件愚不可及的事。

分工的又一个重要后果是零售商的存在。这类人自己并不从事于原料或制成品的直接生产，他们的业务实际上是，按照最后购买人所认为适当的时间和数量，将上述物品对这些购买人进行供应。我们只要看一看伦敦及其郊区的地图，再想一想在这个区域内布满了住宅，其居民占英国人口 1/10 以上，所消费的也许要占到全国消费总值的五分之一，而且所消费的资源并不是取自当地，而是取自整个文明世界，这就似乎要令人感到惊奇，对这样多的人的日常需要，怎样能进行这样准确的分配。所以能做到这一点，主要是依靠零售商。每个零售商是他自己的一个买主体系的核心，根据经验，他对其买主的季节需要的平均量是心中有数的。批发商是实际生产者或进口商与零售商之间的一个环节，根据经验，他对他自己的买主即零售商的需求的平均量也是心中有数的；他向进口商或生产者购入时，所依据的就是这种经验。最近的这类购入的平均量构成了一项数据，进口商和生产者的数量庞大并且多种多样的整个供应，就根据这类数据随时进行调整。零售商是把他的存货剖分成细小的单位随时零星供应的，这就可以使我们向肉铺买一块牛排而不必向畜牧业者去买一头牛，从而获得了极大的方便，由此形成的零售商存在的进一步优点已经没有细述的必要。由于上面所举述的一些优点可以使零售商获得利润，利润的高低大致与保有其存货的平均时间成比例。

现在要接下去说明，分工所依靠的主要是节制，也就是资本的使用。

亚当·斯密写道,“在原始社会状态下,没有分工,很少交换,人人能自给自足,不需要为了经营社会业务而累积或贮存任何资本。人人凭着他自己的勤劳而努力供应他自己的不时之需。他觉得饿了,就到山区中去打猎;衣服破了,就穿上他自己猎得的野兽的皮革;他的棚屋要坍塌了,就用左近取得的树枝草皮来尽力修缮。

“但是分工原则一经全面推广之后,个人凭自己的劳动得来的产物,就只能适应他自己不时之需的一个极小部分。适应他需要的绝大部分的是别人的劳动的产物;这是他用自己的产物,或者是——实际上是一样的——用自己的产物的价值来买得的。但是必须等到他自己劳动的产物不但已经完成、而且已经售出之后,才能进行购买。因此,至少在这两件事能够实现之前,他必须在某处储备着各种物品,这些物品既足以使他维持生活,又足以适应他工作中在材料和工具方面的需要。一个纺织工人是无法以全力从事于他的专门职业的;除非不仅在他织物完成、并且在他织物售出之前,预先在某处——或者在他自己手里,或者在别一个人的手里——储备着既足以使他维持生活又足以适应他工作中在材料和工具方面的需要的那些物品。很明显,远在他以全力从事于这一专业之前,就必须存在着这样的蓄积。”(《国民财富的性质和原因的研究》,第二篇,《序论》。)

这番话也许说得并不正确。在许多情况下,生产和销售是同时发生的。最重要的分工是,把保护和教育社会成员的任务分派给社会中的少数成员。他们完成了任务时也就售出了他们的服务。这个说法差不多可以适用于我们叫做服务的一切产物。还有一点,无论如何不能把"在某个人致力于某一生产部门之前,必须储备着某一数量的物品以适应他在生活资料、材料和工具方面的需要,直到他自己的产物完成和售出为止"这一点说成是绝对必要的。虽然,如果照字面了解亚当·斯密的论证,就不免要得出其间存在着这一必要性的推断。作为一个生产者,他必须不断地获得这类供应是无可否认的;但这类供应并不一定要在他开始工作之前就储备着,也未尝不可在他工作进行的时候生产。一幅画从开始动手到售出,中间往往须经过好几年。但是画家在这几年里所需要的生活资料、材料和工具并不是在他开始工作之前就储备着的,而是在他的工作过程中陆续生产的。亚当·斯密的真正命意所在,也许并不是认为,某一生产事业在进行时所需要的供应,在用这些供应来进行协助或作为报酬的这一事业将开始的时候,就必须逐件事先备妥,而是认为,在那个时候必须存有一项资源,以便于需用时支用。这项资源所含有的,具体说来是所需要的一些物品。画家需要的是画布,纺织工人需要的是织机以及一些材料,这些材料也许不够使他的工作完成,仅够使他的工作开始。可是,关于工作者随后所需要的商品,如果他所依靠的那项资源是生产性资源,是跟得上他的需要的,是实际上特为他的需要而设的,就已经足够适应。

但是,如果为了让一个工人能够致力于一种工作,就得使用资本,那就很明显,为了使多数生产者能够在各自的努力下同时从事于一种生产事业,就更加有使用资本的必要。在这种情况下,即使仅仅是关于将制成品的价值在各个生产者之间进行分配的问题,就已经需要使用很多的资本和很多的时间，换句话说，就已经需要在节制这个方面作出很大的努力。独立劳动的产物当然是属于它的生产者的。但是，其间如果存在着相当程度上的分工，产物就不再有某一个理所当然的所有人。如果要总计一下参与生产一串项链或一块花边的那些人的人数，就会看到，为数简直是多不胜数的。即使能够确定所有这些作为生产者的各自的一份权利，也显然不可能把他们作为项链或花边的所有人，为了他们的共同利益而把它出售。

克服这个困难的办法是，把通过预付资本以协助生产的那些人和只贡献劳动的那些人区分开来，前者称为雇主，后者称为工人，把从事于不同行业的资本家和工人安排在各自的集体内，让各个资本家将商品传递给下一阶段的资本家，从而取得他自己的节制和他的工人的劳动两者的代价。

我们试探索一下一幅彩色围巾或一块花边的制作过程，这也许是有些意味的。假定其原料——棉花，系由田纳西或路易斯安那的某一农场主所种植。为此，他在棉铃成熟的一年多之前就得雇用劳动者从事耕作，并进行田间管理。棉铃成熟之后，就得借助于精巧的机器，花费很多劳动，进行原棉脱子手续。然后将经过清洗的棉绒沿密西西比河运到新奥尔良，卖给在那里的棉花商。其售价必须：第一，足以偿还农场主在生产和运输中付给他所雇用的那些人的工资；第二，足以使他获得和从支出工资到售出棉花所经过的一段时间相称的利润。换句话说，在这一段期间，他原来可以把资金用于他自己的享乐，或者是，他出钱雇用劳动时，原来可以不用于种植棉花而用于增进他自己的享乐；他在这个方面作出的节制，应该得到补偿。下一步是，新奥尔良商人把这项棉花于保存了五六个月之后，卖给了利物浦商人。在新奥尔良简直没有花费任何劳力，其间如果没有什么意外情况，则价格上所增加的只是棉花商的利润。这项利润是他实行节制——他付给农场主的那笔货款用于他本人的消费时可以得到的满足，因此延缓了五六个月——的报酬。利物浦商人把棉花运到英国，卖给曼彻斯特的纱厂主。他售出时的价格，必须包括：第一，足以偿还他向奥尔良商人买进时的货价；第二，从那里运到利物浦的运费（运费所包括的是海员工资的一部分，建造船只的那些人的工资的一部分，船未经造成以前预付该项工资的那些人的利润，输入供造船用的材料的那些人的工资和利润——总之，实际上所包括的是一直从文明开端起的一连串的工资和利润）；第三，和从支付该项货价起到转售给制造商止这一段时间相称的利润。

纱厂主把棉花托付给工人和机器，进行加工，所制成的，部分是可用以织成布的棉纱，部分是可用以制成花边的较细的棉纱。

他把所生产的棉纱卖给纺织者和花边制造者。其售价除足以偿还他付给棉花商的货价外，还得包括：第一，直接从事于这一生产工作的工人的工资；第二，在厂房和机器方面以前提供劳动的那些人的工资和利润；第三，纱厂主的利润。此后这项棉纱将从纺织者转移到漂布者，再转到印染者，再转到批发商，再转到零售商，终于转到最后买主的手里；关于这一过程如果逐节描写是乏味的；即使是从花边制造者转到刺绣者再转到最后买主的较短过程，也没有逐节叙述的必要。总之，每经过一次转手，就有个新的资本家偿还以前的一切预付，这时如果该商品的整个操作过程还没有完毕，就得使它再经过一道工序，再预付从事于进一步的制造与运输的那些人的工资，然后由处于下一阶段的资本家偿还他所作出的一切预付，其中包括他的利润，这项利润和他不将这项资本使用于非生产性的享乐所经过的时间相称。

应当看到，在上述的整个过程中，必然要牵涉到赋税的负担，也必然要牵涉到使用各种必要的或有利的自然要素时租金的支付；这些我们都没有提到。这里所以没有计及地租，是因为其数额的多寡因情况不同而全无定则，如果加以讨论，会大大增加问题的复杂性。这里也没有明确提到赋税，因为这已经包括在我们所列举的各项之内。通过赋税所征收的资金，是用来支付执行或有责任执行最重要的任务——保护社会免受暴力或欺诈行为的伤害——的那些人的工资和利润的。从事于这类服务的一些人对商人或生产者所提供的助力，跟保护仓库的私用守望员或为仓库装闩上锁加强防卫的铁工所起的作用完全相同。

这里限于篇幅，无法将一磅棉花从密西西比河边被采集起直到成为一件精制的花边被陈列在邦德街的橱窗止，其间价值的逐步增长，逐节地加以探索。假使认为最后的价值高于最初的价值1 000倍，也许还是低估了其间的差额。刚采得的一磅最优质棉花，所值还不到两先令；可是一磅最优质花边的价值往往在100畿尼以上。这里没有别的办法，只有将资本家的职能和工人的职能划分开来，由这一资本家到那一资本家不断地进行预付资本，才能使无数的生产者长期不断地致力于一种对象，调整他们作出牺牲时各自所得的报酬。

第四个基本命题
——假使农业技术不变，在某一地区以内的土地上使用的增益劳动，一般会产生比例递减的报酬

增益劳动，使用于制造业会按比例地提高效率，使用于农业会按比例地降低效率。在生产问题讨论结束之前，还得说明一下，以各种生产手段使用于耕种土地时的效率和使用于为适应人类需要对农产物进行加工时的效率之间的重大差别，也就是农业的效率和制造业的效率之间的重大差别。在这一讨论中要研究的是，我们所认为的政治经济学四个基本命题中的最后一个，即，假使农业技术不变，在某一地区以内的土地上使用的增益劳动，一般会产生比例递减的报酬。

这里要研究的农业效率和制造业效率之间的差别是，农业所具有而制造业所不具有的那种从同一材料取得更多产物的力量。我们已经看到，借助于器械和分工，可以大大促进人类的努力，其促进程度，目前已经无可计量，前途显然还可以有无限发展。但是，制造业的进步，虽然能够使一个人做千百个人的工作，虽然能够使得用于同一材料的同一数量的劳力产出越来越有用的商品，却不能使得用于同一数量的材料的同一数量的劳力或者甚至更多数量的劳力，产出比原来所能产出的数量多得多的属于同一质量的制成品。如果在英国各地使用于棉织业的劳力和技术普遍提高了一倍，而原料的数量不变，则其制成品的数量决不能显著增加。

这类产品的价值也许可以大大提高，比原来的更加精细，因此在长度或阔度上会有所增加；但是，假使产品的质量没有变动，那么，或者可以节省些现在被浪费了的那一小部分的原料，就只能在这个范围内使其数量有所增加。

农业的情形不同。诚然，那些悬崖绝壁或终年积雪的地区或沙砾地带是无法利用的。但是除此以外，任何广大地区的产物，似乎都可以用不断增加劳力的方式，使其产量作几乎没有限制的增加。从发展农业的角度来看，最没有希望的似乎莫过于那些卑湿地区，看到的只是一片沮洳和蓬蓬的杂草，简直无处可以插足。但是，这些泥塘的底层大都是石灰岩——至少在爱尔兰的情形是这样——，通过排水，将石灰岩烧去，利用石灰，使乱蓬蓬的草根土转化为腐殖土，就可以使泥塘变成不仅是有生产力的土地，而且是肥沃的土地。英格兰和威尔士的土地约计为3 700万亩，经以全力耕种的不过 8.5 万亩，还不到总面积的四百分之一，其中有些用来种制酒用的蛇麻，有些则用来作为苗圃、果园和菜园；此外荒芜的约500万亩。所有那些不荒芜的部分都是用于生产的；但是，它的产量跟使用无限的劳力和节制下有可能提高的产量相比，显得多么微小！如果能够充分利用石灰、灰泥和其他无机肥料；如果能够有一个完善的排水体系和灌溉体系，使任何处的水量都不会感到过多和不足；如果一切荒废地区都用围栏保护，进行耕作；如果对已施耕的土地不只是用犁来耙，而是反复进行深耕细作；如果能小心选择种子或幼苗，给以充分注意，防止杂草滋蔓；如果对一切家畜不是随意放牧，而是将食料加以割切，进行饲养；如果将全国范围内在富户的郊外园地上所浪费的劳力都用于生产——总之，所列

举的各点如果都能实现，那么全国的农产量也许可以比现在提高10倍，甚至远在10倍之上。无论什么样的增益劳动或机器，总不会使一磅原棉变成1磅以上的加工棉；但是，同一蒲式耳的谷种和同一鲁德(rood)[①]的土地，由于所使用的劳力和技术的不同，其产量可能是四个蒲式耳，也可能是八个或16个蒲式耳。

但是，虽然英国的土地能够生产比现在高出10倍或10倍以上的数量，它的现有产量大概决不会提高四倍，至少可以肯定，决不会提高十倍。

另一方面，我们的制造业，除非是受到了战争的妨害，或者是由于新颁行或继续推行的法规不利于它的发展而受到了妨害，否则它在下一世纪的产量增势，也许和这一世纪的相等，也许还要提高，所提高的也许是4倍，也许还远不止4倍。

土地所具有的优点是，以增益劳动使用于同一材料可以获得越来越多的产物，它的缺点是，产量增加对劳动增加的比率一般会逐渐降低；结果是优点敌不过缺点。制造业的缺点是产量的每一度增加需要材料作同等的增加，它的优点是，使用的材料数量越大，工作就越是可以获得不断的推进；结果是优点压倒了缺点。

一个世纪以前，英国输入原棉的每年平均量约为120万磅。现在英国制造业中每年所使用的原棉在24 000万磅以上。现在棉织业所使用的材料，虽然比前至少增加了200倍，但是很明显，制造这项材料时所需要的劳动并没有增加200倍；其间是否增加了30倍，也许还有些疑问。按照1831年的统计，英国专门从事于农

① 英国土地计量单位，等于1亩的1/4。——译者

业的户数为2 453 041;如果假定关于棉花的运输制造和销售所使用的劳动约占其中的1/8,即30万户,那就要算是很宽的估计。但是在一个世纪以前使用效率较低的机器的情况之下,制造120万磅棉花所需要的一年劳动,不能低于1万户。事实上所需要的也许远不止此。结果是,虽然我们现在所需要的原棉相当于一个世纪以前的200倍,虽然取之于土地的这项原料的增量所需要的劳动,比较取得较小数量时所需要的劳动,也许要增加200倍还不止,可是,由于制造某一定量时所需要的劳动减少,制成品的价格(所体现的是取得材料与材料加工两个方面所需要的劳动的总和)却不断降低。1786年我们输入原棉约2 000万磅,那个时候称为100号的棉纱每磅价格为38先令。1792年输入量达3 400万磅,同样棉纱的每磅价格为16先令。1806年输入量达六千万磅,其每磅价格跌到7先令2便士。现在棉纱产量在继续增加,其每磅价格则在3先令以下。与产量的每一次增加同时发生的,总是机器的改进和分工的进一步贯彻;由此发生的效应,足以抵消可能发生了的于生产原料时所需要的劳动的任何比例增进而有余。

就农业说,增益劳动一般会产生较低比例的成果;这就是说,使用于某一地区以内的土地上的20个人的劳动所生产的,虽然肯定要多于10个人劳动的产量,但很少会使产量增加1倍。这里不妨用一个事例来说明这个论点。

假定有一个农场,占地1 000 英,其中200 英是良田,300 英还能勉强耕种,其余是瘠土,只能放牧少许羊群。假定其主人雇用了20个人,所获得的平均年产量折合成一种单位来表示时为小麦600夸特。现在假定他雇用的人数增加了1倍;让我们看一看,其产量会不会因此提高1倍。如果用增加的20个劳动者耕种较差的土地，则所生产的势必低于原有的20个劳动者在别一土地上的产量，因为这里已经假定前项土地是土质较差的。同样明显的是，如果将增加的劳动用于已经在耕作中的土地，由此所生产的也必然低于原有劳动的产量；换句话说，这一段土地的产量虽然增加，但不会增加一倍，否则就只有最优的土地才会被耕种。因为，如果农场主在已经耕种的土地上能够不断地使用增益劳动，而所得的报酬不会有任何比例降低，那就很明显，他决不会耕种土质较差的那300畝地。如果情形当真是这样，如果在农业中使用增益劳动可以获得等比例的报酬，他就再没有必要去耕种1畝以上、或者甚至1鲁德以上的土地。就这一假设的例子说，对于增雇的劳动者，他也许要使用一部分于开垦荒地，使用一部分于已有耕地上的精耕细作。在劳力的这样使用下，产量也许可以增加400夸特、500夸特或550夸特，但是可以肯定，其增量不会相等于原有的600夸特——产量是要增加的，但不会增加1倍。

这一虚构的农场是全国的一个缩影。在英格兰我们有大片的荒地，也有肥力高低不等的种种耕地，在使用同样的劳力和同样广大的地区，其每畝小麦产量从最高额40蒲式耳到最低额12或13蒲式耳不等。如果要提高生产，方式一般总不外两种，或者是开垦那些由于羸瘠而还没有耕种的土地，或者是在现已耕种的土地上使用增益劳动。但是，不论在哪一情况下，增益产量总不见得会与增益劳动作等比例的增加；就全国的情况说来，这一点正和我们在上述例子中所看到的同样明显。

但是，上面说明的论点虽然是一般性的，却不是普遍性的，其间有很显著的例外。首先,由于占有人或所有人的疏懒或愚昧,或者是由于所有权方面的障碍,使某些部分的土地往往会长期得不到属于同样性能的土地一般所得到的劳动。处于这种情况的土地,一旦获得了增益劳动,那就可想而知,这部分劳动跟一般农业劳动相比,不但有同等的生产力,而且会有更大的生产力。属于这种性质的利益,有的时候是从排水和筑堤那类巨大工程中得来;但是,由此可以博取厚利的可能性,很容易冲昏人们的头脑,使他们看不到物质上的困难的严重,因此这类工程往往是进行得过早,而不是有所推迟——往往不是由于农产品的需求增长,才使他们感到有进行这类工程的必要。至于由所有权引起的障碍以致推迟的那类工作,往往具有大得多的生产力。把公地圈作私有以后,原来的空地就可以变成耕地,而这块地原来之所以无所生产,并不是由于它缺乏肥力。有些地产由于所有权的关系,长期以来的处境是,农民的租地权能持续多少时,或者是期满以后能否订约续租,得不到可靠保证;这类地产所受到的束缚一旦获得解放,其由此发生的效应,与上述圈地的效应相比,虽然在程度上有高低,但在性质上相同。在这种情况下,比较少量的增益劳动,往往可以取得很大的增益产量。

但是,这里提到的这一通则的最显著的例外是,由技术进步引起的劳力增长。器械的求精,轮种法的改善,分工的进一步贯彻,总之,农业技术上的种种改进,一般都足以提高农业劳动。当一国的资本和人口有所增加从而引起劳力增长时,与这一增长同时存在的必然是农业技术的改进;这类改进必然足以抵消、甚至可能胜过由地力递减所引起的缺陷。

近100年来英国农业的年产量增加了远不止1倍；但是，如果认为在这一期间每年使用于农业的劳动量也增加了1倍，那是极少可能的。我们并不认为英国的人口在这一期间也增加了1倍；直到最近，人口的增加主要是在工业区。最近一百年，尽管遭到了种种不幸，仍然是我们历史上最昌盛的时期。这是跟以下一些事实分不开的：我们把原来差不多处于废弃状态的许多公有空地圈作私有；我们掌握了值得称为农业科学的有关知识；我们利用了一切运河和差不多一切的公路，从而大大缓和了各地区土地肥力高低不一的弊害，使得使用于土地上的劳动总量和土地的肥力，就好像是在全国范围内处于均一比例的关系。很有可能——虽然没有多大把握——此后百年间我们将取得同等的进展；我们在进展的程度上固然不能有明确预计，但是可以肯定这种进展是不会无限制的。我们在某一地区的土地上不管使用多大的劳力，显然不可能使其产量永远作几何式的增加。

另一方面，工业劳动者的人数每有一次增加，与之同时存在的不仅是对应的生产力，而且是越来越大的生产力。如果认为英国现在有30万户从事于制造和运输棉花计24 000万磅，那么可以绝对肯定，60万户所能制造和运输的棉花至少是48 000万磅。实际上可以肯定，他们所能生产的还远远不止这一些。即使认为他们能够制造和运输的棉花是72 000万磅，也不见得没有可能。我们可以预计，迟早会使这些生产者的前进受到阻碍的唯一制约是，输入原料和粮食的越来越大的困难。如果农产品的输入能够跟得上进行加工的力量，则财富和人口的增加就没有限度。

财富的分配

我们已经研究了政治经济学三大部门——财富的性质、其生产、其分配——中的前两个部门，现在要接下去讨论的是最后一个部门，即，所生产的一切在成为其最终消费者的那些人之间进行分配时所依据的规律。在政治经济学家所假定的那个社会形态下，分配主要是依靠交换实现的。我们未尝不能设想这样一种人类生存形态：可以使分配在没有交换的干预下进行。但是，对这样一种社会——假使可以称为社会的话——的情况，既不值得、也没有必要进行科学研究。政治经济学所研究的是人类所处的比较进步的形态，可以称之为人类的自然形态，因为在这样的形态下，他们是被自然的设施所推动的，各个人的消费，大部分、在许多情况下甚至全部所依靠的是他的同辈，而他为他的同辈所作出的贡献则主要或全部通过交换，借此来适应他自己的需要。

但是这里必须说明，我们使用生产和交换这两个词时，其意义都比通常所使用的略为广泛。前已提到，我们使用生产这个词时，跟通常叫做占有的那个词的意义很相近；我们使用交换这个词时，是把通常叫做公众负担的那类事物包括在内的。我们把政府工作人员所接受的一切看做用以交换他们的服务的代价；他们所提供的服务乃是相当全面地保护人民免受国外或国内的暴力或欺诈行为的侵犯。上面已经说过，诚然，这种交换是在特殊原则下进行的。就非民主或非代议制下的那些政府说来，政府所需要的数额系由统治者自己评定，在这种情况下，一般所评定的是可以向其国民勒索的最大限度。即使在代议制或共和制下，假如有个别居民不同意接受政府给予的保护，也不容许拒绝负担他对政府的那一份义务。但是这种交易，虽然往往既非出于本意，甚至还有欠公道，但其性质仍然是交换，而且是基本上有利的交换。即使是最恶劣的、效率最差的政府对其国民所给予的保护，和各个的、单独的努力所能取得的保护相比，代价还是较低，效率还是较高的。

支配交换的规律可以分为两大类。一类普遍适用于一切交换；还有一类则分别适用于各种生产手段的所有人相互间进行的各种交换，所交换的是通过这类手段所获得的产品。

论述前一类时所要研究的是支配交换的总规律；论述后一类时所要研究的是，社会中的不同阶级通过这些规律所获得的利益的相对份额。前一讨论的主要对象是所交换的事物；后一讨论的主要对象是交换参与者。

政治经济学作家遇到的最大困难之一是由于构成这门科学的种种命题的相互依存；因此，于解释某一命题时如果不经常提到许多其他命题，就很难进行。就财富的分配说来，情形尤其是这样。关于社会中不同阶级对生产出来的种种事物的应得份额进行解释时，不能不经常提到交换的总规律；另一方面，讨论这些规律时又不能不经常提到交换参与者。我们晓得，任何研究方式总难免要引起一些异议。我们认为引起异议最少的方式是，于提出分配问题时，先从各自占有种种生产手段的成果中的一份的那些交换参与者的一般分类开始，然后说明交换的总规律，最后指出决定社会中不同阶级在总分配中所占比例的一般情况。

社会可分成三个阶级——劳动者、资本家和自然要素的所有人

按照政治经济学家的惯常说法，劳动、资本和土地是生产的三个手段，劳动者、资本家和地主是生产者的三个阶级，全部成果被分成工资、利润和地租，工资指的是劳动者所得的部分，利润是资本家所得的部分，地租是地主所得的部分。我们基本上同意这一分类所依据的原则；但是为事理所迫，对于表达这一原则时所惯于使用的一些术语，我们不得不酌予修改——加入一些新的词，扩大或缩小一些其他的词的涵义。

在我们看来，要完全正确地表达情况中的事实，至少须有包括十二个性质不同的术语的一个命名系统。就各个类别说来，关于所使用或运用的手段，关于使用或运用这一手段的那个阶级中的人，关于使用或运用时的动作，关于所获得的作为动作报酬的那个成果的份额，应当各有一个名称。如果就各类分别加以检验就会看到，这些名词中我们已经有了的不过是一半多一些。

适用于第一个阶级——劳动者的命名系统。关于第一个阶级，我们已有的一些词是“劳动”、“劳动者”和“工资”。这些词没有一个是表示生产的手段的——不论作为名词或作为动词的“劳动”，所表示的只是一种动作。“劳动者”是动因，工资是结果。那么劳动者所使用或运用的到底是什么？显然是他的智力或体力。

加上这个词之后，第一个阶级的命名系统就完全了。劳动是为了生产而使用体力或智力；这样进行工作的是劳动者，而工资乃是他的报酬。

适用于第二个阶级——资本家的命名系统。关于第二个阶级，我们已有的一些词是资本、资本家和利润。这些词所表示的是手段、使用或运用这一手段的人和这个人的报酬。但是，却没有一个惯用的词来表示他的动作；这一动作的报酬是利润，它与利润的关系跟劳动与工资的关系相同。对于这样的动作我们已经给予一个名称——节制。加上这个词之后，第二个阶级就有了完备的命名系统。资本是一项财富，是在财富生产或财富分配中人类作出的努力的结果。节制所表示的，既是不将资本投于非生产性使用的那种动作，也是将劳动使用于产生遥远结果而不是眼前结果的那种在性质上相同的行为。采取这样行动的人是资本家，这一行动的报酬是利润。

适用于第三个阶级——自然要素的所有人的命名系统。就第三个阶级说，既有的命名系统所存在的缺陷更加显著。工资和利润是人类所创造；前者是牺牲安逸的报酬，后者是牺牲眼前享乐的报酬。但是每个国家总有很大一个部分的产物，并不是出于任何牺牲而得来的报酬；取得这类报酬的人既无所劳动，也无所积储，只是伸出了双手，接受社会中其他人们的贡献。

要使人类的节制和劳动有发挥余地，就得借助于与人类力量有所不同的自然力量。有些自然力量，既极端丰富，使用的方式又尽人皆知，是不能加以占有的。这类力量，既然人人可以取得，所以尽管有效用，但没有价格；在其协助下所生产的事物，除了所花费的劳动和节制外，别无价值构成因素。因此，这类事物出售的价格相等于、但不超过工资和利润的总和；为了使生产得以继续，这两者是必须付偿的。对上加拿大[①]的森林和英国的森林中木材的生产说来，自然力量有同样的必要性。但上加拿大森林中木材的供给实际上是无限的。在加拿大造一间棚屋的代价，其中并没有一个部分是用来付偿生产建屋用木料的自然力量的。长在那里的松树并没有价值。买主所付的只是砍伐和制作时所必要的劳动和节制的代价。

但是，通过**被占有的**自然要素的协助，可以使所生产的一种商品，和同样的劳动和节制而没有这一助力所生产的结果相比时，具有较大的价值。这样一种商品出售时的价格，是超过足以付偿从事于这一商品制作的劳动者和资本家的工资和利润的总和的。这一超过额由自然要素的所有人取得，是他的报酬，这不是由于他曾经有所劳动或有所节制，而只是由于他没有把他可以扣留的东西扣留起来，只是由于他容许人们得以接受自然的赐予。

如果从一棵英国栎树的价格中减去那些必须付给培植幼树者的劳动的代价，和必须付给使这棵树得以经过百年的生长的那些人的节制的代价，那么这时还得付给的是使这棵树得以滋长的那块土地的使用的代价。最后一项并不是人类力量的代价，而是自然力量的代价。

各种自然要素中主要的是土地及其河流、港口和矿山。在极其少见的情况下，可用土地的数量是实际上没有限制的，这样的事

① 加拿大南部奥泰里奥(Ontario)省的旧称。——译者

态只会发生在殖民地开拓的早期阶段,这时土地是大家可以取得的一种生产要素,使用时无须支付任何代价,全部成果属于耕种者,在工资和利润的名义下由劳动者和资本家分享,这是辛勤劳动和实行节制的结果。

但是在一切古老的国家,甚至在建立还只有几年的新殖民地,某些土地,由于土质或环境上的特殊有利条件,在一定的资本和劳力的花费之下,所得的报酬会高于一般水平。这样一些土地的所有人,如果由他自己进行耕种,他支付了劳动者的工资,并减去了他资本项下应得的利润之后,还会享有一项剩额。如果他自己不进行耕种,把土地租给别一资本家,他就当然享有同样的剩额。这时承租人取得的是同样的利润,劳动者取得的是同样的工资,他们所耕种的土地就仿佛是只具有一般的自然有利条件,利润和工资以外的剩额就构成了所有人——也就是我们通常称之为地主——的地租。这就把全部成果不是分成两个部分,而是分成三个部分——地租、利润和工资。如果所有人同时也是资本家或农场主,他就兼得三个部分中的两个——利润和地租。如果他的土地是通过另一个人的资本来进行耕种的,他所取得的就只是地租。但是,不管附有利润还是不附有利润,地租他是必然要取得的。当全国的土地业经分配就绪、分别被占有以后,虽然我们随后可以看到,农产品内的一部分确实是在使用增益资本而不支付增益地租的情况下生产的;然而同样确实的是没有一畝耕地没有地租负担。土地在广袤上既有限度,又具有生产力,地租的发生是必然结果;至于其数额的高低,则以土质及所处环境的优劣为准。

前面已经提到,土地虽然是主要的自然要素,但显然不是唯一

可以被占有的自然要素。单是自然作用的知识——只要这种知识是可以通过保密或法律来加以限制的——就可以使具有这种知识的人获得收入，这种收入在性质上类似于地租。在不同速度下运动的滚柱对棉花纤维会发生怎样的效应——一个乡村中的理发工人就凭了在这一点上的知识，在短短的几年之间富埒王侯。詹纳(Jenner)医师[①]所给予人类的利益，如果在传播方式上略加限制，也许还可以获得更多的财富。

如果某一有用事物的发现者由他自己将这一发现付诸实施，那就同地主耕种他自己田地的情形一样；他所获得的产物，除据以付偿一般应负担的劳动的工资和使用资本的利润之外，还可以提供一项收入，这项收入并不是出于资本或劳动的作用，而是出于发现的作用，所发现的并不是出于人类的创造，而是出于自然的创造。如果他自己不使用这一发现，而把使用这一发现的利益出租给另一人，他就可以获得一项收入，这项收入在性质上和地租极其类似，因此，往往其名称也相仿佛。制造商为了取得使用专利制法的利益向专利人作出的支付，在商业用语中一般称之为租金；所有基因于环境上或关系上的特殊有利条件，以及基因于精神方面和肉体方面的一切特质而取得的收入，当然都应列入这一类。在一般工资和利润以外所得的剩余收入的性质是这样：取得这一收入时没有作出更多的牺牲。这类有利条件的所有人区别于地主的只是在于这一点：他一般是无法把他的有利条件出租给别人使用的，只能由他自己利用，否则就只有任其荒废。因此，他不得不把他自

① 詹纳(1749—1823)，英国人，牛痘接种法的发现者。——译者

己的劳力，往往还有他自己的资本，花费在他所具有的有利条件上；结果他所得的不仅是租金，还有工资和利润。由此可见，如果我们坚决沿用既有的划分办法，将所生产的一切，分成地租（租金）、利润和工资三类——看来这显然是最合宜的分类——把工资和利润看做特种牺牲的报酬（前者是劳动的报酬，后者是节制、即抛弃眼前享乐的报酬），那就很明显，“租金”这个词所包括的必然是那些在没有作出任何牺牲的情况下所取得的报酬，或者换个其含义仍然相同的说法是，出于牺牲之外的报酬，就是说，所包括的必然是那些出于幸运的赐予或自然的赐予，结果或者是在报酬取得者方面无须作出任何努力，或者是于取得了出于运用劳力或使用资本的一般报酬以外，还可以别有所得。

虽然租金这个词经这样引申以后不会引起异议，但是土地和地主这些词的含义过于明确，不容许我们作同样的引申。如果把一切可以占有的自然要素都包括在土地这个词之内，或者是把这类要素的一切所有人都包括在地主这个词之内，那就未免是过甚的创新。关于这些词，必须用自然要素或自然要素的所有人来代替。关于第三个阶级这就有了一系列名词，用以分别表示第三种生产手段、这个手段的所有人和他所取得的那部分成果，分别对应于第一个阶级所用的那些词——体力与智力、劳动者和工资，以及第二个阶级所用的那些词——资本、资本家和利润。到此为止，我们还缺少一个与劳动和节制对应的词，用以表示使自然要素的所有人能够取得租金的行为。但是这种行为并不含有牺牲的意味，只是在于，就拥有这个手段的所有人说来，没有听任这个手段被废弃不用，因此，也许不需要有一个特有名称。如果某人有一项田产，那就尽可断定，他决不会任其荒芜，不是由他自己使用，便是把它租给佃户。按照通常的说法，租金的收取是包括在所有权这个词的含义之内的。因此，将“占有”这个词应用于自然要素的所有人时，如果认为这个词也意味着这个要素所提供的有利条件——也就是租金——的取得，当不致发生词义含糊费解的弊病。诚然，才能往往会任其埋没；但是从经济学的立场说，可以认为在这种情形下才能并不存在。实际上如果不同时存在着使用才能的愿望，才能就有等于无。

虽然可以把整个成果认为被分成三个部分，分别由资本家、劳动者和协助生产的自然要素的所有人取得；但是，实际上将任一商品或任一生产努力的结果作这样划分的情况是很少见的。比较最近似于实际的情况是这样：属于不同阶级的生产者成为合伙人，彼此同意，将他们共同努力下的产物出售以后，所得报酬由大家分派。有些事业的成功在很大程度上有赖于劳动者的热情，资本家对这一点不容漠视，这就往往会构成资本家与其劳动者之间的合伙关系。格陵兰的渔业就是属于这种情况。人们很少接受预定的工资，大都是在航程结束、鲸油售出以后，将所得报酬由所有人和船员们分派。私掠船巡逻活动，可能还有许多类型的海上冒险事业，实行的也是这个办法。同这个有些相像的是出租田地的一种方式，叫做对分佃耕制（métayer system）。这个制度在欧洲大陆现在仍然通行，在某种社会形态下大概到处可以见到；办法是由地主供给土地和资本，享有收成的一半，其余作为佃户或为首的劳动者以及他所雇用的低级工作者的工资。但这些都只是农业经营中的特殊情况，或者是由不健全文化下的贫困或愚昧所酿成。通常

的做法是，认为生产参与者之一拥有对全部成果的权利，至于其他参与者应得的报酬则由他付偿。拥有这样权利的人必然是资本家，他所付出的工资和地租是劳动者的服务和使用自然要素的代价。

在多数情况下，从开始租用自然要素和雇用劳动者起直到产品完成，中间须经过一段很长的期间。就这里的气候而论，播种以后须经过将近一年才能得到收获，牛的成熟需要经过的期间更长，马的成长期还要长，至于人造林，从开始种植直到成材可以出售，也许要经过六七十年。很明显，就最后一类情况说，不论是地主或劳动者，关于他们的报酬决不能静候到那么长的时间。这样的举动实际上是一种节制行为。这种行为的含义是为了取得遥远的成果而使用土地和劳动。作出这一牺牲的是资本家；他所得到的补偿相当于他所作出的牺牲的报酬——利润。他把地主和劳动者——在多数情况下还有先前的资本家——提供协助后各自应得的报酬预付给他们；也就是说，以土地和资本为一方、以智力和体力为另一方所应得的报酬已经取得，他就成为全部成果唯一应享有的人。他的业务是否顺利，取决于这一成果的价值（按照商业用语，即报酬的价值）对他的预付额的比例——这时得考虑到的是他作出这类预付的期间。如果报酬值低于预付值，他显然要遭受损失；如果两者仅仅相等，他仍然不免于损失，因为他实行节制而没有得到利润，按照通常的说法是，他损失了资本的利息。即使报酬值超过了预付值，如果其超过额就作出预付的那个期间说来，不能相等于当时的利润率，他还是有所损失的。不论处于上述哪一情况，就资本家的立场说，出售产物的所得是低于生产成本的。由此

可见，资本的使用总不免是一种投机；这是对某一定量的生产力的购入，购入以后也许可以获利，也许要亏本。

这就表明，经济学家把地主、资本家和劳动者说成是成果的共享者的那种通常说法，只是出于杜撰。差不多一切所生产的，首先是资本家的所有物；他预先支付了在其生产中所必要的地租和工资，付偿了在生产中所必要的节制行为，他是在这个方式下购入的。他购入以后，自己所消费的只是其中的一部分，一般只是其中的一个极小部分，然后将其余的部分售出。如果他自己认为恰当的话，他尽可把售得的价款全部用于他自己欲望的满足；但是他不能继续成为一个资本家，除非他以价款的一部分租入土地并雇用劳动，使生产程序得以继续下去或重新开始。一般说来，他作为一个资本家的地位是不能充分保持的，除非他所使用的那部分价款，足以租入同以前一样多的土地并雇用同以前一样多的劳动。如果他想在社会上求发展，那么仅仅保持原状还是不够的，还得增加他用以购买生产力的金额。举一个例，假定他以1 000镑租用田地1年，以2 000镑作为工资，付给他所雇用的劳动者，以1 000镑向别的资本家购入农具，于一年结束时将产物售出，获得价款4 400镑。如果他喜欢的话，他尽可把这4 400镑全部用于他自己欲望的满足；否则，他也可以只消耗四百镑，将余款用于下一年度的租用田地、雇用劳动者和购买农具；再不然，他也未尝不可只消耗200镑，这时他使用于生产的将不是4 000镑而是4 200镑，他将租用较多的田地，或雇用较多的劳动者，或购买较多的农具，从而增加资本和利润。但是，不管他怎样使用这4 400镑，他总得把它付给地主（用这个词来概括一切自然要素的所有人）、资本家和劳动者。

可是有些人表示反对，认为这个命名系统并不完备。据说地租、利润和工资所指的只是一年产值中生产者为满足其自己的欲望所消费的那个部分。那个部分所构成的是一国的收入。还有一个部分，很大的一个部分，必然不是用来作为收入，而是用来作为资本的；不是用来直接供应地主、劳动者或资本家的需要或直接适应他们的享乐，而只是用来维持生产手段的。就上面的例子而论，我们曾经假定，农场主所获得的总报酬为4 400镑，现在可以进一步假定，构成这一报酬的一部分的是谷物，计值200镑，他用来作为种子，仍然投入土中，还有一部分是饲料，其价值相同，他用来喂养他的耕牛。据说这项种子和这项饲料都不是地租、利润或工资。

对这一反对意见的回答是这样：上述的谷种和饲料是土地、劳动和节制的产物，因此，于生产出来之后，有资格被称为地租、工资或利润；至于没有用它们来满足眼前的需要而是用以满足将来的需要这一事实，并不改变它们的性质。它们当生产出来的时候是收入；至于转变为资本是随后的偶发事件。看来没有人会反对这样的说法：某某劳动者节省了他工资的一部分，用以购置他菜园中需用的农具。如果收入和支出这两个词的含义同样广阔，那么量入为出这句俗语就在语词上有了矛盾。

我们如果回顾一下资本的来历，这一点也许可以显得更加清楚些。

原始的生产手段是劳动，和由大自然自发提供的那些生产要素。地球上最初的居民所知道的只是地租和工资。未开化的蛮人没有把捕获的一部分野兽当时吞吃掉而把它们留下来，从而形成了驯化动物的起源，他还将所采集的谷物的一部分用来作为种子；这就打下了资本的基础。这类驯化动物和这类种子所产生的成果，部分是地租，部分是工资，部分是利润。虽然他没有用全部成果来满足他眼前的需要，这类成果的性质依然不失为地租、工资和利润。

但是无可否认，用以生产或支持无生资本的那部分一年产物，通常并不把它叫做地租、工资或利润。实际上它并没有任何专门名称。但是在我们看来，最合理的办法是根据其所有人的性质，把它看成地租、工资或利润，而不必顾到它以后的归宿。

交　　换

上面已将分享各种生产手段的成果的那些参与者作了概括的分类，现在要接下去研究的是，支配着彼此进行交换这些成果的份额的总规律。前于论述价值时，已经多少考虑到了这个问题；但是那时对于生产、工资、利润或地租这些词的含义还没有加以说明，因此对于下列一些命题当时只能作出一般叙述，无法作更进一步的探讨。

这些命题中的第一个是这样：能够交换的是所有下列事物，也只包括这些事物；这些事物是可以转移的，其供给有定限的，可以直接或间接地产生愉快或防止痛苦的，我们把这类能力叫做效用。第二个命题是：任何两种事物的相互价值，也就是这一种的数量可以易得那一种的某一定量，取决于两类原因；一类原因使这一种事物具有效用并使它的供给有定限，还有一类原因使那一种事物的供给有定限并使它具有效用。我们把足以使任一商品或服务具有效用并使它供给有定限的那类原因,称为商品或服务的价值的内在原因;使别一商品或服务的供给有定限并具有效用、因此能用以交换的那类原因,称为该商品或服务的价值的外在原因。第三个命题是:事物供给的相对的有定限,或者是——说得通俗些,虽然不大合理——它的相对稀少性,虽然不足以构成价值,却是个极其重要的因素;效用或者需求,所依靠的主要是这个因素。那时我们没有说明实现供给的方法。现在我们已经做到了这一点,已经表明人类劳动、人类节制和大自然自发的要素,是生产的三个手段,这就可以一无困难地说明,使一切产物的供给有定限的那些障碍是什么,以及这些障碍在什么方式下影响各种交换事物的相互价值。

价格。在以下的讨论中,一般说来,我们将以价格或货币价值来代替一般价值。

任何商品的一般价值,即,以某一商品的某一定量可以易得的一切其他交换事物的数量,是无法确定的。一种商品的以任何别一商品计的特有价值,可以通过一次交换的实验来确定。各个交换参与者的心理是付出得越少越好,收入得越多越好;这就会使他力求准确地进行调查使各种交换物品获得价值的内在原因。然而这是一件麻烦工作,因此使用了许多取巧办法来减少这一工作进行的次数。最显著的办法是将一次或若干次交换的平均值看做随后同样性质的交换的典型。将这个办法加以推广,就可以使上述交换成为属于非同样性质的交换的典型。如果根据经验,发现某两种物品各自的某一定量可以交换第三种物品的某一定量,则前两种物品的比例值当然就可以据此推知。这是用第三者来计量的。这就表明,一个极其有利的办法是选择一种商品——说得明确些,是由质量完全相同的个体构成的一种商品——作为一切交换的目的物之一。首先,一切人们这就可以相当准确地探知使得所选择的那种商品具有价值的内在原因,这就省去了交换中的麻烦的一半。其次,如果有任何其他两种商品在进行交换,而各该商品与第三种商品的某一定量通常所易得的数量是业经确定的,那么前两种商品的相对价值就可以推知。这样挑选得来的作为交换的共同手段的商品——无论其实质是什么,是在阿比西尼亚使用的盐也好,几内亚用的贝壳也好,欧洲用的贵金属也好——是货币。当这样一种商品、也就是货币的使用已经确定之后,以货币计的价值、即价格就成为在人们思想上经常存在的唯一价值。一切文明国家用作货币的实物是黄金和白银,由于其稀少和耐久,就格外不容易基于内在原因而使其价值发生变动。因此,我们认为在以下讨论中谈到价值时不如用价格而不用一般价值,并且假定货币的价值在取决于其内在原因的范围内是不变的。

我们于讨论限制供给的那些原因对价格的效应时还得先说明一点(这一点看来也许是可以不言而喻的,但必须经常牢记):如果所使用的只是那些到处可以取得的自然要素,因此其供给实际上并无限制,那么产品的效用,也就是可以直接或间接产生愉快或防止痛苦的力量,就必然和生产这一产品时作出的牺牲成比例(除非是生产者错用了他的力量);因为,如果将某一定量的劳动或节制用于另一种商品的生产时可以获得较大的满足,就没有人会愿意将同一定量的劳动或节制用于这一种商品的生产。

再谈限制供给的原因。

有些商品，其动因的效果已经不复存在，或者其动因是在遥远的和不确定的时期发挥作用的，因此其供给无法增加，或者是不能有增加的指望。属于前一类的是古迹和遗物；属于后一类的是自然的或美术的极其珍贵的产品，例如特大型的金刚石，或异常优美的图画或雕像。这类商品的价值不受任何确定规律的支配，完全取决于社会的富裕程度和好尚。用通常言语来说，这些不仅是高价品，而且其价格凭一时的风气，变化莫测。例如大石鱼（Boccacio），[①]在几年之前售价达2 000镑，隔了一两年之后跌到700镑，再过50年，也许花1先令就可以买到。圣徒的遗物，在9世纪觉得过于宝贵，简直难以定价；现在则由于全无价值，因此同样地认为难以定价。在以下的讨论中，我们对于这类商品完全不打算考虑，所注意的只是其供给可以作有规律的增加、或者是可以作充分近似于有规律的增加、从而使我们有推算余地的那类商品。

有些商品是通过劳动和节制、并且只是借助于人工能够控制的自然力量生产出来的；这类商品供给的障碍，完全在于乐于提供从事生产中所必要的劳动和节制的那些人的难以求得。换句话说，限制这类商品供给的是生产的成本。

生产成本。 熟悉现代经济作家的写作的那些人，必然是见惯"生产成本"这个词的；但是它跟政治经济学中多数的用语一样，虽然被广泛使用，却从来没有给以精确的定义。在我们看来，如果不

① Boccaccio，一作 Bocaccio，美国加利福尼亚州海滨所产的大石鱼（Rock fish）。——译者

借助于“节制”或某一同义词，就无法给它下定义。

最初提到“生产成本”这个词的是李嘉图先生，他的具体说法是“投在一种商品生产上的劳动量”。穆勒先生似乎把生产成本看成和“劳动量”是同意义的（见《政治经济学原理》，第3章，第2节）。马尔萨斯先生的定义则比较精细，说这是“生产中所必要的累积劳动量和现时劳动量的预付，这一预付对作出全部预付时在该预付中所占的成分，相当于通常利润”（见《政治经济学中的定义》，第242页）。

李嘉图先生在他那部书的第三版第四十六页的一个注释中承认利润也构成生产成本的一个部分。穆勒先生则用牵强附会的办法——这在我们是不能同意的——把利润包括在劳动这个词的范围之内。这样看来，李嘉图先生的定义和穆勒先生的相同。马尔萨斯先生的定义的相异之处只是在于，他认为如果要使生产继续下去，有关的不是已经使用的劳动，而是必须使用的劳动。在这一点上，马尔萨斯先生的说法无疑是极其正确的。生产某一商品时所已经作出的牺牲对其价值并没有作用。买主所考虑的只是，在交换发生的时候这一商品生产中所必须作出的牺牲的量。如果生产一双袜子的费用突然降低或提高了一半，现存袜子的价值因此将上升或下降；虽然其已经使用的劳动肯定是不变的。李嘉图先生和穆勒先生都说，已经使用于一种商品的劳动会影响这一商品的价值；我们认为必须把这个说法理解为其间会有生产情况不变的意味。

托伦斯上校认为生产成本相等于“花在生产上的资本量”，他不认为利润是其间的构成因素之一。他的意见对整个问题的阐明

有很大帮助，这里不厌其烦地详细引录如次：

“那些抱着市场价格与自然价格一般相均等的见解的作家，把通常利润率包括在自然价格或生产成本这个词的范围之内。但这样的分类极不合理，也不正确。资本的利润决不是生产费的任何部分；正相反，它是由这一费用而来的新产物。假定一个农场主在他的田地上耕种时花费了谷物 100 夸特，结果收回的是 120 夸特。就这一情况说，20 夸特是产品对费用的超过量，是农场主的利润；如果把这一超过量或利润看成费用的一部分，那是荒谬的。费用或生产成本是 100 夸特。现在收回时还附有剩额 20 夸特；除非这个剩额于费用收回之后依旧是费用的一个部分，就是说，除非是事实上 120 夸特等于 100 夸特，否则就不可能认为市场价格等于自然价格。假定谷物每夸特值 3 镑，那么就这里的情况说，这一农场主以自然价格计的产品——花在生产上的谷物 100 夸特，计值 300 镑；而他所收回的 120 夸特产品则值 360 镑。市场价格超过自然价格或生产成本的部分是利润；如果认为这项利润是包括在生产成本之内的，那就等于是说，花在耕种上的 100 夸特或 300 镑相等于由此取得的 120 夸特或 360 镑。

“在制造业以及农业中，资本的利润都不等于生产成本。工厂主花费了某一数量的原料、本企业用工具及器械和劳动者的生活资料，从而收回了某一数量的制成品。这项制成品所具有的交换价值，必然高于为取得这项制成品所预付的原料、工具和生活资料的交换价值，否则这个工厂主就不会愿意继续经营他的业务。假使所生产的价值没有能超过所支出的价值，则制造业的经营将中止。但是，构成这个工厂主的利润的是，制成品的价值对于所支出的原料、工具和生活资料的价值的超过量，因此我们不能认为他资本的利润是包括在生产成本之内的，除非我们接受如下的荒谬说法——超过支出额的价值是支出额的一部分。假定原料、工具和生活资料值 300 镑，制成品值 360 镑，其间的差额就是工厂主的利润，这就不能说这项利润是包括在支出额或生产成本之内的，除非我们接受三百镑等于 360 镑这一矛盾说法。

“资本的利润非但不是生产成本的任何部分，而且在这项成本已经完全收回之后，它仍然是一个剩额。农场主和工厂主经营他们的业务时，并不花费利润，他们是产生利润的。利润并不是他们先行作出的预付中的一部分；正相反，它是他们随后得到的报酬中的一部分。他们无法利用它来进行工作，因为在这一工作完成之前，它并不存在。它本质上是一项剩额，一项新产物，是在重置生产成本、也就是垫付资本时所必要的那个数额之外的。有些经济学家认为资本的利润是包括在生产费之内的，认为自然价格和市场价格会走向均等；但愿这里所说的足以使读者看到这类论调所陷入的错误的性质。市场价格是为了要在市场中通过交换而取得一种商品时所给付的，自然价格是为了要在自然的宝库中有所汲取而给付的；后者所含有的是用于生产的若干类型的资本，不可能包括在生产过程中所创造的剩额或利润。”①

托伦斯上校的见解，单是用之于他所批评的那些说法是正确的。利润肯定不是手段，而是结果。诚然，除非有得到这个结果的指望，否则生产就不会继续下去。无论是农场主或工厂主，都不会

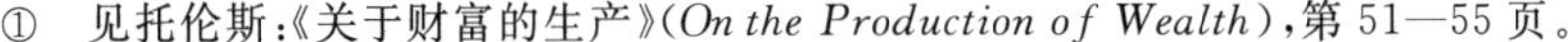

① 见托伦斯：《关于财富的生产》(*On the Production of Wealth*)，第 51—55 页。

由于任何别的动机而使得他们不将其资本用于非生产性的享乐；因此，除非消费粮食是必要的或愉快的，否则就不会生产粮食。但是，取得的利润固然不是农作物生产成本的一个部分，食欲的满足也同样不是供应一餐的费用的一个部分，还可以说，寒冷的防御也同样不是置备一件外衣的费用的一个部分。

由于缺乏节制这个词或别一同义词，以致使马尔萨斯先生的说法陷于错误。他似乎感觉到，对生产说来，除劳动之外还有个必要的什么东西。他觉得单是劳动，不会使一片荒地转变成一带有价值的森林，种植者除开在栽培和保护幼树方面花费劳动之外，在他致力于生产遥远的成果的方面还得有所牺牲，一代接一代的所有人静候着幼树成长时，为了他们的继承者牺牲了自己的报酬。他似乎觉得这类牺牲是造林成本的一个部分，但是他没有适当的词来表达这个意义，于是就称之为报酬。当他说利润是生产成本的一个部分时，在我们看来，他的意思指的并不是利润，而是借利润获得报酬的那种行为。这就同那些说工资是生产成本的一个部分的那些人所犯的错误完全一样；他们的意思指的并不是工资——那是个成果，而是因工资而获得报偿的劳动。

托伦斯上校的错误在于其说词有所遗漏，没有说全。他不认为利润是生产成本的一个部分，但是没有用节制或任何别的同义词来代替利润。虽然他承认，如果使用的资本相同而出售的时间迟早不一，则产品的价值也会有高低；但是他没有说出决定这一差异的原则。这一原则是这样：虽然在两种情况下使用的劳动相同，但是在一种情况下需要比在另一种情况下为多的节制。

生产成本的定义。所谓生产成本，我们的意思说的是生产所必要的劳动与节制的总和。但是经这样界说的生产成本必须划分为两类——生产者或卖主方面的生产成本和消费者或买主方面的生产成本。前者当然是从事于出售某一类商品或服务以便继续进行生产的一些人所必须承担的劳动和节制的量。后者是从事于购入某一商品或服务的一些人所必须承担的劳动和节制的量;这些人如果不购入这一商品或服务,他们将自己进行生产,或者是将由原来代他们和其他人们购入的那些人进行生产。前者相等于最低价格;后者相等于最高价格。因为一方面是,如果售价低于生产成本,就没有人会愿意为销售而进行生产;另方面是,如果由买主自己进行生产,或者是由原来代他们和其他人们购入的那些人进行生产,而费用较低,那就没有人会愿意继续购买。有些商品,或者再说得具体些是有些商品的某些部分或某些特质的价值,是处于平等竞争地位的,大家都可以在同样的有利条件下进行生产;在这种情况下,对生产者说来的生产成本和对消费者说来的生产成本并无差异。因此,其价格所表示的是,继续生产时所必要的劳动和节制的总量。如果价格下降,则从事于这类生产的那些人的工资或利润,必然低落到如果要继续生产就得承担的劳动和节制的平均报酬之下。因此,生产迟早会中断或减少,直到由于供额缩减而使产品价值提高为止。如果价格上升到生产成本之上,则生产者所收入的必然高于作出牺牲后所取得的平均报酬。这一点一经发现,则资本和劳动将流向这里所假定的提供了非常有利条件的行业。那些原来是买主或原来是代他们购入的那些人,他们自己会变成生产者,直到由于供额增加而使价格和生产成本趋于均等为止。

几年之前，伦敦居民用水取给于新河公司（the New River Company）。这个公司所能供给的水量是有定限的，其价格随着建筑物的增加而飞涨，终于远远超过了生产成本，这就诱使某些客户成为生产者。结果成立了三个新公司，供量增加以后价格即下跌，新河公司的股票则下降到几乎只有原来价值的 1/4，从15 000镑跌到4 000镑。如果都市继续扩大，这类事件会反复出现。水费会再度提高到供给成本之上。新公司会继续创立。此后除非增加供量时所须克服的天然障碍比现有各公司所须克服的为严重，否则其价格将再度回跌到现在的水平。

但是，虽然在自由竞争下生产成本是价格的调节者，其影响往往会受到很大干扰。除非是假定其间不存在干扰因素，资本和劳动可以随时从这一行业转移到那一行业而无所损失，每个生产者对于由各种生产方式而来的利润都具有充分情报——只有在这种情况下，才可以认为生产成本能充分发挥作用。但是很明显，这些假设跟现实并没有类似之处。关于生产所必要的资本，有很大一个部分的内容是建筑物、机器和其他器械，这些都是花费了大量的时间和劳力的结果，除供作当前用途外，在任何别的目的上并没有多大用处。还有更大一个部分的内容是知识和智力及体力方面的熟练，这些专长是从专业操作中得来的，只能适用于那些专业。再说，任一企业所具有的有利条件，在很大程度上有赖于经营管理方面的精明和判断力；资本家对于他们自己可以获得的利润，除关于若干年的平均数额外，很少能作出适当估计，对于其左近人们的获利情况能够作出估计的就更少。因此，既有的企业，在原来创立时的促成因素已经消失之后也许还在支撑着，等到出现了无利可图的情况就逐渐萎缩,从事于这类企业的劳动和资本则逐渐消耗,不再有更新机会。另一方面,还有一些行业尽可以有利地吸收资本和劳动,但供应不足。在这样的期间,前一类的产品售价低于生产成本,后一类的产品情况则相反。政治经济学所谈论的不是某些具体事实而是一般趋势,当我们认为在平等竞争情况下生产成本具有调节价格的力量时,意思并不是说这是价格所依附的一个据点,而是说这是价格始终力图接近的一个振荡的中心。

我们已经看到,在平等竞争情况下,大家都可以变成生产者,在同样的有利条件下,生产者或卖主方面的生产成本和消费者或买主方面的生产成本相同,这样生产出来的商品是按照其生产成本出售的,也就是说,其价格相等于生产所需要的劳动与节制的总和,或者换个比较通俗的说法,其价格相等于为了使生产者愿意继续努力所必须支付的工资与利润的总量。按照近来一般的见解,认为大部分商品是在平等竞争的情况下生产的。李嘉图先生说,"人类所欲求的物品中,绝大部分是由劳动获得的,只要我们愿意投下获取它们所需的劳动,这类物品就可以几乎没有定限地增加。所以说到商品、商品的交换价值以及规定商品相对价格的规律时,我们总是指数量可以由人类劳动增加、生产可以不受限制地进行竞争的商品"(《政治经济学及赋税原理》,第 3 页,商务印书馆 1962 年版,第 8 页)。

现在很清楚,只有不借助于被占有的自然要素的生产,才是处于完全平等竞争情况下的生产。但是,在生产的任何阶段,既没有借助于土地或环境的特殊有利条件,或体力和智力方面的特殊才能,或一般所未知的操作方法,也没有受到防止仿造的法律保护,

像这样得来的商品是多么少见。如果在生产中获得了这些我们泛称为自然要素的协助，其成果的价值就会高于在不获得这类的协助下、由同样的劳动和节制所产生的成果的价值。这样生产出来的商品叫做独占商品，占有这样一种自然要素的人叫做独占者。

独　　占

独占可以分为四类。

1. 独占者并没有生产方面的独占权，只有作为一个生产者的某些独占设备，可以在不减少设备、甚至增加设备的情况下增加他的产量。

在这种情况下生产出来的商品，其价值比任何其他独占商品更加接近于卖主方面的生产成本。很明显，其价格决不能长期地低于生产者必须作出的牺牲的价值；另一方面，它也决不能长期地高于客户必须作出的牺牲的价值，否则他们，或者代他们购入的某些人，将不再购入，而使自己成为生产者。阿克赖特爵士的棉纱的售价，不能高于不用他的专利机器所生产的同样品质的棉纱；他的售价也不会低于他生产中所使用的劳动与节制的价值。前者是对消费者说来的生产成本，后者是对生产者说来的生产成本。但是两者之间的差异极其巨大。对阿克赖特说来的生产成本，还及不到对其顾客说来的生产成本的1/5。

他的发明能够使他产品的数量增加，但不能使他产品的质量提高。人的指头是比任何滚柱系统更加灵巧的工具，印度人在几乎是赤手空拳的情况下所制成的棉布，比我们任何费尽心力建成的工厂所制出的还要细致，还要耐用。因此，如上所述，阿克赖特可以索取的价格是受到代价较大但同样有效的其他生产工具的竞争的限制的。但是，为了他自己的利益，他实际上索取的价格还得受到进一步的限制。他发现了一种工具，这种工具的力量不是随着运用的每一次增加而逐渐消耗，而是逐渐增长的。如果建立一个厂是为了每年纺织棉花 100 磅或1 000磅，那简直是疯狂举动。纺 1 万磅的费用不会比纺1 000磅的费用大多少；纺四万磅的费用大于纺 1 万磅的费用也许还不到 1 倍。生产的相对成本会随着产量的增加而递减。因此，假定按照某一价格售出棉纱 1 万磅可以获得价款 1 万镑，从而获得的利润是5 000镑，则按照同样价格售出棉纱 10 万磅，获得利润也许可以达 9 万镑，售出 100 万磅时也许可以获利 90 万镑。但是，要实现这样的情况显然是办不到的。价值主要取决于供给的有限制，如果价格是要通过买主的竞争来决定的，而卖主不愿意服从这个决定，不愿意降低价格，他就无法大量地即时卖出，就必然有很大一个部分卖不出去。他要促使消费不断增加的唯一方式是甘愿不断地降低价格、使有力购买和愿意购买的那些人的范围不断扩大。结果正如通常所见到的那样，他的利益和公众的利益是一致的，他所接受的价格固然远远高于对他自己说来的生产成本，但在更大程度上低于对公众说来的生产成本。

因此，阿克赖特爵士的独占方式是局限性最大的一种。他的报酬是有限度的；而且，非但不容达到这个限度，即使接近这个限度也会违反他自己的利益。

2. 第二种独占方式跟上述方式正处于相反的极端。在这一情况下，无论生产者的欲求或生产者的顾虑都不是价格的制约因素；这里不害怕竞争，而供额也无法增加。某些葡萄园的所有人就拥有这样的独占权。康斯坦沙(Constantia)[①]所以有它的特殊风味，全靠那里的几嗽地的自然作用，如果在那块地上提高耕种强度，硬是要增加产量，那种特有的风味就会消失。既然没有别的人、只有康斯坦沙农场的主人能够生产康斯坦沙，对消费者说来的生产成本，就不能对价格发挥任何制约作用。价格也不会由于业主希望扩大消费量而受到任何抑制，因为生产量、也就是消费量是无法增加的。价格当然不会降低到生产成本之下，却可以无定限地超过生产成本。足以限制价格的，只是消费者的意向和财力。如果时尚所趋，有钱的人们认为康斯坦沙这件东西是决不可少的点缀，那么 20 镑费用就可以生产的，其售价也许会高到两万镑。

3. 第三种独占方式比较常见，情况处于上述两个极端之间，既没有后者那样地严峻，也没有前者那样地松弛。在这类情况下，独占者是唯一生产者，并且通过增益劳动和增益节制的运用，其生产可以无定限地增加。这里可以用出版业作为一个说明例子。一种著作在版权的保护之下，只有这一版权的所有人可以印刷发行。他可以通过增益劳动和增益节制的运用，无定限地增加印数。这里不存在买主方面的生产成本，就买主而论，限制价格的只是他的意向和财力。使价格有一个有效制约的是出版商的利益。这就同一般制造业的情形一样，出版的费用会随着印数的增加而相对降

① 南非洲好望角 Constantia 地区所产的优质葡萄酒。——译者

低。因此，出版商的利益是在于使其产品的价格略高于生产成本，从而扩大销数，销数越大则成本越低。定价十几尼，也许只能售出《韦弗莱》(*Waverley*)[①]一百部；但是，如果把它的定价降低到一个半几尼而售出1万部，那就无疑可以获得较多的总利润。

4. 在最后第四种独占方式下，生产必须借助于为数有定限而效能有高低的自然要素，但是它所提供的相对助力，会随着所投下的劳动和节制的量的每一次增加而逐渐减少。世上大部分的农产品，任何国家的人民用为主粮的，无论是爱尔兰的土豆、英格兰的小麦还是印度的稻谷，都是在这样情况下生产的。这实际上就是“土地大独占”。要晓得，几乎没有一种商品的供给不是多少要受到土地——这在其生产的某一程序中是必要的或有用的——广袤有定限这一因素的限制的，因此，在未经确定支配着由土地得来的助力的价值的一般规律之前，所有关于价值的一般理论必然难免于发生错误。这就有必要相当仔细地研究一下这些规律。

土地。任一广大地区以内的耕地都具有不同等级的肥力和不同等级的位置上的便利，各级耕地各自构成一类，对耕者所提供的助力在量上也各有不同。我们已经看到，任一部分的耕地，不管它的肥力怎样，假定农业技术不变，对投入耕种的劳动和节制的每一增益量，一般会产生比例递减的报酬，因此可以说，在它自己的范围内，构成了一个具有不同效能的自然要素体系。不同等级的自然要素，将按其效率的等差相继地被使用。这时如果优等地能够

① 英国小说家华尔特·司各特(Walter Scott)所著的小说，描写中世纪骑士生活。——译者

同样容易地取得，就决不会使用劣等地。在土地未经完全被占用之前，各等土地都可以认为是实际上供给无定限的，因为人人可以取得。最低等的自然要素将在什么情况下被使用，换句话说，有些耕地在肥力上和位置上都较差，耕种时处于比较不利的情况，对于这些低等地将加强耕种或使用增益劳动和增益节制到什么程度——决定这一点的必然是社会的资力和需要，必然是社会有力购买和希望购得的农产品的数量。如果只须将最肥沃、位置最优的土地的一部分略施耕种就可以满足这种需要，那么这类土地，虽然具有高度生产力，虽然按照其投入的劳动和节制而论，比任一后期所投入的具有更高比例的生产力，也不会成为一个单独的价值根源。这个时候土地是大家可以取得的，其产量不管怎样大，也只能按照在其生产中所花费的劳动和节制的价值来交换。总之，在这种情况下，对生产者说来的生产成本和对消费者说来的生产成本相同。某些土地肥沃而人口稀少的热带地区，就处于这种状态。墨西哥蒂埃拉·卡利恩特(Tierra Caliente)地区的大部分居民，散处在一片肥沃的原野上，他们在衣食住方面的所需，就取决于各自所自由占用的小块土地。据说在这些地区，一星期的劳动就足以提供一年的生活所需；但即使是这样巨大的生产力，甚至即使是这块土地上生产力的任何进一步增长，也不足以使自然要素所提供的助力产生价值，只要这种助力的供给仍然是无定限的。

然而，一等到有了改进，即使是处于改进的最初阶段，这种助力就成为是有定限的。我们不妨探溯一下殖民地的发展经过，来说明这一事态的前因后果。

假定有一群侨民来到了一处无主荒地的海滨，他们首先要进行的必然是为将来的都会——政治、法律及对外贸易的中心以及需要集合大批工人的工业中心择定地点。这时不难想象，由于他们人数有限和当地的有利条件，使各个农民可以尽量占用最肥沃的土地，其地又必然和他们还处于最初发展阶段的城市距离极近，因此其运费微不足道。这样取得的农产品，必然按照对生产者说来的生产成本出售；因为每个消费者都可以随时转变为生产者，其有利条件与现有生产者所享有的相同，现有生产者方面的劳动和节制的成果是某一数量，消费者方面的劳动和节制的成果也是这一数量，消费者这就不会愿意付出高于这个成果的代价。这样一个社会的人口和财富会迅速增长，跟这一增长同时出现的是购入农产品的越来越大的欲求和资力。结果是，在农产品供额增加以前，其价格必然要上涨到生产成本之上。但是，在城市某一距离之内最肥沃的土地业经被占用之后，要增加供额就只有三种方式可以采用：(1)耕种距离城市较远的肥沃土地；(2)耕种左近的劣等地；或者是(3)对已经耕种的土地使用增益劳动和增益节制。无论采用三者之中的哪一种，或三者并用，增出的供额的费用必然比前提高。在第一种方式下增加的是运费负担；此外我们已经知道，将劳动和节制的某一数量，不论运用到劣等地的耕种或最优等地的改进，都处于比较不利的情况。

供给增加以后的直接后果必然是价格下降，但不会下降到相等于以前上涨的程度。增益供给是在平等竞争的情况下生产的，每个消费者仍然能够借助于占用距离较远或肥力较低的土地的方式转变为生产者；因此，这一供给仍然得按对生产者说来的生产成本出售。但是，完全属于同一质量的商品在同一市场上不能按不同的价格出售。买主购入一个蒲式耳的小麦时，他并不问这项小麦的来处有多远，是在一个浪（Furlong）[①]之内呢，还是在10哩之外。因此，来自邻近的肥沃土地上的产品，其售价与来自较远或来自劣等地上的产品相同。

这个价格相等于最大费用下生产的生产成本，必然高于最低费用下生产的生产成本。然而，那些最肥沃和位置最优的土地的所有人，就跟一种专利权的所有人一样，无法在同样有利的条件下增加其产量并继续生产，因此并不存在"少索些代价"的动机；一方面买主也无法在较低的代价下取得供给，因为，除非服从那些使现时价格与生产成本相均等的不利条件，否则就无法使他自己转变为生产者。

当侨民成长为一个民族、殖民地成长为一个国家时，同样的过程将反复演进。财富和人口的每一次增加，都会提高农产品的价格。价格提高会促使供给增加，并且在较大的费用下增加。由于供给增加，价格会下降；但增加的部分是在最大费用下生产的，投入市场的整个供额中的这个部分的生产成本，会阻止价格下降到原来的水平。

我们选用的例子不论是大陆还是小岛，不论是其耕地含有种种不同程度的肥力的地区，还是其耕地的品质完全一致的地区，结果总是一样。英籍美国人适应其不断增长的需要时，主要方式是他们自己向后方无边无际的西部地区伸展；除了在他们城市的贴近之处，很少利用劣等耕地或在已有耕地上加工种植。在马尔他

① 英国长度名，等于1哩的1/8。——译者

1 畞地上投入的劳动，比在伊利诺斯 1 方哩内投入的还要多；但是，迫使马尔他人将山地变成菜园和迫使美国人开垦密苏里河边的大草原的，是同样的动机。

根据上面关于社会发展的描写，也许可以认为我们的看法是，随着人口的增加，农产品的取得自然会越来越困难。如果不存在对抗因素，情形肯定是这样；但这些对抗因素是极其有力的，除非受到制度上的抑制，会在多方面抵消上面所考虑的一些因秦。就新辟的殖民地而论，对抗因素大都会在一个期间占有优势；至于这一期间的长短，部分当然须取决于邻近的肥沃空地的数量。占有地的范围扩大以后，以粮食运交给消费者时的费用将增加，这就会发生消费者追随粮食的倾向。这时殖民地首府已经成为一个大都会，增出的人口会不断地一批一批地疏散出去，直到在全部领土实现了种植量相近于平均的情况。再说，任一个国家的情况总是这样，跟财富和人口的增长同时发生的是农业技术的提高和运输工具的改进。器械使用、分工和科学知识是对农业经营者的有力支援；虽然，由此并不能使他的力量获得几乎是不可思议的、如制造业中所看到的那种增长。使用于某一块土地的为期 20 年的某一劳动量所获得的报酬，大于征服时代所能获得的约四五倍。但是运输方面的改进比这个还要显著：将上述产品作 100 哩的运输时，现在所需要的劳动也许还不及那个时代所需要的 1%。我们祖先使用的是驮兽，走的是危桥断路，不但费尽气力，还得步步留心，现在用以代替的是运货车，是碎石路、运河、适于航行的河海和铁路；在农具、家畜繁殖或作物轮种方面种种改进的效率，总没有运输改进的效率那样显著。在那个时候，一丘一壑都会成为莫大的障碍，

都足以使这一边的谷物价格比那一边的贵上1倍。那个时候伦敦的粮食供应全靠邻近的几个郡，这几个郡的地主反对开通道路，认为妨碍了他们对首都粮食供应既有的独占权；他们的申请所以没有获得批准，只是由于这一意见跟别的地主的直接利益有抵触。

但是，当国家的财富和人口在增长时，避免在越来越不利的情况下生产农作物的主要手段是向国外输入。

我们已经看到，使用于制造业的增益劳动会产生按比例递增的效果；假使在某一设定期间，1 000个人可以加工的是棉花100万磅，那么在同一期间2 000个人所加工的将不止200万磅，4 000个人所加工的将远远不止2 000个人的加工数额的1倍。因此，当国家的财富和人口有了增长时，对社会有利的是，使增加的人口专一致力于条件越来越有利的制造业，而不是从事于条件越来越不利的农业。他们的生产效率既越来越提高，一般说来，就可以用劳动和节制的某一定量的产品，来购得生产效率比较落后的其他国家的数额越来越多的产品。一个英国人在某一设定期间在棉花加工中所使用的劳动的产品，可以易购5个甚至10个印度人的劳动所生产的棉花，或者是可以易购3个甚至5个立陶宛人或波兰人的劳动所生产的小麦。

诚然无可否认，一国的制造业有了发展之后，其农产品输入必然增加，我们并且已经说明，必须取得的越来越多的农产品，势必需要递增的劳动量，由此会妨碍这个国家的发展。这一点固然是毋庸置疑的。甚至还可以肯定，经过相当长时期之后，由此不仅会阻碍、还会制止制造业的前进；但是，就一般以考虑实际目的为限的时期来说，似乎没有什么足以担忧的理由。第一，在有利可图的贸易的刺激下，必然会促进出口国家农业技术的提高和运输设备的改进；这些因素，尤其是在处于发展初期的国家，往往足以使它在相当长时期间，将越来越多的农产品投入市场，所花费的劳动，按比例计不但相等，甚至还有所降低。第二，即使假定工业国家向国外获得的农产品，是由卖方在对他们说来的按比例递增的费用下供给的，这也并不表明，对这个国家说来的费用就必然要按比例增加。在这一方面渐增的困难，会被在那一方面渐增的便利所抵消。假定目前由12个英国人制出的棉布10万码，可以易购由36个波兰人种植的小麦150夸特；假定由于英国人口增加了1/3，因此需要输入的小麦不是150夸特而是200夸特，而这200夸特不是按照原来的比例由48个波兰人种植，却是由60个波兰人种植的。如果我们技术上的进展跟得上人口的增长，那么极有可能的是，18个英国人所制出的棉布将至少是20万码，而不是按照原来比例的15万码。在这种情况下的交换，不是不及以前的有利，而是比以前更加有利。在较低比例的劳动量之下，英国将购入较多的谷物，波兰将购入较多的棉布。

这里有一点必须注意，上面的一些说法并不适用于农产品价格的较高或较低，只适用于取得农产品时困难的较大或较小；这两者之间并没有必然的联系，一方取决于影响农产品的一般价值的原因，另一方则取决于影响货币的一般价值的原因。在同时间、同地点的情况下，物品的价格正好足以测定取得这一物品时的困难程度。一件商品价值一镑，还有一件商品价值两镑；取得前者的困难程度刚好是后者的一半。但只是就同一时间和同一地点的情形说来是这样。虽然在英国1夸特谷物现在价值50先令，当亨利八世时代价值约20先令；但是要取得谷物，那个时候也许比现在困难。如果那时取得20先令比现在取得50先令困难，情形就必然是这样。同样清楚的是，虽然1夸特小麦现在在英国约值白银10两，在波兰约值白银6两，可是，只要在英国取得10两白银比在波兰取得6两白银容易，这就表明，要取得1夸特小麦，在英国比在波兰容易。经验证明，财富和人口差不多总是共同增长的，不过不是在等比例下增长，上面已经提过，财富的增长一般会超过人口的增长。我们并且已经看到，人口增长时，增加的资本和劳动会自然导向制造业，由此使生产提高更加容易实现。这些人的劳动的生产率提高之后，这一劳动的某一定量的产品价值在世界一般市场中将上升；也就是说，他们凭某一定量的劳动所取得的是为数较多的贵金属，这一定量的劳动是按较高的价格出售的。因此，他们对于不论是国内或国外种植的某一数量的农产品，虽然也许不得不按较高的价格支付，但是并不由此表明，取得这一数量时的困难有了增加；很有可能，而不是未必可能，困难是不增而反减的。可以把处于这样情况的一个国家比作一个个人，当谷物价格上涨时，他的收入恰巧也在提高。如果他收入的提高足以抵消谷物的涨势而有余，他就会感到，他虽然不得不按照越来越高的价格买进某一定量的谷物，买进时却一年比一年轻松、容易。

生产成本对价格的效应。我们已经看到，生产可以在五个不同的情况下进行。

1. 不存在独占，人人可以在同等的有利条件下进行生产。

2. 独占者没有生产方面的独占权，只有作为一个生产者的独占设备，这类设备可以在同等或递增的有利条件下无定限地使用。

3. 独占者是唯一生产者，但其产品的总量无法增加。

4. 独占者是唯一生产者，其产品的总量可以在同等或递增的有利条件下无定限地增加。

5. 独占者不是唯一生产者，但是具有特殊设备，这类设备的助力会随着产品总量的增加而逐渐缩减，终于消失。

属于上述第一类的那些商品的价格，是要受到能够加以精密研究的一些规律的支配的。如果所使用的只限于劳动，则价格必然相等于这一劳动的工资。如果除劳动以外还得借助于节制，就是说，从使用劳动到售出产品，中间还曾经过一个时期，则价格必然相等于劳动工资与节制报酬的总和——报酬或者是付给工人的，因为他受到了工资迟付的损失；或者是付给资本家的，因为他预付了这项工资。

但是，只有极少数商品，其整个价格能够被分解成在其生产中必然投入的劳动的报酬，或节制的报酬，或两者兼有的报酬。

单是节制，什么东西也不能生产。我们对某一物品运用节制时，其间必须有赖于劳动或自然力量的发挥。诚然，到处可以取得的一种自然要素，有的时候未尝没有可能产出一种原来并无价值的产物，然后单是由于保存，就会使它成为有价值的物品；但是我们想不出像这样一类的例子，而且关于任一物品的安全保管，一般也总得费些神，费些力。

有极少数物品的确是单凭劳动生产的。在得文郡(Devonshire)海滨采集和出售的一种紫菜是一个例子。这种紫菜野生在要被海潮波及的非私人所有的岩石上广泛存在，数量几乎没有限制。采集时并不需要什么工具，也不能久存，一经摘取、洗净，即行出售。因此，构成这一商品的某一定量的价格的，只是采集、清洗和把它携带到市场的那些人的工资。

还有一类商品，也许比上述的一种要广泛些，但是跟大宗的普通商品比起来还是微不足道的；生产这类商品时使用的是劳动和节制，同时只借助于到处可以取得的那类自然要素。但是很难举出一种物品，不论怎样简单，把它陈列在市场上出售时，却能不直接或间接地依靠数以百计或以千计的各种生产者的力量，而这些生产者则差不多个个是受到了某种独占要素的协助的。

构成一只表的价格的似乎完全是工资和利润，在这一点上很少别的商品能比得上它。[①] 但是，如果从开矿起一直追究到把成品放在买主的衣袋里为止，我们就会发现，在其制作过程的每一阶段，都不免要涉及地租的支付——这是不能到处取得的某一手段的作用的一个不变的迹象。为了取得从矿山采掘制表用金属的特权，得支付地租；为了将这类金属转运到一个英国口岸得使用船舶，而为了使用生产造船用的材料的土地，得支付地租；商品起运上陆得使用码头，存货待售得使用仓库，由此都得支付地租；制表业主不能没有个工厂，零售商不能没有个商铺，这就得支付地租。不论是矿工、造船工人、建筑工人或制表工人，他们所使用的一些器械的材料，都是在和制表用材料相同的程序下生产的，因此在其生产的各阶段，也得同样地支付地租。所有各种地租支付的总额，大概只占到这只表的价值的一个极小部分；但是如果要逐项列举，那就会感到内容过于纷杂，计不胜计。地租之外，余下的是工人的

① 卡纳德(Canard)先生、弗洛勒斯·埃斯特拉达先生和麦克库洛赫先生都曾以此作为价值是单从劳动得来的一个说明例子。

工资和预付这些工资的资本家的利润。如果要将工资和利润一直追溯到最初的起源,那就会同企图计算一切地租支付一样地枉费心机。因此,于估计一件制造品的价值时,关于制造这一物品所使用的材料或器械,一般只是以制造商所付的代价为准(这个代价所包括的必然是地租、工资和利润的一切以前作出的支付),而很少作更进一步的追究。

现在要探索的是,这类材料成为制造商的所有物之后,使其价值增长的原因。假定构成某一制表业主的资本的为以下各项:材料计值 500 镑,购入建厂用的土地付款 500 镑,厂房的建筑费 900 镑,使用的工具计费 100 镑,房屋和工具的修理费一年计 100 镑。假定他雇用 10 个工人,每人每年的工资平均 100 镑,一只表从开始制造到售出的平均时期为一年。再假定这 10 个工人在一年期间可以把价值 500 镑的材料制成 500 只表,业主经营这一业务的平均利润率为每年 10%。很明显,要使他能取得这一利润,他那五百只表的售价就得如以下所示:

材料价值…………………………	500 镑
一年工资…………………………	1 000
一年的修理费………………………	100
	1 600
预付上列各款和预付土地、厂房及工具各款项下的利润;预付期以半年计,利润率以每年 10%计,………………	155
	1 755镑

应当看到，虽然经假定一只表从开始制造到售出的经过期间为一年，但这里假定生产成本的预付期只有半年。这是因为，事实上某些部分的预付期必然不止半年，而有些部分的预付期则不到半年。假定某一制表工人工作了一年，其工资按日支付，他第一天的工资是在表售出之前的一年领到的，他最后一天的工资却是在表售出的当天领到的，因此就售出之前预付工资的全部来说，其预付期平均为六个月，短于这个时期的预付和长于这个时期的预付，彼此正好相等。

还应当看到，这里假定关于材料、修理和工资的预付价值是要全部返还的，而关于土地、厂房和工具的预付只计算其利润。这是因为前一类是由资本家逐年花费的，而后一类仍然可以用来作为继续生产的手段。土地是毁不了的；厂房和工具的损坏，已经通过假定用于修理的那 100 镑得到了补偿。

但是，我们还没有将应计的生产成本全部计入。

首先，关于制表业主本人在管理业务上所花费的劳动也应酌计工资；其次，关于他本人在教育方面的费用也应酌计利润。他的知识和习惯构成了他的精神资本，他衰老之后，这项资本就化为乌有，因此需要有一些平均率以上的利润用以补偿这项资本的价值。

如果假定他在本人教育上的花费为数计1 000镑，按每年 15% 计在平均利润项下获得补偿，再假定他所花费的劳动的平均工资是 1 年 30 镑，表的售价这就得加上 180 镑，还得加上以半年计的这一数额预付项下的利润计 9 镑，这就使上表所列的 500 只表的售价变成1 944镑。

最后一项费用是赋税，也就是使表的一切生产者得到保护、使他们不受国外或国内暴力和欺诈的侵犯的那些人的工资和利润。制表业主在材料、工具和厂房方面所支付的代价，其中有很大一个部分，也许是这些商品以前所负担的赋税；但我们现在所考虑的是，假定这个业主于经营制表业务的那一年所负担的赋税。

这项费用事先很难估计；部分是由于政府支出经常发生变化，部分是由于将这类支出分派给各个纳税者负担时，其间并没有一个总则。在英国一般是向某些商品的使用者或生产者征税的；例如马车或窗户的使用者，蜡烛或玻璃的生产者，都是征税对象。假定这个制表业主在店面和其他生产手段方面 1 年应纳税 53 镑七先令，以半年计的这一数额预付项下的利润为 2 镑 13 先令，两者合计 56 镑，这就使上面所计算的售价1 944镑变成2 000镑；这就是 500 只表的全部生产成本，每只表的成本合到 4 镑。

这个例子里的一些数字当然是随意举示的。我们所以认为值得作一探索，部分是由于借此可以提供一个计算的范例，任一制造商经营任一企业，总得在这样的依据下估计他的损益；部分是由于借此来说明一下，劳动、节制和自然要素，也就是地租、利润和工资，在任一生产过程中，会以多种多样的形态，不断地反复出现。

因此，当我们把某一类商品说成是在平等竞争的情况下所生产，或者说成是在不借助于任何其他已被占有的自然要素的情况下的劳动和节制的结果，从而把这类商品的价格看成相等于生产中所必须支付的工资与利润的总和时，我们的意思并不是说事实上存在着这类商品，而是说，如果当真存在着这类商品，那么支配其价格的规律就是这里所说的一些；只要助成任何某一商品的生产的是劳动或(和)节制，就得把这一商品看成是在平等竞争的情况下生产的，其价值相等于必须用以付偿这一劳动或（和）节制的工资或（和）利润。

独占对价格的效应。属于第二、第三和第四类的商品的价格，很少受到任何通则的支配。第二类商品的价格，如果不借助于独占要素，就无法上升到生产成本之上，只有接近独占者的生产成本的倾向。第三和第四类商品的价格没有一定的限度；但第三类商品的产量是受到自然的严格限制的，第四类商品的产量是可以由独占者增加的，因此，后者的价格比较地接近生产成本。

地租。最后第五类商品可以说是在不平等竞争或有限制独占下生产的，这里个个人都可以成为生产者，但是产量的每一次增加须在较大的比例费用下取得，因此，其价格的不变倾向是，跟按最大费用继续进行生产的那个部分的生产成本相一致。伦敦关于小麦的供给每年约需 150 万夸特。假定其中的 5 万夸特，只能在高度努力的耕作下取得，或者是距离遥远，运费浩大，因此 1 夸特的费用约达 50 先令。而就伦敦居民的需要及其财富来说，他们是有力量按照上述 5 万夸特的耕作与运输费用购入所需的 150 万夸特的；这就很明显，假定这 150 万夸特属于同样品质，就必然一概按 1 夸特 50 先令的价格出售。如果售价低于这个水平，上述的那 5 万夸特将停止生产，结果由于供给不足，价格依然要上升。但是在这 150 万夸特中的一个部分，假定为 5 万夸特，是在最肥沃、位置最优的土地上生产的，耕种时费力不大，因此每夸特的生产成本也许只有 10 先令；此外也许还有 10 万夸特的生产成本是 20 先令，20 万夸特的是 25 先令，20 万夸特的是 30 先令。总之，除那首先提到的 5 万夸特外，一切其他部分的生产成本必然低于售价 50 先

令。价格与生产成本之间的差额乃是地租。这项利益是从不能到处取得的自然要素的使用中得来的。

全部供应中有一个部分是以最大费用生产的，因此，生产时不支付任何地租。假定来自某一农场的产品，由于在生产和运输方面所花的费用高低不等，因此，同样的 100 镑费用，由此所生产的有的是 100 夸特，有的是 90 夸特，有的是 80 夸特，有的是 70 夸特，有的是 60 夸特，有的是 50 夸特，有的是 40 夸特，有的是33⅓夸特，其售价则一概是每夸特 60 先令，这就很明显，地主在不同情况下应得的地租如次：

第 1 个 100 镑费用下应得的地租 200 镑
第 2 个 100 镑费用下应得的地租 170
第 3 个 100 镑费用下应得的地租 140
第 4 个 100 镑费用下应得的地租 110
第 5 个 100 镑费用下应得的地租 80
第 6 个 100 镑费用下应得的地租 50
第 7 个 100 镑费用下应得的地租 20

770 镑

同样明显的是，关于生产那最后的 33⅓夸特时享有的特权，农场主不可能支付任何地租，因为所售的价款一百镑已全部被生产成本所吸收。只要购买人的需要和财富足以使他们愿意并且能够购买这样一个数量的谷物，这一整个数量是能够获得的；除非上述最后和费用最大的那个部分也能够被产出，只要情况是这样，这33⅓夸特就不会停止生产。如果上述购买人的需要和财富有了进一步增长，由此也许有必要增辟另一供源，这一供源的生产成本更大，假定100镑费用只能生产20夸特。但很明显，这是办不到的，除非价格上升到5镑1夸特，因为五镑是使这一最后供源的生产成本获得补偿的最低价格。价格也许事前确已上升到五镑一夸特之上，因为在由购买人的提高了的需要和财富所促成的需求的增长，和供给的增长这两者之间，必须经过一个时间间歇。在这一间歇期间，价格必然要上升到当取得增辟的供源时才会安定下来的那个价格之上。这一增出的供源投入市场时，价格将下降到这一供源的生产成本，即一夸特五镑；此后除非购买人的需要或财富有了减退，或者是耕作或运输的费用有了降低，否则价格就不会长期地低于这个水平。

所有这些似乎极其简单明了，无须深论。但这却是政治经济学家最近的发现之一，因此，即使在这个国家也不能说对这一点已经有了普遍认识，在国外则甚至对这一点似乎还没有理解。如果有哪一位作家可以被认为是充分掌握了这一点的话，那就是萨依——最杰出的大陆经济学家，李嘉图著作的评注者。他在《政治经济学及赋税原理》法文译本的注释中，经常反对李嘉图先生一切耕地都缴纳地租的论点，好像这一事实与不付地租的情况下生产谷物的现象是矛盾的。他在对李嘉图论证这一说法的错误的那几节作出的注释中，再度提出了这一反对意见。李嘉图先生《政治经济学及赋税原理》的第24章，检查了亚当·斯密关于地租的见解。

李嘉图先生说，“亚当·斯密有一种想法，认为‘有些土地产品的需求很大，永远会使其价格不仅足以补偿其运上市场的费用。’他认为食物就属于这一类。

“他说：‘土地几乎在任何情况下所生产的食物的数量都不仅足够十分充裕地维持为把它运上市场所必需的劳动，其剩余部分也永远不仅足够补偿雇用这种劳动的资本及其利润。因此总会剩下一些东西作为地主的地租。’

“但他提出了什么证据呢？他的证据只是：‘挪威和苏格兰的最荒芜的泽地也能成为一种牧场，其产乳量和牲畜繁殖量不仅足以维持为牧畜所必需的一切劳动并支付农场主或牧主的一般利润，并且可以对地主提供若干小量地租。’关于这点，我不免有点怀疑。我相信直至目前为止，在每个国家中，从最不开化的到最文明的，都有一些土地，其所提供的产品的价值仅足以补偿所用资本以及其国内的一般普通利润。我们都知道，美国的情形就是这样。但没有谁说支配美国地租的原理和欧洲不同。如果说耕种事业已非常发达的英国目前已经没有不提供地租的土地这一点是事实，那么它以往曾有过不能提供地租的土地这一点也同样是事实。而且有没有这种土地，对于这一问题并无关重要，因为只要英国有任何投在土地上的资本只能提供补偿资本及其一般利润的收入，那么，不论它是投在新土地上或是投在旧土地上，都是一样的。如果农场主对一块土地签订了 7 年或 14 年租约，他可能打算在上面投资 1 万镑，因为他知道按目前的谷物价格及农产品价格，他能够补偿他所必须投下的资本、支付地租并获得一般利润率。他不会投资11 000镑，除非这最后的1 000镑的运用能够为他提供一般的资本利润。当他计算是否投下这一笔资本时，他所考虑的仅只是农产品的价格能不能补偿他的费用和利润。因为他知道他无须增付地租。即使在租约期满后，他的地租也不会提高，原因是如果地主

由于他增投了1 000镑而索取地租的话，他就会把这1 000镑撤回。既然根据假定他运用这笔资本时只能得到普通一般的利润，而这种利润从任何其他资本用途中都可以取得，他就不能为这笔资本支付地租。”见《政治经济学及赋税原理》，第 389—391 页（商务印书馆 1962 年版，第 279—280 页）。

对这一节，萨依先生加上了下面的按语：“这恰恰就是亚当·斯密所不认可的，因为他说苏格兰最差的土地也会为其所有人提供地租。”我们对萨依先生的回答是：“这恰恰就是李嘉图先生认为无关重要的，因为在一[illegible]可以提供十几尼地租的一块土地上所生产的一个部分，可以在无须为取得这一生产特权而支付任何地租的情况下生产。”

但是应当看到，说明这一论点时所采取的方式，往往会使感觉迟钝或粗心大意的人发生误解，使得喜欢挑剔或别有用心的人容易从中钻空子。关于这一论点，李嘉图先生虽然不是最初的发现者，却是最高明的阐述者；但是，由于他的长处也是由于他的短处，他的一些说法，往往不够准确。他在论理学上不够精通，说词不能臻于精确，甚至没有能估量做到这一点的重要意义。他贤善而聪明，却由此使他没有能充分考虑到他的读者的鲁钝和轻率。他爱真理非常热切，因此没有能预计到可能发生蓄意的曲解。

由于这些原因的影响，他也许是已经在科学研究上享有盛名的作家中措辞最不恰当的一个；而在地租这一专题的说辞表达上所犯的错误，更是他在别处所少见的。

他已经看到，在社会方面对购买农产品的意志和力量的增长，以及除非增加费用否则不可能增加供额这一情况,必然要提高地租,必然要扩大耕种。因此,在他自己的意念中将提高地租和扩大耕种这两个概念结合在一起时,他往往把这两者说成好像是处于因果的关系——扩大耕种好像是提高地租的原因,但事实很明显,扩大耕种是抵消地租提高的影响的一个手段。这一错误极其明显,任何相当细心和精明的读者,我们相信当不会由此发生误解。

他还经常用"在不支付地租的土地上生产的谷物"这一说法作为"在无须支付地租的情况下生产的谷物"这一说法的同义语。当他的对手向他正确地指出"在古老国家中一切土地都支付地租"时,他有的时候会否认这一说法的真实性,而不是如上面所引证的说法那样,表明这一论点可以应用于一切土地都支付地租的狭小地区,也同样可以应用于付租是例外而免租却是常规的殖民地。

还有,他还往往把地租存在的原因说成是由于耕地肥力的等级不同,或者是由于将增益资本应用到同一块土地时会产生递减的报酬。可是很明显,假定存在着这样一个繁富地区,其土地具有同样高度肥沃的质量,在某一资本量的支出下可以获得丰富的报酬,但是将支出减少就不能获得任何报酬,将支出增加也不能获得较多报酬;这时,尽管土地的每一鲁德以及投入资本的每一部分都具有同样的生产力,仍然会提供高额地租。

增益劳动使用于制造业会按比例地提高效率,使用于农业会按比例地降低效率——由这一命题得出的推断。现在要讨论的是由上面提出的一个命题(见第 127 页)得出的一些值得注意的推断。这个命题表明增益劳动使用于制造业会按比例地提高效率，使用于农业会按比例地降低效率；也就是说，劳动的效率在制造业中会按递增的比例增长，在农业中会按递减的比例增长。因此，制造品的每一增量，单就制造过程本身说，是在按比例递减的成本下取得，而农产品的每一增量，一般说来是在按比例递增的成本下取得。

1. 制造品需求增长和农产品需求增长的不同效应。随着人口的增加，任何商品，只要其价格是要受到构成这一商品的原料的价值的影响的，价格就会有上升趋势，只要构成其价格的是付给从事于制造这一商品的那些人的劳动和节制的报酬，价格就会有下降趋势。

很明显，受前一通则支配的是须经过比较简单的加工的那类商品，受后一通则支配的是须经过精细加工的那类商品。前一类可以面包为例，后一类可以花边为例。在英国一条半配克重的面包现在的平均价格约为 1 先令 3 便士。至少可以假定，这一金额内的 10 便士是小麦的代价，其余为磨坊主、面包师傅和零售商的工资和利润。如果出于情势的要求，国产面包的现有供给须立即增加 1 倍，这就很明显，单是使现在从事于这一生产业务的劳动量增加 1 倍，是不能取得小麦的增益供给的。由于生产增额小麦比前困难，会使小麦价格提高到什么程度很难确定，假定提高一倍，则制成半配克面包所需要的小麦的代价将不是 10 便士而是 1 先令 8 便士，同时在其制造和销售中使用的增益劳动的效率将提高。磨坊主和面包师傅将加强其设备，分工将获得进一步贯彻，零售商则可以在费用所增无多的情况下使其销售额增加 1 倍。单就制造和零售而论，面包的价格大概将降低 1/4，即从 5 便士降低到 3¾ 便士。在这种情况下，生产增加以后的最后结果将使半配克面包的售价从 1 先令 3 便士上升到 1 先令 11¾便士。

再让我们看一看，花边的用途增加以后的效应怎样。

按照花边和棉花的现时价格，在利物浦值 2 先令的 1 磅棉花，可以转变成值 100 几尼的一幅花边。假定花边的消费增加了 1 倍，由于适宜于制成花边的棉花增加产量时生产比前困难，因此一磅棉花的价格由 2 先令上升到 4 先令；假定制造花边的费用与前相同，则花边的价格将比前上升 1/1050，即从 105 镑上升到 105 镑 2 先令。但是花边的生产在这样的刺激下必然会在制造的每一程序中有所改进；怀疑到这一点是不可能的。如果认为费用由此将节省 1/4，对改进效果的估计大概仍然是偏低的。即使在这样情况下，生产增加的最后结果也将使花边的售价从 105 镑下降到 87 镑 17 先令。同样的情势，使面包价格上升了将近 1 倍，却足以使花边价格下降 1/4。

2. 赋税对制造品价格和农产品价格的不同效应。从这一命题还可以得出的一个值得注意的推断是，对农产品征税的效应和对制造品征税的效应这两者之间的差异。

对制造品征税会终于提高价格，提高的数额会超过赋税的数额。对农产品在其未经加工的情况下征税，不一定会终于使价格提高，即使提高，其数额也低于课税数额。

赋税对制造品的效应。关于这个方面，很容易举例说明。

假定制表业从开始经营时，就已经存在了对表的价值征收 25％的赋税。在这里的情况下，我们没有理由假定，制表业主或其工人的利润或工资会超过从事于相类活动的那些人的平均工资和利润；这就很明显，如果这一赋税始终存在，表的价格就必然始终比不存在这一赋税时，或者是比不论是工人或资本家当初愿意从事于制表业务时，高出 1/4。同样明显的是，价格经这样提高之后，对表的销数的扩大，因此也就是其生产，必然会始终发生缩减或妨碍作用。如果产量降低，则表的制出数越少，其比例费用越大。结果表的价格必然高于其实际应有的价格，其高出的程度，首先是征税数额，其次是产量有了较大限制时的较大费用。同样明显的是，如果废除了这样的赋税，表的价格将下降，下降的程度首先是经取消的赋税数额，其次是产量增加后因制造程序上的改进而得以节省的费用。同样明显的是，如果这样一种赋税初次开始征收，表的价格必然上升，上升程度首先是征税数额，其次是制造和销售数量降低后的较大的比例费用，否则制表业就不再能取得各种行业一般所取得的利润。还有同样明显的是，表的使用量越是减少，价格就越加要上升。如果一年只制成 10 只表，每只表也许要值 500 镑。如果只制成 1 只表，这只表的价值也许只略低于 10 只表的全部代价。诚然，这类效应不会因赋税的开征或废除而立即跟着发生，不论在哪一情况下，总得经过一段时间间歇，在这一期间，制表业的现存资本并无变动，表的供给既没有增也没有减，因此价格受到的影响不大。在这一期间，从事于这一行业的人们的工资和利润会显得不合常情地过高或过低。直到在赋税废除的情况下，有了受过这一行业的训练的足够的人数，在赋税开征的情况下，受过这一行业的训练的人数经过了充分的缩减，使表的供给和需求相称，其价格足以使从事于其制造和销售的资本家和工人获得一般的利润和工资——直到这个时候，这个行业的工资和利润才会达到合乎常情的水平。

赋税对农产品的效应。如果使农产品负担这样的税，结果农业将采取与我们在制造业所看到的同样的补救办法，即缩减生产。

我们不妨假定，资本使用时是适当地分配于各生产部门的，因此，如果不存在特殊干扰因素，则投入作为一切专业中最惬意的农业的那一份资本，当不会在一般水准以下。由此可以假定，一般说来，资本使用于土地时，将使用到使土地的产物足以偿付其耕种费用为度，但不会超过这个限度；也就是说，土地占有人将加强耕种，直到借助于所雇用的最后一批劳动者所获得的增益产物，按现时价格计，仅仅足以偿付这些人的工资和他自己的平均利润为度——这项利润是他必须在这一耕种期间预付这些工资时所应得的。这时由于有了纳税的负担，不是他所生产的作物的价格将上升，上升的范围即所征税额，就是他以最大费用取得的那部分作物将停止生产。

假定某一农场主拥有肥力高低不等的耕地600嗽，其中的100嗽，借助于直接或间接使用于这块地上的10个人的劳动，所产的作物经归纳为一种类别时为每嗽小麦6夸特，又100嗽在相等人数的劳动下的每嗽产量只5夸特，又100嗽的每嗽产量为4夸特，又100嗽的每嗽产量为3夸特，又100嗽的每嗽产量为2夸特，最后质量最差的100嗽的每嗽产量只1夸特。再假定，10个人的1年工资计400镑，即每人平均40镑，在产物出售以前，农场主得预付这项工资，至于同类行业的一般利润率则为常年10%。在这种情况下，如果小麦价格是1夸特2镑4先令，农场主就值得雇用其劳力能生产20夸特的每个人，这20夸特的价值是44镑，他以40镑作为劳动者的工资，可得利润四镑。经假定在上述质量较优的前四等耕地上工作的那40个人，每个人所生产的都不止20夸特；在第五等耕地上工作的10个人所生产的则恰恰是这个数目，即10个人共计生产200夸特，值440镑。在最后第六等土地上，每个人只能生产10夸特，因此种植小麦得不偿失。这时如果对农产品实行征税，为力求例证简化，假定每夸特小麦征税14先令8便士，而价格没有因此上升，这就很明显，他已经不再值得耕种比10个人的劳动能够生产300夸特更差的那种质量的耕地；按照10个人生产300夸特这一生产水平，小麦以1夸特2镑4先令的现时价格计，他可以获得报酬660镑，以220镑缴税，他还可以如上述那样，以余下的440镑作为工资和利润。他显然值得耕种这样质量的土地，并且值得增雇劳动者在他的质量较优的土地上进行深耕细作，直到所增雇的劳动者不再能生产30夸特的增益量为度。只有那样重的税，以致使农业绝对无法经营，才会促使他遣散所有劳动者，甚至他的最优等耕地也任其荒芜；但是这样重的税从来没有见过，这实际上是一种惩罚而不是赋税。我们并不否认，即使他采取如上面所假定的那种举动，他仍然要遭受损失。我们并不否认，在他看来，最好的是让谷物价格上升到如所征税额的程度，这就可以使他以已经投放的全部农业资本继续经营。我们所否认的是：任何真正的而不是如上述实际上等于是一种惩罚的赋税，即使于征收时没有引起价格上升，也会使他完全中止生产。这里要请读者注意的是，他所处的地位和制造商所处的地位显然不同；后者如果有了纳税负担，负担无论怎样轻微，如果没有引起价格上升，那就迟早必然会迫使他中止经营制造业务。同样措施，对农业者说来是个补救办法，对制造者说来却是祸端的加重；在农业中资本减少以后，可以使余下的资本有更多的生产力，在制造业中则情况适得其反。

有些人认为农产品的价格会上升到和税额完全相等的程度，因此所征之税将完全由消费者负担。这是李嘉图先生和穆勒先生的见解。因此他们两个人都认为实行什一税的结果是农产品价格上升，使作为农产品消费者的一切阶级同样地受到影响。我们认为对农产品征税的直接效应是使它的价格上升，但是不会上升到与所增税额相等的程度；其最终效应是降低农产品的消费和生产，但其价格则不受影响。

对上面第一个论点只须这样来证明：我们认为实行征税的直接后果是价格上升，由此将降低课税品的消费量，因此也就是它的生产量。上面已经表明，生产降低后，仍然在生产着的那个数量的生产费将降低；并且表明，农产品的价格系取决于以最大费用生产的那个部分的生产费，也就是取决于在平等竞争情况下生产的生产费。因此，我们所反对的那个结论的一个必要前提是：谷物价格上升后没有人会因此减少对谷物的消费。就依靠教区救济的英国的那部分居民说来，情形确实是这样。有些地区的这种救济费，系按照面包的价格计算，因此这些人的购买力和农产品的价格无关，既不会随着价格的下降而上升，也不会随着价格的上升而下降。此外还得考虑到一些富户（这类人在社会中占显著地位，但只是社会中的一个小部分），他们关于面包和面粉的直接消费只是其总支出中的一个小部分；就这些人说，情形也确是这样。但是构成社会的主要部分的是不受教区帮助的劳动者——现在在社会中占多数的幸而是这些人，希望他们在社会中所占成分不久还要提高——构成其次要部分的是店主和农场主，这些人购买小麦时，无疑多半是要按照其价格的高低而调节其购入量的。当价格比较低贱时，他们所消费的有很大一个部分是布丁和馅饼，这些都是奢侈品，价格略微上升，消费就会立即中止。如果价格继续上升，他们就会从麦制面包转向到比较廉价的食品——在北方是改食麦片，在南方是改食土豆。事实上我们不必再深究到细节，这就可以得出一个普遍适用的原则：如果不存在干扰因素，则商品价格的每一次上升，必然要降低购买者的力量及其购入的愿望。

其次要证明的是我们的第二个论点，即，对农产品征税的最终效应并不是提高其价格，而是降低其产量。我们一下子就可以看出，在任何国家，其农产品价格并不取决于这个国家的产量的绝对限度，或土地的绝对肥力，而是取决于——如果一切其他情况不变——这一限度或这一肥力和现有居民人数及财富的比率。如果这个地区的人口稀少，那么即使土地贫瘠，这个比率也许很低，就跟土地肥沃而人口稠密时这个比率也许很高的情形一样。在苏格兰丰饶的低地区，这个比率是很高的；而在波兰的沙地，这个比率却很低。另一方面还应当看到，如果一切其他情况不变，一个国家的人口是和它的农产品产量的限度及土地的肥力相称的。总之，对土地的耕种征收什一税或任何其他赋税的最终效应，就仿佛是因此会使这个国家的耕地面积或土地肥力比原来习惯已久的水平缩减或降低了些似的，结果与不存在这一赋税的情况相比，人口会不及原来那样的稠密，也许人民还会不及原来那样的富裕。

什一税。假使英国自古以来其幅员就比现在的广阔，土地比现在的肥沃，也没有人会认为其粮食的价格会比现在的低廉些。在这样的假设下，我们的谷物比现有的会多些，消费这项谷物的人口比现有的也会多些；但这种增长是绝对的，不是相对的。因此，如果从来就不存在得文郡或林肯郡的话，则英国的农产品和人口都将比现在绝对地减少；但是两者彼此之间的比例关系将仍然和现在的相同；既然是这样，现有谷物量的价格就不会高于现在的价格。这就表明，如果从来就不存在什一税，我们就会有较多的谷物，较多的人口，他们也许比现在会富裕些，而其他一切则跟现在的一样。诚然，如果在我们的海滨突然添出了一个可以立即进行耕种的新得文郡或新林肯郡，则其直接后果是粮食供给增加，其价格将下降。但同样确实的是，如果领土有了这样的扩充之后，在习惯和制度方面没有因此发生任何变化，则作为其直接后果的粮价降低，将由于随着粮食供应增加而来的人口增加而逐渐消失；最后除人数较多以外，我们所处的境地将仍然和现在所处的完全相同。这就表明，如果将什一税突然废除，使农业进展可以不再受到这方面的干扰，则由此发生的后果，就跟仿佛是领土突然扩大或土地肥力突然提高时发生的后果一样。这时假定在制度和习惯方面无所改进，则因废除什一税而使人口增加之后，单就粮食的价格而论，将使我们依然回到现在的处境。

实际上很有可能，什一税废除的最终效应将不是降低而是提高农产品的价格。如果人口比较稠密，于进行耕种时，其生产率随着人口的增加而按比例地提高，则由此也许足以促进国民的富裕程度。在既定的土地生产率和人口的比例下、也就是在既定的农产品总量和人口总额的比例下，产出这一总量的土地的范围越窄越好。运输费用和路程中的困难及时间损失，是农业以及制造业的生产成本中的重要因素，这类费用的多寡主要取决于提供某一报酬的那一地区的广狭。我们的生产效率既有所提高，我们劳动的价值在世界市场上也会普遍提高，结果是价格普遍上升，农产品价格也不在例外。但是这类表述跟这里的论证无关。我们认为什一税的最终效应是降低农产品价格，但我们要负责证明的只是什一税不会提高农产品价格。

从这类前提出发，可以得出具有极其重要的实际意义的推断。如果对国内生产的任何制造品实行征税，而国内的生产设备和国外的相同或大致相同，这就完全有必要对这类商品的进口征收等额的或数额更大的税。国内的生产成本因征税而有了两重的提高，所提高的首先是所征的税额，其次是从事于生产于价格上升后所继续需求的那个较小的数量时的增大的费用。如果对进口品不征税，则国外产品的需求量扩大，费用比例降低，其生产成本将降低。这时国内的生产，因此也就是对它所征的税，不仅将缩减，而且将被完全破坏，整个结果是自贻伊戚。但是，如果对任何可以取得国外替代的农产品征税，而同时对进口农产品并不征收抵销关税，则其结果只是遏止费用最大的那个部分的国内农业生产。现有农业资本中生产率最低的那个部分将被收回，或任其渐渐消耗而不加补充。所有供应不足的部分当由进口品补足。但是对国外农产品的需求增长以后，并不是像在制造业中所看到的那样，会降低其生产成本，而是将提高其生产成本；同样的道理，在国内的需求降低以后，其生产成本将不是提高，而是降低。这时农产品价格

将上升，直到居民情况与变化的事态相适应之后，再回到以前的水平。如果现在对国内玻璃生产所征收的重税，不用对进口玻璃征收的关税来抵消，则英国的玻璃工厂迟早会全部闭歇。否则，如果对国内的某些玻璃工厂征税，其余予以免税，则有纳税负担的工厂将全部消灭。但是，在英格兰必须缴纳什一税的土地，不会由于没有这一负担的那些土地的竞争而放弃耕种，也不会由于苏格兰免缴什一税的谷物和家畜的进口或爱尔兰比较地少纳什一税的农产品的进口而放弃耕种。必须缴纳什一税的那些土地依旧具有生产力，甚至依旧可以提供地租；虽然纳税负担不免要降低其生产力，不免要在更大程度上降低其地租。

我们于结束什一税这一专题之前，也许值得讨论一下与此有关的另一误解，即一种通俗看法，认为这一赋税在数额上的增加会有大于地租数额增加的趋势。我们认为事实上适得其反。

什一税是产物中确定的一份，而地租是其中的不确定的一份。什一税决不能超过 1/10；而地租不一定是 1/10，甚至不一定是 1%，但也许会占到 1/4、1/3、一半或者甚至一半以上。因此什一税可以硬性规定，而地租却不能这样。但是任何一片土地，如果既有力负担地租，又有力负担什一税，这时两者的增进力量却彼此无从比较。只须借助于有关地租发展的我们所熟知的例证，这一点就可以立即看出。

假定某一国家的耕地可以分成第一号到第十号十个地区，各区的广袤相等而肥沃程度不同，第一区以一定的费用可以生产谷物二百夸特，其次各区以同样费用所生产的数量，依次各减十夸特，直到第十区，所产的只是一百夸特；如果只有第一区所生产的能够偿付耕种的代价，这就会看到，它可以提供什一税 20 夸特，而不能提供地租。如果谷物的价格上升到足以使第二区也值得耕种，这时第一区和第二区就可以共计提供什一税 39 夸特，而第一区还可以提供地租 10 夸特。如果到了第三区也值得耕种时，第一、第二和第三区合计所提供的什一税将是 57 夸特，第一和第二区合计所提供的地租将是 30 夸特。如果第四区也值得耕种，第一、二、三、四区将提供什一税 74 夸特，第一、二、三区将提供地租 60 夸特。如果第五区也值得耕种，第一、二、三、四、五区将提供什一税 90 夸特，第一、二、三、四区将提供地租 100 夸特。这时地租已经超过什一税，而且它以后所占的优势极为显著。如果第六区也值得耕种，已耕种各区所提供的什一税只是 105 夸特，所提供的地租则为 105 夸特。第七区也值得耕种时，所提供的什一税是 119 夸特，所提供的地租是 210 夸特。第八区也值得耕种时，什一税是 132 夸特，地租是 280 夸特。第九区也值得耕种时，什一税是 144 夸特，地租是 360 夸特。第十区也值得耕种时，什一税是 155 夸特，地租是 450 夸特。如果所假定的不是在其肥力有规则地递减的新辟土地上投入耕种，而是在同一耕地上、在其比例报酬有规则地递减的情况下投入更多的资本，所得的结果也相同。当然，这里并不是说这两个假设所体现的是实际发生的情况，而是说两者所体现的是事态进程的自然趋势。这里指出了当不存在干扰因素时地租和什一税的增长的相对比率。还得想到，如同这里所指出的有规则的进度下的结果是不会发生的，除非假定这里所设想的相继投入耕种的各地区属于同样面积，相继投入的资本属于同样价值。例如，假使第十区大于其他任何区 10 倍，投入的也是 10 倍于其他区的资本，则可以征收什一税的产物的整个数量将增加1 000夸特，而不是100夸特，什一税将从144夸特提高到244夸特，地租则只从360夸特提高到450夸特。这就是说，处于这种情况时，什一税比地租提高得更快。还应当看到，两者并不是在完全同一期间提高的。地租的最高额，必然正好在进行耕种生产增益供额的那块土地之前实现。这时增长了的需求已经在充分发挥作用，可是还没有增长了的供给与之相抵。另一方面，什一税的数额，一直要到增益供额已经出产之后才会增加。因此，什一税的增加一般是随着地租的暂时降低而同时发生的；这也许是构成什一税增长一般会有大于地租增长的趋势的通俗看法的原因之一。这里还有个原因。数百年来，耕地在英国一直处于分割过程中，而什一税的受领者，除开比较占小部分的不属于牧师职的俗人之外，却不是这样。某一采地的牧师所领受的，是和他300年前的先辈所领受的相同数量的土地上的什一税。但300年前的那片土地也许只是一两个人所有，而现在却分给了10个人或20个人。因此，现在这位牧师的收入，虽然同这片土地上所有的地主的总收入相对下，其比率比他先辈的为低，但是同各个地主的平均收入相对下的比率也许比他先辈的为高。我们无疑可以得出这样一个通则：在进步的国家，什一税的价值很少会随着产生这一赋税的土地的递增价值按比例地提高。

这样看来，在一个新成立的或人口稀少的国家，由于土地有余而农业资本不足，几乎足以阻止在经济意义上的地租的存在，这时作为一个牧师，他能够从耕地上取得的唯一资源是什一税。这就可以看出，为什么实际上是殖民地居民的以色列人以及我们的祖

先丹麦人和撒克逊人要采用什一税。我们还可以看出，为什么当初试图以土地捐赠给加拿大教会时，会那样大大地失败。什一税不应当是徒有其名的捐赠，而应当是实际的捐赠。在那里，横亘在前进道路上的是许多成片的荒地，既无法供作定居场所，而且阻碍交通，有害于其周围各处财富的增长和文化的发展。这些荒地也许在五百年后才能够提供丰富的粮食。

地租、利润和工资的相对份额

上面对于分享一切产物的三大阶级以及支配各项产物的比较价值的一般规律作了概括阐述；现在要进一步研究的是，支配地主、资本家和劳动者在总分配中分享其份额的一般规律，也就是支配地租、利润和工资的彼此之间的比率的一般规律。

命名系统。我们沿用了既有的名称，把社会中的成员分为地主、资本家和劳动者，把收入分为地租、工资和利润。我们给地租下的定义是出于自然或偶然所自发地提供的收入；工资的定义是劳动的报酬；利润的定义是节制的报酬。这样的分类粗看起来似乎很显明，但一经仔细考察就会发现，不论怎样分类，有时总会显得前后不一贯，而且往往带有很强的主观性，结果是彼此纠缠在一起，简直无法进行分析。但是应当看到，和分类的困难有关的，与其说是事实上的问题，不如说是措辞上的问题；如果有一套明确的和前后一致的术语帮助我们弄清事实，就可以达成我们的目的。

首先可以回到我们以前提过的一个问题：往往会使我们难以

决定某一收入究竟应不应当称作地租。一块地产租给了一个勤谨的承租者之后，经过相当期间，一般会使它得到永久性的改善，从而使所有人于租期届满后可以获得较高的地租。一片地湿的沼地，以[illegible]计，一年只值 2 先令，把它转变成耕地或牧场之后，一年就可以值 2 镑。这一收入的增长是地租呢还是利润？收入的增加是从肥力的增加而来的，而肥力和土地现在已经不可分割地结合在一起。在所有人方面是在无所牺牲的情况下取得这一收入的。事实上这一收入和原来的地租已无法区别。另一方面，所以会有这一收入是由于农场主的实行节制——他把原来可以使用于获得自己的享乐的那份劳力，使用在一个遥远的目的上，即土地的改善。如果这片土地的所有人自己进行耕作，把他的劳力使用在土地的永久性的改善上，则由这种改善得来的增益成果，显然应当叫做利润。由此可见，由承租者作出的改善而产生的收入，其最适当的名称是利润。事实上，从来就是把这类改善跟一个造船厂或棉纺厂的改善一样地叫做资本的。那么这是谁的资本呢？在租借期间这是承租者的资本；租借期满后这是地主的资本，他是通过在租借期间没有提高地租这一措施而购入承租者所作出的改善的。

或者有人要问，任何深耕地区的耕地价值的大部分都是由这类改善所构成，是不是应当把所有这类改善永远叫做资本？林肯郡的一部分土地是古代罗马人用填海拓地的方法构成的；关于这一地产的现在所有人向他的租户所取得的报酬，究竟应当叫做地租呢，还是应当叫做十五个世纪以前所花费的资本的利润？答复是这样：为了实际目的，产生某一收入的一项资本，无论通过赠送或继承，一经成为其节制和努力与这一资本的形成无关的另一个人的财产，就不再有利润和地租的辨别。由船坞、码头或运河而来的收入，操在原来的建造者的手里的，是利润。这是将资本用于生产而不用于享乐的他的节制行为的报酬。这项收入在他继承人的手里时，就有了地租的属性。对他说来，这是出于他的幸运而不是牺牲的结果。也许可以说这样的收入仍然是所有人节制行为的报酬，因为他没有把船坞或运河售出，将售款用于享乐。但是这个说法对任何可让与的财产都可以应用。任何不动产都是可以出售的，卖方都可以把售得的价款浪费掉。如果以此为分类时的依据，那么任何经济学家所称为地租的，其中的大部分就都得称为利润。

此外，在多数行业中，在体力或脑力方面具有非常能力的，会获得特优的报酬。才能出众者的工作，不但做得比别人好，而且做起来格外省力，这是他们的特有权益。我们往往会看到，出于第一流工作者的商品或服务，虽然售价高于平均价格，而所花费的劳力却比一般所花费的为少。华尔特·司各特爵士可以用每天约三小时为期计一个月的劳力写成一部书，从而易得五百镑或一千镑。一个普通作家在同样的努力下，很难以三个月的时间写成一部书，更加困难的是要想以此来易得五十镑。

这类具有卓越才能的劳动者所取得的特优报酬，应当称之为租金呢还是工资？这类报酬导源于自然的赐予；这样看来它似乎是租金。这是在花费了劳力的条件下取得的；这样看来它又似乎是工资。我们可以把它称为只能由劳动者取得的租金，也可以把它称为只能由一种自然要素的所有人取得的工资，两个说法同样有理。但它显然是一种剩余，其劳动的部分已经以一般工资偿付，这一剩余是出于自然的赐予，因此我们认为其最适当的名称是租金。出于同样理由，我们可以同样正确地把所谓暴利称为租金。这里指的是，资本家使用其资本时，所有关于他所负担的风险以及所作出的牺牲已经获得充分报酬之后，有时会由此获得的剩余利益——例如特有军需品的于战争突然爆发时，或者是囤积着黑布的遇到皇族突然有人逝世时所获得的暴利。又如盎格尔西采矿者，所发现的并不是铜而是同样丰富的白银矿脉时所获得的增益收入。白银当然也是借助于劳动和节制取得的；但是这一劳动和节制原来应当以等量的铜偿还，白银的额外价值是自然的赐予，因此应当称为租金。

其次，要划清利润和工资之间的界线更加困难。在少数情况下，无须使资本通过管理或转手，只是把它保存着而不是一下子消费掉，就可以使其价值增进。这里也许可以用酒和木材作为例证。但即使是酒窖或种植园，如果完全置之不闻不问，也未尝不会败坏。我们也许可以得出一个通则：要使资本成为能产生利润的一个手段，就必须加以使用，指导这一使用的人就必须劳动；就是说，他必须在某种程度上抑制他的懒散情绪，牺牲他所喜爱的活动，不能一无拘束，有时他的住宅还得受到些影响，他还不得不接触到一些他所不愿意接近的人物，有时不免要闭居室内，或是在户外受风吹雨打，还不免因此要降低些他的身份。劳动时固然一般说来是需要使用有形资本的，然而却普遍需要使用无形资本；构成这一资本的是相当的知识，是属于精神及属于智力的习性和名誉，要培养并保持这一资本，与有形资本相比，费用较大，可以获得的报酬也较大，但是由于不可能作实际的转移，不可能将这一个人的能力直接灌输给别一个人，因此除非通过其所有人本人的劳动，否则这一资本决不能发挥生产作用。

通过这一劳动得来的报酬，应当叫做工资呢还是利润？报酬中的某一部分，即，足以偿付一个不附具资本的普通劳动者所作出的努力和忍受的艰苦的部分，无疑应当称为工资。至于因天赋的才能或有利的意外变化，使资本家的努力能够获得在一般水准以上的那个部分的报酬，我们已经看到，应当称为租金。但是，我们现在要讨论的是在资本的使用下这样得来的收入——作为资本家节制行为的报酬的资本的通常利息和作为他劳动的报酬的通常工资经除外以后，由于意外变化的结果而可能取得的额外利益。

通过举例，也许可以把问题说得清楚些。我们找到了一个例子，其间关于资本家辛劳的报酬，不是跟通常情况那样地和他收入的总量混合在一起，而是作为一个独立项目出现的。票据经纪人的业务可以供作一个例子。他的业务是，在汇票到期以前按照票面金额出借资金，在贴现的名义下扣除利息，其利率不超过周年五厘。在平静的时候，在金融市场的通常情况下，贴现率从周年四厘到三厘不等；有时低到二厘半。初看起来似乎很奇怪，像这样一个行业怎么能够存在，因为在这里使用的货币资本所获得的收入，甚至还不及从公债投资中一般可以获得的利润，至于增益风险和劳动这些方面没有能得到报酬这一点且不计。事实上这个行业是没有人**会愿意**经营的，如果使用的是他自己的资金。

在商业发达的大城市中，从事于商业活动的人们不时会有为数相当大的现款存在手里，可以在短期间自由支配。例如，在这个国家，人们以地产抵押或出售时，在由律师将交易的细节最后确定之前的几天里，其押款或价款简直没有一次不是先交给一个银行业者或代理人的。在此期间，这笔资金不能用于任何长期投资；但是不妨作为期数天或（在某些情况下）为期数周的短期出借，按最低利率借出，总比让它完全呆着好些。票据经纪人的业务是，以一厘的利率，按周数或者甚至按天数计借入这类资金，然后按较高的利率贷出，其期限按月计，或定期两个月到三个月。例如按二厘借入，按三厘贷出，即可以从中取利。

很明显，经营这样的业务需要高度的知识、勤劳和技巧。经纪人为了要做到能正确估计承兑和背书的价值，就必须充分熟悉差不多每一个大商家的情况。他必须不断地进行观测，对于哪怕是极其细微的线索和表象必须作出推断，才能继续保持他的知识。他经营业务时还得具有这样的技巧，使贷出款的收回和借入款的到期偿还始终相应。这种知识和使他能运用这种知识的精神上和智力上的习性，构成了他的个人资本或无形资本。但是他还得有一笔有形资本；这不是为了要在他的业务中使用，因为没有人会这样来使用他自己的资金，而是借此可以博得信任。经纪人付出的利息既这样轻微，其间如果意味着丝毫风险，就没有人会愿意借给他；而他能提出的最好的保证是他拥有一项巨大资本这一事实的证明，万一他有规律的收入款项发生了意外障碍，就可以用这笔资本来补偿。这笔资本他当然不能浪费，但是他可以在生产目的上使用，由此逐年得来的利润可以由他直接消费。由此使他享有的信誉，是他的另一性质的利益。

假定某一票据经纪人拥有 4 厘公债 10 万镑；作为一个具有充

分知识、技巧和品质的商人和财主，全年可以平均按二厘借入、再按三厘贷出40万镑。那么在这样经营的业务中一年可以获得的4 000镑是工资呢还是利润？

还有，假定以某一定量的资本在这个国家运用，一年可以赚得金额的10%，如果在牙买加或加尔各答运用，一年通常可以赚得金额的15%或20%。这时，如果英国某一拥有5万镑的资本家，亲自去体验牙买加的风土和社会，从而他的收入从5 000镑提高到7 500镑，他所获得的增益收入2 500镑是工资呢还是利润？

如果这个资本家自己不愿意到牙买加，而转托不具备资本的另一个人代他前往经营，毫无疑问，那就必须拨出其增益收入中的一个相当部分，用以购买这个人的服务，而这个部分的性质必然是工资；假定其数为一年500镑，供作这个人的工资当已绰绰有余。其余的一年2 000镑，可以把它看做只能由那个5万镑的所有人领取的工资，也可以把它看做只能由愿意在牙买加劳动的那个人领取的利润，两个说法同样有理。

亚当·斯密是把它看做利润的。他说，“也许有人认为资本的利润只是某一特种劳动——即视察和管理的劳动——的工资的不同名称。然而，利润跟工资截然不同，利润是被全然不同的另一些原则所支配的，跟所谓视察和管理的劳动量以及其艰苦或技巧并没有比例关系，是完全被所使用的资本价值支配的，它随着这一资本按比例地扩大或缩小。假定有两个制造商，所使用的资本一个是1 000镑，还有一个是7 300镑，其他制造业资本的通常利润是10%，预计每年前者可以获利约一百镑，后者则可以获利约七百三十镑。然而两者在管理方面的劳动也许基本上相同，甚至完全相同。有许多大工厂是把这类工作差不多完全托付给一个首要管理员的。他的工资才真正表示了视察和管理这一劳动的价值。虽然于决定他的工资时，一般不仅要考虑到他的劳动和智巧，还要考虑到对他的可信赖程度，但是跟他所管理的资本决没有任何有规则的比例关系。至于这一资本的所有人，虽然由此差不多完全脱离了劳动，他的想法仍然是利润应当跟他的资本保持着有规则的比例关系。”①

我们踌躇了好久，终于认为这是最适当的分类，工资这个词的适用范围应以单纯劳动的报酬为限；劳动这个词所包括的是一切由此而来的艰苦的忍受，所除外的是由于劳动者偶然也是个资本家时往往会取得的增益收入。我们所以要作出这样决定的理由，在上面所征引的那一段里已经有了精辟的阐述。

再回到我们在前面作出的假设：一个拥有 5 万镑的资本家，由于移居到牙买加，一年获得额外收入2 500镑。很明显，另一个移居在那里的拥有 10 万镑的资本家，如果其他情形相同，那么尽管他的劳动不一定会多于上述前一资本家的劳动，或者甚至事实上还劳动得少些，而他的额外收入一年将达5 000镑。看来最适当的处理是，将工资这个词用于单纯劳动的报酬，将利息这个词用于单纯节制的报酬，将利润这个词用于工资与利息两者的组合，即劳动与节制互相结合之下的报酬。这就有必要将资本家再分为两个阶级，不活动的和活动的；前者所取得的单纯是利息，后者所取得的是利润。

① 《国民财富的性质和原因的研究》第 1 篇，第 6 章。

但是，这样就不免违背了既定的命名系统和既定的分类，这就跟许多别的类似的情况一样，会引起极大的不方便，即使由此比较接近于正确，我们认为所得也不偿所失。因此，我们仍然将从资本的占有或运用中得来的全部收入包括在利润这个词之内，其中应当除去的是我们叫做租金的那部分附属利益，还应当除去的是资本家自己进行视察和管理时的那份劳动所应得的报酬，这一报酬数额相当于他委托不具备资本的另一个人代他进行这一工作时所必须付给的工资。但是有一点，我们对亚当·斯密的见解不得不表示异议。他虽然把国内一切人民的有用的和求得的知识和能力看做国民财富的一部分，看做是固着在这些人的身上并且必须通过这些人来实现的一项资本，却把从这一资本得来的收入一般称之为工资。他说，"资本在不同运用中的平均的和通常的利润率，比各种各样的劳动所得的工资更加接近于同一水准。普通劳动者的收入和生意相当好的律师或医师的收入这两者之间的差异，比任何两种行业的通常利润彼此之间的差异显然要大得多。"（同书第1篇，第10章。）

按照我们的命名法（如果将由资本所获得的成果叫做利润，则实际上是按照斯密的命名法），律师或医师的收入只有极小的一个部分可以叫做工资。不论是律师或医师，假使他一年挣得4 000镑，大概其中的40镑即足以偿付他为此所承担的一切劳动。其余3 960镑中的为数约3 000镑，不论就律师或医师的情况说，都可以把它看做租金，是出于他的卓越才能或幸运的结果。余数是他资本的利润；构成这项资本的，部分是知识和以前花了很大费用和辛劳而获得的精神上和智力上的习性，部分是在其酬金不足以支持其生活的见习期间获得的社会关系和名誉。

根据这个见解，随着业务的发展，收入构成中利润所占的成分会越来越高，工资所占的成分会越来越低。毋庸置疑的是，随着文化的提高，每个人所受到的教育都会在实际上提高他的生产力。不论什么，凡是单凭体力完成的，差不多都可以用牲畜和机器来完成；凡是需用脑力的，则智力上所受到的培养，时间越早，方式越适当，就越加能把工作做好。我们时常听到这样的怨言，说无知识的爱尔兰人夺取了英格兰人在伦敦及其郊区的最低等工作。这种现象实在是应当使人高兴的，因为由此说明，英格兰人有了适宜于做比较高等工作的充分教育。如果他们跟爱尔兰人一样地愚昧，那么现在挣 40 先令一星期的技工，多数也许只能做些敲石子、搬运灰沙斗的工作，一天挣 2 先令。就我们现在的文化状态说——比较起来这已经算是很高，但是跟我们可以想象得到的、甚至跟我们自信可以盼望得到的状态比起来，还差得很远——我们智力和精神的资本，不但在重要意义上，甚至在生产力上，都已远远超过有形资本。在我们的社会里，那些收入单是以工资为限的户数大概不到全社会的 1/4；即使就这类工资说，其中较大的一个部分主要还是有赖于社会中文化较高的那些成员的资本和智巧，工资生活者就是在这些人的协助和指导下工作的。收入只限于租金——即使按照这个字眼的最广义使用——的那些人，为数还要少；而且租金数额跟工资数额一样，主要取决于支配和运用自然的赐予时的那种知识。大部分的国民收入是利润；而利润中单是属于有形资本的利息的那个部分大概不到 1/3，其余是个人资本（也就是教育）的成果。

决定国家的财富的，并不是土壤或气候的偶然性，也不是生产的有形手段的现有积累，而是这种无形资本的量及其普及程度。据说爱尔兰在气候、土壤和环境各方面都胜过我们，至少不比我们差。它的贫困据说是由于缺乏有形资本；但是如果将爱尔兰本地700万居民换成英格兰北部的同胞，他们所缺少的资本很快就可以形成。假使住在英格兰特伦特(Trent)以北的，完全是从爱尔兰西部迁来的百万户居民，那么兰卡郡和约克郡很快就会变得跟康诺特(Connaught)的情况相似。爱尔兰物质上的贫乏是由于它精神和智力上的贫乏，是由于它在精神和智力上没有能获得充分发展。它还处于缺乏教育的状态，其人民的愚昧和强暴使其地人民的生命和财产得不到安全保障，使资本无法累积，无法运用。在这种情形下，目的完全并直接在于解除其贫困的立法措施，实际上也许并不能收效，因为由此也许会使原来要想加以驱除的那些病象反而更加恶化，至少决不能获得长远利益。据说知识就是力量；但是我们可以有更强得多的理由说知识就是财富。小亚细亚、叙利亚、埃及和非洲北部沿海一带一度是世界上最富足的地区，而今却要算是最困难的地区，这只是由于掌握着这些地区的各族人民没有足够的无形资源以保持有形资源。亚当·斯密提出一个问题："欧洲是用什么方法使美洲殖民地壮大起来的呢？所用的只是一个方法，而这个方法却极其有效。Magna virum mater (它承担了作为一个伟大的慈母的职分)。它造就了这样一些人物，这些人的丰功伟绩为偌大一个国家奠定了基础；世界上更没有别的地域能够在其政策下造就这样的人物，事实上也从来没有造就过这样的人物。这些殖民地有赖于欧洲的是那些活跃的和富有进取心的奠

基人所受到的教育和由此形成的伟大识力，就其中最大和最重要的一些殖民地来说，有赖于欧洲的，除此之外简直没有什么别的。”（《国民财富的性质和原因的研究》第4篇，第7章。）

决定地租的相对数额的成因

我们为地租已经作出的定义是自然或偶然所自发地提供的收入，也就是对于被占有的自然要素的助力所付偿的代价。我们也可以同样恰当地把它界说为由于对被占有的自然要素的使用而产生的剩余产物，或者是，被占有的自然要素的产物的价格超过其生产成本的数额。

一般总是借助于将肥力高低不等的土地相继投入耕种这一假设，来说明地租的性质及其发展。据此，作为运用某一数量的劳动和资本的报酬，假定第一等土地所生产的是100夸特，第二等90夸特，第三等80夸特，第四等70夸特，第五等60夸特，等等。假定最肥沃的土地还有些部分未经占用，被耕种的只有第一等土地，这就无所谓地租。在有必要进行耕种第二等土地之前，作为被占有的自然要素的第一等土地，必然能提供比没有它的助力时所能取得的为多的报酬。结果是，这一要素的所有人，也就是我们称作地主的，必然会取得这种助力的价值，其值相等于10夸特，即100夸特与90夸特之间的差额。如果地主自己是耕者，他即以实物形态取得这一差额；如果他让另一个人作为耕者，这一差额即由耕者向他缴付，他这样取得的报酬称为地租。在有必要耕种第三等土地之前，第一等土地的地租必然已经从10夸特上升到20夸特，第二等土地必然已经从不产生地租上升到产生地租 10 夸特;这样进展下去,终于会达到的是,在某种最低等土地上所运用的劳动和资本所产生的报酬,仅仅能使劳动者维持生活,使资本家获得一般利润。这是努力扩展耕种时所能达到的最高限度,实际上极少在这个限度以外进行耕种。

这就很明显,地租的数额取决于两个成因:(1)自然要素所提供的绝对生产力;(2)这一要素的相对生产力,即,在生产力上这一要素超过到处可以取得的那些要素的程度。如果自然要素的供给无限制,或者是,如果这类要素不再有提供助力的能力;不论在哪一情况下,地租将不复存在。地租是要素所提供的这一助力的价值,这跟一切其他的价值一样,部分取决于其效用,部分取决于其供给的有定限。许多错误的发生是由于只注意到这两个成因之一。

法国经济学家看到[①],在一切被占有的自然要素中最重要的

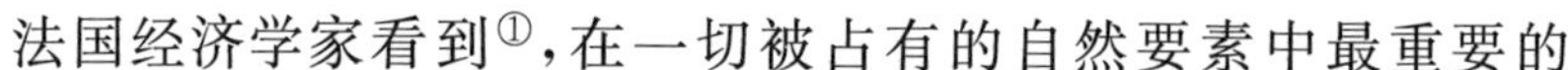

① 只有耕种者的劳动所生产的,才能超过他劳动的工资。因此,这是一切财富的唯一根源。

土地不依存于他人,也和任何社会上的成规无关,它对耕种者的劳动立即给以报酬。如何使大自然的绝对需要得以满足,其间决没有讨价还价的余地。它所给予的,既不和耕种者的需要成比例,也不和他一日工作的代价的传统演进情况成比例。这是土地肥力的自然结果,也是于设法提高生产时在使用方法上的困难及其正确程度的自然结果。一旦耕种者的劳动所产生的超过了他所必要的工资,他就能利用自然所给予的这一超过额来购买社会中其他成员的劳动。他为了维持自己的生活而卖出这一超过额,但是他除了维持生活这一事实之外,还掌握了可以支配的财富;他不是买进而是卖出这一财富。所以这是财富的唯一根源。财富的流通活跃了社会上的一切劳动,从而表明,只有耕种者的劳动所生产的,才能超过他劳动的工资。

毋庸置疑的是只有土地的净产值才构成收入,此外,所有其他的常年利得,不是通过收入的支出,就是产生收入的资金的一个部分。(杜阁〔Turgot〕的著作,第 5 卷,第 8、9、126 页。)

是肥沃土地，其产物的售价超过其耕种费用。这一售价的超过额，也就是他们所谓的净产值，在他们看来是财富的唯一根源。他们认为一切其他商品所体现的只是取得时所花费的辛劳。因此他们认为社会的富裕程度与土地所有人所取得的地租数额成比例；结果，生产只是在有助于地租形成的那个范围内获得发展的。

他们如果看到，富足是财富的一个因素，而高额地租和最高度富足是不能相容的；再不然他们如果想到，假使有这样一个社会，其人民具有极高度的技能，并且极其勤奋，其地则广大无垠又极其肥沃，因此甚至还不知道有地租这回事，那么，按照他们的见解，其地必然完全不存在财富，必然没有足够的资源可供消费——他们如果看到或想到了这些，就不可能主张这种学说。

李嘉图先生在下面的一段话里，似乎陷入了相反的错误。

“有一种再普通没有的说法，认为土地具有优于有用产品的任何其他来源的好处，因为它能以地租的形式提供剩余产品。不过

*　　　*　　　*

对一个国家说来，最理想的处境是拥有尽可能多的财富。这里的所谓财富，指的是大量的可以支配并可以自由消费的价值，它既不会使富力有所削弱，也不会损及不断再生产的原则。

这一最理想的处境显然具有最大的稳定性。这是因为，在这种处境下我们拥有尽可能多的可支配的价值，我们能够享受的也只是这类价值，而与这处境同时存在的是最大稳定性的确立。

我希望读者能充分注意到这一真理的价值，要懂得财富只存在于可支配的价值之中，我们可以在不引起任何不方便的情况下消费的只是这些价值；因此只有耕作的净产值才是财富，这是在大量的再生产中唯一可以享用、可以由我们自由支配的部分，其余的便不能由我们自由支配，那是属于耕作的再生产范围之内的，是不能消费的，我们不能盗窃这一成果，否则就要受到财富消失的惩罚。（利维尔：《政治团体的自然基本秩序》，第 379—381 页。）

当土地最为丰富、生产力最大而又最为肥沃的时候,它并不会提供地租。只是在地力减退、劳动报酬减少的时候,较肥沃土地的原有产品中才有一部分被留下来成为地租。奇怪的是,土地的这种性质和协助制造业者进行生产的自然要素比起来本应说是缺陷,竟然会被人们说成是土地的一个特殊优点。如果空气、水、蒸汽的伸缩力和空气的压力等等也具有不同品质,它们也可以被占有、而且各种品级的存在量也有限的话,那么当依次而下的较差品级投入使用时,它们也会和土地一样提供地租。每当使用一种较差的品级时,用它们制造的商品的价值就会上涨,因为等量劳动的生产率减低了。人以血汗劳累完成的工作会加多,自然完成的工作会减少,土地也就不再会由于有限的地力而与众不同了。

"如果土地以地租形式提供的剩余产品是一种利益,那么,每年新制的机器比旧机器效率更小便也会是一件令人想望的事情,因为不只用这架机器制造的商品,而且连国内用一切其他机器制造的商品都无疑会因此而有更大的交换价值;同时对于那些拥有生产效率最大的机器的人也都要支付一种租金。

"自然的劳动所以要有报酬,不是因为它作得多,而是因为它作得少。自然的赐予愈是吝啬,它的工作也就会索取愈大的价格。在自然赐予十分慷慨的地方,它的工作总是不取费的。"(《政治经济学及赋税原理》,第 63 页,商务印书馆 1962 年版,第 62 页。)

李嘉图先生似乎忘记了,使土地能够提供地租的性质,即,生产多于耕种这块地的人们所需要的生活资料的能力是一种利益,如果没有这种利益,地租就不会出现。任一地区的人口有了增加,其土地的剩余产品,也就是除供作耕种者自己的生活资料以外余下的产品量，会有不断增长的趋势。这或者是由于农业技术进步和资本增加而提高了土地的绝对肥力；或者是由于土地的相对肥力、即相对于耕种者人数的产量有所降低，使贫民阶级不得不以较少量的农产品为满足；或者是由于这两个原因的共同结合。就这两个原因来说，一个是有利的，一个是有害的。在这个国家，在劳力的一般使用情况下，我们大致有一瞰可以生产谷物 40 蒲式耳的耕地 100 万瞰，这是个优点；我们未曾有 100 万瞰以上这样的耕地，这是个缺点。一个农业劳动者所生产的平均量远远超过一个农户在粮食方面的绝对需要，这是个优点。就我们肥沃土地的限度及资本的数额而论，与我们的人口对比，并不足以使一个农业劳动者，为其本人或为其一家的利益，直接或间接消费他所生产的全部，这是个缺点。要产生地租，优点和缺点就必须共同存在。前一点所促成的是对地租的要求；后一点所促成的是地租的支付。

李嘉图先生所注意的似乎专在于缺点。但是，即使这个缺点没有扩大，甚至还有所缩减，地租仍然有可能大大地增长。如果某一地产的所有人能够把它的产量一下子增加两倍，他就可以按更大得多的比例提高其地租。地租这样的提高是不是由于自然赐予的吝啬呢？也许可以说，这是由于国内其他耕地的生产率比较低。无可否认的是，如果这个国家所有耕地的生产力能够突然增加两倍，而人口没有变动，则地租总额将降低，这时除了靠地租过活的一个比较小的阶级外，所有各阶级的生活状况将显著改善。但是，如果我们的人口也增加两倍，地租将大大提高，地主的处境将改善，其他各阶级的处境却并没有恶化。实际上，由于人口密度提高而促成的分工的进一步贯彻和交通的进一步便利，会使我们的制造品价格降低，质量提高，因此一切其他阶级的生活状况都将有所改善。如果人口不是增加两倍而是只增一倍，国家的情况就还要好。这时地租虽然不会提高到人口增加两倍时所提高的程度，但仍然会有极其显著的提高，不论是农产品或制造品，都将比以前更加丰富。这实际上就是近130年以来已经发生的情况。英国从18世纪初以来，人口增加了大致一倍。农产品肯定增加了两倍，也许三倍。地租提高得还要显著；但与这一提高同时存在的是工资的提高，这是根据工人所消费的每一种商品来估计的，其中只有少数商品如烈性酒和蒸馏酒是例外，那是特种税的对象。工人以同样的劳动，可以获得较多的谷物，可以获得大约五倍于以前那样多的最合用的商品。说地租提高是由于大自然提供得少些，说对它的协助所支付的代价增大是由于它的赐予越来越吝啬——这话说得公平吗？如果土地的生产力不是增加两倍而是增加一百倍，地租也许不会提高，这一点是事实；但是如果土地的生产力不是增加两倍而是保持稳定，地租也不会提高，这也同样是事实。对自然的劳动的报酬说来，其必要的条件并不是如李嘉图先生所说的那样它所提供的助力应当是少的，而是说它所提供的助力应当不是无定限的。

地租并不是起因于人的力量，而是起因于自然的力量，其数额并不取决于其受领者的愿望或努力。土地或任何自然要素的所有人向使用时愿意付租的那些人所取得的租金数额，是这些人在互相竞争下所不得不照付的数额。由于这是一项纯利得，不管其数怎样细微，他所接受的总是对方所提供的最大数额。另一方面，租金的数额也并不取决于支付租金的那些人的愿望或努力。不管一种被占有的自然要素的服务的价值怎样，这一价值必须由愿意使用这一服务的人支付，这时交易的双方都明白，这一服务如果不由这一申请人租用，必然会由别一申请人租用。因此，其数额并不受什么通则的支配，其间既没有最低限度，也没有最高限度。决定这个数额的是，自然对某些生产手段所给予的特有生产力的限度，以及这些手段的数目跟能够并愿意租用这些手段的人的数目和财富的对比。现在邻近纽约的土地每畮售价大约1 000镑，而在一个世纪以前以一美元的代价就可以取得。

利润和工资的相对数额

利润和工资差不多在一切方面都跟地租不同。两者都有一个最低限度和最高限度。所以有一个最低限度，是由于两者都是出于一种牺牲的结果。利润的最低限度是什么，也许有些难以确定；但是很明显，每个资本家既都具有不将其资本使用于直接的和非生产性的享乐这一动机，就必然需要超过某一可以设想的最低限度的报酬。至于可以断然确定为工资的最低限度的，当然是使现有劳动人民得以生存时所必要的那个数额。另一方面，由于工资率多半取决于工人的人数，利润率多半取决于资本的数量，因此，不论是高工资或高利润，都有一种自动促使减退的倾向。高工资会促使人口、因此也就是劳动者人数增加，高利润会促使资本增加。在本书下面会看到，如果用以支付工资的资本的数量增加，而劳动者人数不变，利润将下降；如果劳动者人数增加，而资本的数量和劳动的生产力不变，工资将下降；如果劳动者人数和资本数量按等比例增加，则由于双方对于所需要的自然要素的服务都将有较大比例的负担，工资和利润都将下降。虽然也许不容易为工资或利润设定一个最高限度，但一般说来可以认为，没有一个国家会在相当长时期间不断地保持着常年百分之五十的利润率，其工资也不会达到那样的高度，使劳动者的所得十倍于全家所需要的生活资料的数量。

亚当·斯密断言，"劳动和资本在同一地区的不同行业中整个说来的利害得失，必然或者是完全均等，或者是不断地走向均等。在同一地区，如果有某一行业显然比其他行业更加有利或更加不利，则必然会有许多人在前一情况下涌向那个行业，在后一情况下脱离那个行业，使该业的有利程度不久仍然回到其他各业的水平。至少在一切听其按自然趋势演进的社会——在那里每个人可以完全自由选择他认为适当的职业，并且可以随时改业——情形必然是这样。这时各个人的利害关系会促使他寻求有利的行业，避开不利的行业。"(《国民财富的性质和原因的研究》第1篇，第10章。)

亚当·斯密这段话显然是正确的。同样明显的是，如果不存在干扰因素，某个人为了求得比较有利的活动场所以运用其智力和体力，固然会从同一地区的这一处迁移到那一处，但由此也会使他从这一村迁移到那一村，从这一国迁移到那一国。从商业的立场说，整个文明世界是连成一片的一个广大地区；使利物浦和伦敦所获得的利润趋于均等的那些原因，也足以使伦敦和加尔各答所获得的利润趋于均等。但是，试研究一下具体情况就会看到，有些人彼此显然经历着同样的辛劳和同样的节制，而所得的报酬却相差得那样大，会使我们感到惊奇。作为一个列兵的劳苦工作，将军们大半可以免除，而后者所得的报酬高于前者百倍以上。大律师一年可以挣1万到15 000镑，一个抄写员工作时一样地小心谨慎，其工作甚至更加使人腻烦，而一年的薪水只得100镑。国库券购户愿意付出巨额溢价，目的只是为了使其垫支资本可以获得常年3厘利润的权益，而作为一个店主，如果获得的利润低于2分，就会觉得生意很差。伦敦的银行业者如果能够获利七厘，就觉得很满意了，而在加尔各答的他的合伙人所要求的利润却是1分5厘。

决定在一定时间和一定地点的工资平均率和利润平均率的因素。上述差异部分是实在的，部分是表面的。单就其实在的方面而论，部分是由于各种生产手段也就是收入的各种来源彼此间发生的影响，例如利润率对工资量以及工资量对利润率所发生的影响；部分是由于劳动者和资本家除单是经受辛劳和节制之外还必须作出的牺牲的严重程度的高低不一；部分是由于资本和劳动从一个行业转移到另一个行业时的困难。这种困难部分是由于实质上的障碍，部分是由于人类的习惯和制度。关于这些因素对于同一国内劳动和资本的各种不同运用中的工资平均率和利润平均率的影响，我们以后再研究。为了便于进行以下的讨论，经假定其间存在着某一工资平均率和某一利润平均率；现在要试图说明的是决定这些平均率的一些因素，也就是要说明决定在一定时间和一定地点的工资平均率和利润平均率的是哪些因素。上面已经提到，研究政治经济学困难的根源之一是各种命题的相互依存。工资理论和利润理论的依存关系极其密切，因此，对于要影响这一个

的因素，如果于研究时不注意到影响那一个的一切因素，就无法得出一个完整见解。我们应当尽可能地将两者分开，并先从工资开始，因为这是能够最大限度地加以各别研究的一个专题。

应用到工资时的高和低这些字眼的意义。我们已经给工资下的定义是，劳动者运用其智力和体力时所得到的报酬。工资会随着这一报酬限度的比例，而被说成是高的或低的。用以估计这一限度的有三种不同的尺度，因此，使用高工资或低工资这些字眼时有三种不同的意义。

第一，把工资说成是高的或低的时，所依据的是劳动者在某一时期所赚得的货币量，而不计及这项货币所能买到的商品；例如我们说英国的工资从亨利七世王朝以来有所提高，这是因为劳动者一天的所得现在是 1 先令 6 便士或 2 先令，而那时只是 4 便士半。

第二，把工资说成是高的或低的时，所依据的是劳动者所能取得的商品的数量和质量，而不计及他的以货币计的收入；例如我们说英国的工资从亨利七世王朝以来有所下降，这是因为在那个时候一天他可以挣得小麦两配克，而现在只能挣得一配克。

第三，把工资说成是高的或低的时，所依据的是劳动者在他自己的劳动成果中所取得的份额，而不计及那一成果的总量。

第一种只是用货币量来计量工资的命名法是通俗的用法。在第二种用法下，考虑工资时所计及的只是劳动者所取得的——说得正确些，是他的工资所能买到的——商品的数量和质量，亚当·斯密一般所采取的就是这个用法。按照第三种用法，考虑工资是高还是低时，所计及的只是劳动者在其劳动成果中的份额，这是李嘉图先生所采用的，也是他的许多追随者所沿用的。

在我们看来，关于高工资和低工资这类字眼的上述最后用法，始终是李嘉图先生在政治经济学术语的许多革新中最不恰当的一种革新。首先，即使我们所讨论的是工资这一专题，由此也会使我们看不到最足以影响劳动者生活情况的一些事实。在这样方式下，确定一个劳动者的工资是高还是低时，所要探求的不是他所得到的报酬是多还是少，不是他在衣、食、住等等方面的情况是好还是坏，而只是在他所生产的事物之中属于他的那个部分是多少。近四五年来，有许多手艺人用手工费两个星期的时间织成 1 匹布，所得的代价只是 8 先令 3 便士，而由资本家售出的价格也相差极微，只有 8 先令 4 便士。煤炭商付给他的雇工的工资一般是一星期 2 镑，而对他的顾客索取的这一服务的代价是 2 镑 10 先令。但是按照李嘉图先生的命名法，织工一星期 4 先令 1 便士半的工资却要比运煤工人一星期 2 镑的工资高得多，因为前者所取得的占其劳动价值的 99%，而后者只占 80%。

这样的命名法即使不受到这一责难，即使在这一命名下所要促使人们注意的这一点，对工资说来是最重要的而不是最不重要的；但是，由于使用它的作者于使用时在含义上既难免前后不相一贯，而且容易流于晦涩，也仍然是不恰当的。将全新的意义加在惯用的名词上而使用时绝对不滑到旧义上去，这是简直不可能的。例如李嘉图先生说，“只有工资上涨才能影响利润”（《政治经济学及赋税原理》，第 118 页），“凡是会使劳动工资提高的东西都会降低资本利润”（第 231 页），“高额工资一定会通过夺去劳动雇主实际利润的一部分而使他仍受到影响”（第 129 页），“劳动工资降低，资本利润就会提高”(第499页);这里的所谓高工资,他指的都不是较大的数额,而是较大的比例。但是,当他说“高额工资刺激人口增加”(第88—361页)时,这里的高工资他指的却是较大的数额。有许多他的追随者和反对者则以为,他所使用的高和低这些字眼指的是数量而不是比例。结果是,从他的名著出版以后形成了一种见解,认为高工资和高利润是互不相容的,这一边多些,那一边就会少些。只须用实际事例来稍微考验一下,就足以证明这一理论的荒谬。一般的假设是,平均说来,资本家关于其劳动工资所作出的预付计为期一年,他所取得的,除去地租,为劳动者所生产的价值的1/10。我们却认为,在英国的利润平均率比这个还要高些,预付的平均时期还要短些。关于这个问题我们在曼彻斯特作了多次调查,发现一般的意见是这样:制造业的资本平均一年周转两次,每次获得的利润为5%;零售商的资本,平均说来一年周转4次,每次所得的利润约为3.5%。根据这类资料,劳动者的份额比通常作出的估计当然要大得多。但是我们认为通常的估计是正确的,除去地租之后,劳动者所取得的平均为他所生产的价值的9/10。在这种情况下,如果将工资数额提高1/10,比方说从一星期10先令提高到11先令,如果这一提高是要从资本家的份额中减去的,则利润将全部化为乌有。如果工资提高1/5,从一星期10先令提高到12先令,则将使资本家受到的损失相等于他原来所得利润的全部。工资降低1/10,就足以使他的利润增加1倍;工资降低1/5,就足以使他的利润增加两倍。我们晓得,达到工资数额的1/10、1/5或更大的普遍变动并不是不常见的事。可是,谁曾听到过由此会对利润发生如上所述的效应?

然而这个学说却获得了理论家和事业家双方的认可。技工和机器委员会向弗兰西斯·普莱斯(Francis Place)先生征询(见第一次报告,第46页[①]),“雇主是不是会由于工资上升而提高其产品的价格?”他回答说,“不,我相信再没有比有关工资的这个方面的政治经济学原理建立得更确定的——工资的增加必然来源于利润。”

当普莱斯先生的雇工有那么一天向他提出增加工资的要求时,他可曾引用过这一学理呢?甚至该委员会自身抱的似乎也是跟普莱斯先生同样的见解。这个问题非常重要,因此不厌其烦地从该会第二次会议报告中摘录了下列节段。

“近五十年来,将支配工商业行动的一些法则整理成一门科学的那些知名之士,企图用理论和事实证明,低工资的效应并不是降低用以制成的商品的价格,而是提高低工资国家的利润的平均率。这一命题的解释,占去了已故李嘉图先生关于政治经济学原理那部名著的很大一个部分,并且由麦克库洛赫先生在下列证词中作了精辟的阐述,本委员会深望这里的证词能引起议会的注意:

“‘关于工资率变动对商品价格的效应这一问题,您留意过吗?’‘留意过的。’

“‘您是否认为工资提高时,商品价格会按比例地上涨?’‘我认为工资实际提高时对商品价格不会有任何效应——哪怕是极其细微的效应。’

---

① 1824年会议。

“‘那么，假定工资在法国实际上比在这个国家的低，您是否认为情势会使法国人在国外市场居于比我们有利的地位？’‘不，我没有这样的想法；这不会使他们得到任何有利条件。我认为由此会使在法国的工业产品的分配，跟在英国的这一分配有所不同；所引起的效应只是这一些。跟我们的情况相比，在工业产品中，法国劳动者所获得的将是一个较低的成分，其资本家所获得的将是一个较高的成分。’

“‘如果法国工厂主以低于英国工厂主的代价取得劳动，他难道不能按较低价格售出他的商品吗？’‘构成商品的价值的完全是劳动和利润，因此，法国工厂主以低于英国工厂主所支付的代价取得劳动这一事实的全部和唯一的效应是，使他能够获得多于英国工厂主所获得的利润，而不是降低他的商品价格。总之，法国的低工资率树立了在法国一切工业部门中的高利润率。’

“‘以英国的工资同法国的工资进行比较时，您得出什么结论？’‘我得出的结论是这样：如果英国的工资实际上高于法国，其唯一效应是，英国的资本利润将低于在法国的这一水平，至于对两个国家所生产的商品的价格，却不会发生任何效应。’

“‘您说工资不会影响价格，那么影响价格的是什么？’‘是生产商品时所必要的劳动量的增加或减少。’

“‘假定机器可以自由出口，因此法国可以买得那种机器，您是否认为在那样情况下，我们仍然可以保持我们现在所享有的那些有利条件？’‘我认为这些有利条件是可以保持的；因为机器出口既不会降低我们的工资，也不会提高法国的工资，这就可以使我们充分保持现在所享有的有利条件。’

“‘请您给本委员会解释一下，为什么您认为，跟英国工厂主相比，尽管法国工厂主的利润较大，而他却不愿意将售价降低到英国工厂的售价之下？’‘因为假使他要这样做，他所接受的资本利润率，就不得不低于其他法国资本家所享有的利润率，我认为一个有理智的人不会在这样的原则下采取行动。’

“‘您的意思是不是说，虽然法国工厂主对他雇工所付的工资只有我们这里工厂主的这一支出的一半，可是由于他的工资支出，一般说来，跟法国的其他方面的工资支出处于同一水平，使他的利润也跟其他方面的利润处于同一水平，因此不愿意把他的售价降低到英国工厂主的售价之下，以致使他的利润低于在法国的利润平均率？’‘正是这样。我认为在利润率方面事实上不会存在这种参差情况；除非他愿意接受低于法国一切其他生产者所取得的利润，否则他就无法将他的售价降低到英国工厂主的售价之下。我们可以用英国日常见到的事例来说明这一点；这里您决不会找到这样一个最优等土地的所有人，他在马克巷出售其产品时所索取的价格，却低于国内最劣等土地的所有人或农场主出售其产品时所索取的价格。’

“‘法国工厂主如果降低他产品的售价，岂不是可以扩大他产品的销路吗？’‘假使他这样做的话，那么销路越大，他在利润上的损失也越大。’”①

我们所以摘录这一段，目的是在于表明该委员会的见解，而不是表明麦克库洛赫先生的见解。从麦克库洛赫先生作出的证词中

① 《工具和机器输出特别委员会报告》，第 13—14 页。1825 年会议。

可以看出，他提到实际高或实际低的工资时，指的并不是较大或较小的数额，而是较大或较小的比例。但是该委员会似乎以为他的意思指的是较大或较小的数额。

布莱德伯里(Bradbury)先生以前曾说过，法国的通常工资约为在英国支付的工资的一半。

他被邀请作答，“您怎样会认为，由于法国的工资较低，会使法国工厂主居于比英国工厂主有利的地位?”“我认为，如果纺1磅棉花，他们付给工人的工资是3便士，而我们付给的是6便士，他们在成本上就每磅占到了3便士的便宜。”

“您的意思是不是说，由于法国人支出的工资较低，他们就可以按照低于英国的售价售出其产品?”“他们的售价，每磅可以比我们的低3便士。”

“您的意思是不是说，他们所索取的产品价格将随着他们所支出的工资率而上升或下降?”“在我看来，售价是可以随着成本的高低而升降的。”

“这就是说，您所以认为低工资使他们居于有利地位的理由和根据，完全在于低工资能够使他们以比支付高工资的情况下为低的价格出售其产品，是不是这样?”“是的，劳动是成本的一个重要组成部分。”

“您是不是认为，如果成本提高而价格没有相应地提高，这就构成了当事者的损失?”“在我看来是这样。”

“业主会不会把他的利润减少些呢?”“他不妨这样做；但这实际上就是损失。”

“情势会不会使他能够负担这种由工资差异造成的损失呢？”[①]“假如他愿意作这样牺牲的话，也未尝不能。”

“利润会不会减少到完全不存在的境地呢？”[②]“依我看来，这样的情况是很容易出现的。”（《技工和机器特别委员会第五次报告》，第547、549、550页。）

为了这一证词，麦克库洛赫先生再度受到征询。征询是这样开始的：

“关于本委员会上提出的一些证词，您看到了吗？”“只看到一部分。”

“关于布莱德伯里先生作出的证词您看到没有？”“看到了一部分。”

“他认为由于法国的工资较低，因此那里的工厂主处于比英国工厂主有利的地位；关于这个部分您也看到了吗？”“我看到了。”

于是接着问下去：

“关于工资率波动对商品价格的影响这一问题，您曾否留意？”

实际情形是这样，如果该委员会理解到麦克库洛赫先生说的所谓高工资或低工资，指的并不是较大或较小的数额，而是较大或

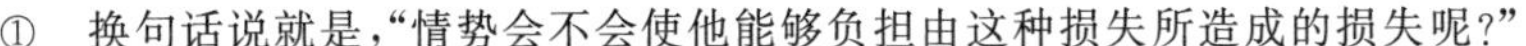

① 换句话说就是，“情势会不会使他能够负担由这种损失所造成的损失呢？”

② 这一问题似乎是由另一发问者提出。为了对布莱德伯里先生清楚而富有理解的证词作出公平评判，我们应当指出，他决没有陷入一般所极容易犯的通病，以为普遍存在的高工资率会对国家不利。他一开头就假定，在英国机器和英国管理员的协助之下，法国纺织工人也可以具有和英国纺织工人同等的生产力。这时如果法国人工资仍然只是英国人工资的一半，他认为法国工厂主这就能够将售价降低到英国工厂主的售价之下。在这样的虽然有可能但事实上万难实现的假设下，从发问者的语气看来，这一正确意见似乎没有能获得该委员会的赞可。

较小的比例，就会明白，他的证词跟布莱德伯里先生的证词并没有共同之处。

我们已经指出，当初李嘉图先生如果用“高”和“低”以外的任何形容词来表达较大比例或较小比例的含义，则由于用词上的含糊而引起的混淆，就完全不会发生。

高工资和低工资这些词还另有两个含义，一个指的是劳动者所取得的货币，一个指的是劳动者所取得的商品；如果所考虑的是在同一时间和同一地点的工资率，两个含义就同样合宜，因为两者指的是同样事物。在同一时间和同一地点，取得最高工资的劳动者所取得的商品也必然最多。但是，如果我们知道高工资和低工资这些词指的是或多或少的货币，或者是或多或少的商品，而牵涉到不同的地点或不同的时间，那就得注意到全然不同的问题。货币工资量在不同期间发生的差异并不能告诉我们什么，所显示的只是在这些时期中贵金属的比较充裕或比较稀少，这类事实并没有多大的重要意义。在不同地点而在同一期间的货币工资量的差异要重要得多，因为这里指的是世界一般市场中不同国家的劳动的不同价值。但即使是这类差异，也不能据以推断任何国家的劳动阶级的绝对情况，只能作为估计其相对情况时的一个不完全的依据。足以使我们掌握某一时间和地点的劳动者的实际情况、或不同时间和地点的他们的比较情况的唯一依据是，以实物支付时构成其工资的那些商品的数量和质量，或者是，以货币支付时其货币工资所能购得的那些商品的数量和质量。劳动者的实际情况或比较情况是我们要在下面探讨的主题，因此我们使用工资这个词时，指的不是劳动者所取得的货币，而是他们所取得的商品；这些

商品的数量或质量有所增加或改进时，我们就认为工资在提高，有所减少或退化时，我们就认为工资在下降。

还有很明显的一点是，劳动者的处境并不取决于他在某一时间所取得的数额，而是取决于他在某一期间——一星期、一个月或一年——的平均收入；所选取的时期越长，估计就越加准确。以周计的工资当然比以日计的具有较大的均等倾向，以年计和以月计的比较时也是这样；如果能够查明一个人在五年、十年或二十年所挣得的数额，和仅以一年为限的调查相比，关于他的处境就可以获得更加清楚的了解。可是，要查明在很长期间的工资数额非常困难，因此，我们力所能及的也许是以一年为期的调查资料。在一年期间，包含着多数情况下相差很大的冬夏两季的工资，也包含着多数菜蔬成熟上市的温和季节的工资，因此多数政治经济学家以一年假定为资本预付的平均时期。

应当看到，关于已婚的劳动者，还得计入他的妻子和经济没有独立的子女的工资，作为他收入的一部分。把这一项略去，对不同国家和不同行业的劳动者的相对处境，就会造成不准确的估计。有些工作是借助于机器动力在室内进行的，所需要的人力只是从旁指挥，关于这类工作，妇女和儿童的努力和一个壮年男子比起来，在效率上也相差无几。一个 14 岁的女孩，可以差不多跟她父亲一样有效地操纵一架机力织机。可是需要体力或经常要受到风吹日晒的那些工作，妻子和女儿就难以胜任，即使是男孩，在未成年的时候，也不能跟他父亲同样有效地进行。有许多曼彻斯特的纺工或织工，他们妻子和儿女的收入，并不亚于、或者甚至超过他自己的收入。农业劳动者、木工或运煤工人的妻子和儿女的劳动收入一般说来是不多的；就这类情况说，做丈夫的收入假定为每周15先令，其合家的收入，这一户也许是40先令，而别一户也许只有17或18先令。

但是无可否认，工人实际上并不能全部享有这种表面的金钱上的利益。妻子难免要减少家务劳动，这就得使用增加的收入的一部分来购买原来可以自己进行生产的一些东西。对孩子们说来，害处更大。幼儿则缺少母亲照顾；年龄比较大的，则因工作疲劳、整天被禁闭室内、缺乏儿童时代需要的休息和游戏而受到摧残，还有为害更大的是缺乏宗教、道德和智力各方面的教育。幼儿院和主日学校的设立以及限制童工工作时数的法规，都是针对这类缺陷的一些治标办法；但是，只要工人的妻子和儿女在出卖他们的劳动，这类措施就有其存在的必要。关于这些方面，严格说来，有些也许并不属于政治经济学范围；但是于分析影响劳动阶级福利的原因时，决不容忽视。

工资数额与劳动价格的区别。我们要促使读者注意的最后一个要点是工资数额与劳动价格的区别，也就是在某一时间劳动者的收入与对于完成某一定量的工作所给付的价格这两者之间的区别。

如果劳动者都是男工，如果个个男工都同样辛勤地工作，在一年间工作的时数也彼此相等，那么这两个措辞是同义的。例如，假定每人每年工作300天，每天工作10小时，那么每个人一年工资的1/3 000即一小时劳动的价格。但这两个命题都不是真实的。我们已经看到，一个家庭的一年收入往往包括妻子和儿女的劳动成果。至于一年工作几天，一天工作几小时，或者工作时劳动强度的高低，都是变化不一的。

规定的一年假日，在耶稣教国家约为50天到60天，在天主教国家超过100天，在印度则据说差不多要占到半年。但是这些假日只限于人口中的一个部分；海员、士兵或仆役简直没有明白规定的假日。

还有，户外劳动，在北纬度和南纬度地域以日照时间为限；在一切地带总不免要受到天气的限制。在室内工作的，就有可能使其每天的工作时数全年一律。并且，和属于自然的原因无关，在不同国家以及在同一国家的不同行业中，每天的工作时间也长短不一；法国大致比英国的长些，英国则肯定比印度的长些。在曼彻斯特的制造业工人一天工作12小时，在伯明翰10小时，在伦敦的店员则很少工作8小时或9小时以上的。

在既定期间，不同种类的劳动者的劳动强度彼此相差更大，实际上往往无法进行比较。矿工和成衣工或店员和铸铁工人，在工作中各自的辛劳程度如何，其间并没有可以衡量的共同尺度。即使是同一种类的劳动，在强度方面，在生产力方面，也有千差万别。受到技工和机器委员会（1824年会议）征询的证人，其中有许多是以前曾经在法国工作过的英国工厂主。他们都认为法国劳动者即使在工作时间内也比较懒散，效率较差。其间有个证人亚当·杨格（Adam Young），曾经在阿尔萨斯第一流制造厂待过两年。委员会问他，“在您看来，那里的纺纱工人是不是跟英国的纺纱工人一样地勤劳？”回答说，“不，英国一个纺纱工人的工作可以抵得上法国的两个。他们早上4点钟起身，工作到晚上10点，实际工作10小时；同样的工作，我们的工人只须花费6小时。”

“您所雇用的有没有法国人?”“有的,一共 8 个,每天工资 2 法郎。”

“那么您一天得到的是多少?”“12 法郎。”

“假使在您手下的是 8 个英国人,您能够多获得多少工作?”“我有一个英国人,就可以完成比有那 8 个法国人时更多的工作。他们做的不能算是工作,只是待着,希望工作会自然完成。”

“法国人制成的纱线,是不是费用较大?”“是的;虽然他们所雇用的工人,工资比在英国的低得多。”(《报告》,第 580、582 页。)

下面埃德温·罗斯(Edwin Rose)在 1833 年工厂调查委员会上作出的证词,有关的是稍后一个时期,由于作证者有广泛经验,内容很有价值。

“就您所看到的,法国的工资是不是比英国的低?”“假如我开个经营什么的商店,雇用的是英国人,不论他们担任的是哪一类工作,我就得想一想,应当给他们多少报酬;但是假如我在法国开个同样的商店,就得雇用加倍的人手来做同样的工作。按各个人计,付出的工资确实是少些;但是应当看到,为此必须置备大于原来一倍的房屋来容纳这些人,多于原来一倍的办事员、会计员和管理员来照料他们,还得置备多于原来一倍的工具让他们使用,而所完成的工作量则和在英国的相等。不止是这样,那里的雇主为了这一切,得负担加上一倍的资金的利息;而且那里的工人遇到工作紧张时,比我们的工人容易显得手忙脚乱。依我看来,不管是什么工作,和这里的情况相比,同样的工作量,在那里总得用加倍的人数来完成;不过那些人的以货币计的工资确是低些。”

“但是,他们的工资实际上是比较高的;您是这个意思吗?”“确是这样；以他们所做的工作和英国人的相比，他们所得的报酬确是较优的。”

“您对于法国工人的看法怎样？”“我认为他们跟英国工人不同，没有那种坚持不懈的精神。我屡次看到这样的情况：他们试做一件工作，如果一上来没有能应手，这就把他们难住了，耸耸肩，把它搁在一边；可是英国工人就会不断地试一次再试一次，不会像法国工人那样快地放手。那里的普通木工或装修木工一天的工资计35苏(Sou)①到40苏不等，其工作极其粗糙，不能和英国的这类工作相比。石工的工资一天计三四个法郎，在打地基这类工作方面比我们的石工做得差，至于就工作的速度说，我认为在同一时间内，一般说来，英国两个石工所完成的足以抵到他们的三个还不止。”

“总之，就您所看到的，有没有一种劳动，兼顾到质量和数量时，对雇主说来，在法国的比在英国的低廉？”“我找不出这样的例子，除非是成衣工和制鞋工人的工资；但是也不能肯定。衣服的售价在法国比英国的高；鞋子却比较便宜，征税时皮革是除外的。”(《工厂调查委员会第一次报告》，第121页。)

即使在同一国家，同一行业，也经常看到这种不均衡情况。大家知道，以劳动的强度而论，散工工人不及包工工人，救济户不及独立的散工工人，罪犯甚至还不及救济户。

很明显，工资率比劳动价格更加难求一致；因为会使工资数额受到影响的，首先是劳动价格的变动，其次是劳动量的变动。

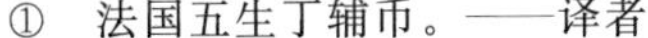

① 法国五生丁辅币。——译者

英格兰劳动者的一年平均工资3倍于爱尔兰的这一数额；但是以爱尔兰劳动者所完成的工作和英格兰的相比，据说还不到后者的1/3，因此，两方的劳动价格也许大致相等。在英格兰，包工工人的工资比散工工人的工资大得多，但是雇用包工工人肯定也同样合算，因为他的劳动价格并不是过高的。实际上不妨假定，在任何时间，任何地点，劳动价格都不会有高低；如果不存在干扰因素——如果一切人都充分了解并服从他自己的利益，如果以资本和劳动从这一地区转移到那一地区，从这一行业转移到那一行业，其间并无困难——则劳动价格在同一时间应当到处都是相同的。但是由于上述困难因素实际上是存在的，因此，即使在同时同地，劳动价格也会有很大差别。至于引起在不同时间和不同地点的工资数额和劳动价格的变动的，还不只是这些因素，还有别的因素，这我们将随后考虑。

这类差异对劳动者和他的雇主会发生不同的影响。雇主所关怀的是使劳动价格保持在低水平上；只要这个价格不变，在某一费用下可以取得某一工作完成量，他的处境就无所变动。如果一个农场主以12镑代价耕好一区田，不论这笔钱是付给3个优级工人的还是4个普通工人的，对他并没有出入。以各自所取得的工资计，3个人的比4个人的多些，但是各自所完成的工作也是3个人的比4个人的多些，因此他们的劳动价格相等。如果3个人的工资是各人3镑10先令，4个人的工资是各人3镑，虽然这3个人的工资比较高，但是他们所完成的工作的价格却比较低。

诚然，足以促使劳动者的工资数额提高一些的原因，也往往足以提高资本家的利润率。如果由于加倍努力，一个人完成了两个人的工作，工资数额和利润率一般就会共同提高。但是利润所以会提高，并不是由于工资上升，而是由于劳动的增益供给的价格有所降低，或者是预付这一代价所必要的时期比前有所缩减，或者是如埃德温·罗斯所举述的情况那样，所雇用的劳动的生产率有所提高。

另一方面，劳动者所关怀的主要是工资数额。在既定的工资数额下，他所关怀的必然是在于他的劳动价格的高低，因为对他所要求的工作强度取决于这一点。但是，不管对他工作中的各个动作的报酬怎样，如果工资数额比较低，他就必然比较贫困，如果这个数额比较高，就必然比较富裕。在前一情况下他得到的是闲暇和贫困；在后一情况下得到的是辛劳和富足。这里决不是认为在对幸福的任何估量中，不应当考虑到工作时间过久或工作过于繁重的不利和保有相当闲暇的有利。但是，我们在本书开头时就指出，作为政治经济学家，我们所关怀的是财富而不是幸福。我们只是要说明事实，以便对学生进行教导，并增加其知识，而不是要为立法者设定条规，对其举措进行指导。于说明财富的生产和分配所依据的一般规律时，我们并不认为增加财富的一切手段都应当受到鼓励，也不认为一切手段都是可以容许的。我们甚至并不认为财富必然是利益。然而，实际上财富和幸福很少是对立的。出于自然的意向，人类必然要进行劳动，它为了减轻人们对劳动的厌恶，长期不活动会使人感到痛苦，并且使劳动和报酬的概念牢固地结合在一起。贫苦和处于半工作状态的爱尔兰劳动者或更加贫苦、更加懒散的蛮人，和勤劳的英国技工相比，论收入固然不及，论幸福也差得多。英国人有时也许勤奋过度；为了改善生活，有时也

许因积劳而致病，虽然收入增加而所得不偿所失。但这样的情况并不是一般的；这可以通过以英国人民现在的寿命长度和以前的、并和其他国家的人民的寿命长度作一比较来加以证实。一般认为，近五十年来我国人民在勤劳程度上有显著增进，这些人现在是世界上最勤奋的劳动者。但是在这一整个期间，他们寿命的平均长度在不断增加，看来现在还在增加中。尽管有许多职业显然有害健康，尽管其中有许多人不得不在烟雾弥漫中以及似乎对他们损害更大的尘土飞扬中每周工作 69 小时，但是整个说来，和处于最有利的乡土和气候下工作轻松的那些人相比，他们却享有较长的寿命。

根据里克曼(Rickman)先生的计算，在英格兰和威尔士，其一年平均死亡率是 49∶1。根据救贫法委员会于 1834 年开始的对美洲和欧洲劳动阶级处境的广泛调查，其死亡率之低可以和英国相比的，只有挪威和比利牛斯山区，前者的死亡率为 54∶1，后者为 50∶1。至于列入调查范围的其他国家，其死亡率有的超过英国 1 倍，多数超过英国 1/4 以上。[①]

上面说明了劳动价格和工资数额两者之间实际存在的差别，今后我们将把每个劳动家庭看成是由同样数目的成员所构成，这些人具有同等的劳动程度。在这样假设下，劳动价格与工资数额间的差别就不复存在；实际上也就是说，其唯一差别在于前者指的是工作中各个动作的报酬，后者指的是每年年终时把这些各个报

① 见西尼尔：《对外交通问题序言》(*Preface to Foreign Communications*)，第 238 页。

酬加起来的总计。现在要解答的问题是，决定某一国家在某一时间其劳动家庭一年中取得的商品的数量和质量的是哪些因素。

决定工资率的近因

近因看来是很清楚的。各个劳动家庭在一年间所取得的商品的数量和质量，必然取决于一年间直接或间接分派给劳动人民使用的商品的数量和质量对劳动家庭（在这一名词下包括所有依靠其自己的劳动而生存的那些人）户数的比率；简短些说就是，必然取决于维持劳动者的基金限度对被维持的劳动者人数的比率。

与这一论点不相一致的七种不同见解的讨论。这个论点似乎极其明了，简直是不用解释的；如果政治经济学是一门新科学，我们就可以把它加以设定而不必再附说词。但是，必须向读者说明，这个论点与许多见解不相一致；这些见解，其中有的由于支持的人很多，有的由于是出于权威的主张，因此有加以考虑的必要。

第一种不同的见解。这个见解认为工资率完全取决于一个国家的劳动者人数对资本量的比率。资本这个词曾在许多意义下被使用，因此难以用这个词来确切说明这个见解。但是就我们所知，关于这个词的种种定义，没有一个不包括许多不是劳动阶级所使用的事物；如果我们的论点是正确的，这些事物的增减就不会直接影响工资。如果这个国家所存的板玻璃明天有一半要毁坏，这个国家的资本将有所减少，但受到损失的只是拥有或希望拥有板玻璃的那些人，而劳动阶级并不包括在那些人之内。但是，如果次级板烟的现存量有一半被摧毁，则其直接后果是工资下降；用以估计这一下降的并不是货币，而是劳动者所消费的商品。他所取得的货币工资虽然不变，但是所取得的板烟数量将减少；否则如果他不愿意减少板烟的消费，他对其他事物的消费势必比以前减少。还有，如果一个外国商人到这个国家来安家落户，带来了一船货物，内容是生丝、丝织品、花边和金刚钻，由此将使这个国家的资本有所增加，丝绸、花边和金刚钻的存量比前充裕，使用这些东西的人们的享受将比前有所增进，经假定为不是丝绸、花边或金刚钻的消费者的劳动者的享受，却不会由此直接有所增进，但也许会间接地或相应而生地有所增进。生丝经加工后可以再输出，换回供劳动者使用的商品，那个时候——也只是到了那个时候——工资将上升；但是促使工资上升的，并不是这个国家的资本的以丝绸形式构成的最初增加，而是以劳动者使用商品的形式构成的经过替换的增加。

第二种不同见解。这个见解认为工资取决于劳动者人数对劳动者所属的那个社会的总收入的比率。就上节举示的例子说，当花边或金刚钻出现了新的供给时，使用花边或金刚钻的那些人的收入将增加，但工资并不是用来购买这类物品的，因此工资依然不变。实际上还有可能举出一些例子，表明即使社会中很大一个部分的成员的收入有所增加，而劳动者的工资仍然会在其人数没有增加的情况下有所下降。假定爱尔兰的主要贸易是为英格兰市场提供农产品，每200嗽由农民10户从事种植，所生产的，一半供作他们自己的生活资料，还有一半是谷物和其他可以出口的农作物，所需要的劳力彼此相等。在这种情况下，如果英格兰市场不是对谷物的需求有所增长，而是对家畜、家畜肉和羊毛的需求有所增长，这时对爱尔兰地主和农场主有利的是把耕地转变成牧场。这时每两百畮地不再需要十户的劳动，也许两户就够了，一户从事于种植两户所需的生活资料，还有一户则照管牛羊。于是地主和农场主的收入将增加，如果将增加的收入全部用以购买爱尔兰的劳动，那就大家都可以沾到利益。但是，如果他们将所增收入的大部分用以购买英格兰制造品，则很大一个部分的爱尔兰劳动者的服务将不再有需要；很大一个部分的土地，原来用以生产供他们使用的商品的，将用以生产供英格兰使用的商品，这时尽管地主和农场主的收入有所增加，用以维持爱尔兰劳动者的基金将下降。

不在当地（absenteeism）。第三种不同见解。这个流行颇广的见解认为，地主、公债持有人、受抵人和非生产性消费者的不在当地，不利于不输出农产品国家的劳动人民。

对输出农产品的国家说来，这样的“不在当地”也许会使工资降低。爱尔兰的一个地主，如果住在他自己的所有地，他必然需要某些人的服务，而这些人也必须住在那里，照顾他的日常需要。他必然要雇用仆役和园丁，也许还要雇用猎场的看守者。如果他要盖房子，就必然要雇用泥水工和木工；他的家具有些也许是进口的，但大部分必然是在他的附近地区制成；他的土地——或者说他的地租，实际也是一样——的一部分，其用途必然是为这些人供应在衣、食、住各方面的所需，以及为从事于这类生产的人供应其所需。如果他迁居到英格兰，所有这类需要即将由英格兰人供给。原来用以供应爱尔兰劳动者的生活资料的土地和资本，这时将用以生产出口到英格兰以供应英格兰劳动者所需的谷物和家畜。总之，供爱尔兰劳动者使用的商品总量将减少，供英格兰劳动者使用的将增加，结果是英格兰的工资将上升，爱尔兰的工资将下降。

诚然，在地主的收入方面，不会发生同样广泛的影响。他如果住在爱尔兰，就必然要消费许多外来商品，必然要购买爱尔兰的气候和它的制造业所不能生产的茶、酒、糖以及其他东西，也必然要将谷物和家畜运到英格兰以抵偿他所购入的商品。还有，他如果住在爱尔兰，也许要把他的土地和地租的一部分用于别的、使劳动人民并不能由此获得利益的方面，如设置猎鹿园、游乐场、养马、养犬等等。他迁离之后，原来作为园囿的那些土地，就可以部分用以生产出口商品，部分用以生产种植者所需的生活资料；同样的场所，原来所饲养的马是供他自己使用的，现在则可以适应出口需要。前一类变更是有好处的，后一类变更也并没有害处。还有一点也不容忽视，由于英格兰和爱尔兰之间的路费低廉，他在爱尔兰雇用的那些人，一部分或者甚至全部，未尝不可以跟着他到英格兰；这样，两处的工资就都不会受到影响。维持劳动者的基金和受到维持的劳动者人数，在爱尔兰将同等地减少，在英格兰将同等地增加。

但是，关于爱尔兰业主的不在当地对爱尔兰劳动阶级所发生的假设效应作了这一切折减——并且是很大的折减之后，我们却不能同意麦克库洛赫先生认为这类效应并无重大意义的说法。我们不得不同意一般的见解，认为业主回到当地，虽然不至于对英帝国的繁荣发生影响，但是整个说来，将直接有利于爱尔兰，虽然一般谈到这类有利作用时，未免过于夸张。

麦克库洛赫先生在爱尔兰情况调查委员会上的一次有名的作证中(1825 年会议，第四次报告，第 814 页)，被邀请作答，“假使爱尔兰的主要出口品是家畜，相当大的一个部分的地租就是用这个方式汇出的，那么这样获得的付租手段的方式，对贫民生活的改善说来，是不是没有广泛使用他们的劳动时所获得的付租手段的方式那样地有利？”回答说，“除非地主回到家乡时变更付租手段，否则不会因他的居处问题发生任何影响。”

委员会又问，“如果地主把迁居到英格兰之后要汇到那里的地租的一部分留在他的故乡使用，这是否有利于他故乡的居民？”“不，我看不出这对他的故乡会有丝毫利益。如果您在爱尔兰拥有某一价值的财富，那么您就得把它花在爱尔兰的商品上，花费时不是用这个方式就是用那个方式。家畜不是输出到英格兰就是留在本土。如果是输出的，地主就会由此获得等值的英格兰商品，否则他就会由此获得等值的爱尔兰商品。因此，不论处于哪一情况，地主的生活所依靠的总是家畜或家畜的价值；不管他住在爱尔兰还是英格兰，维持爱尔兰居民的生活的，显然总是完全同样数量的商品。”

这一论证假定，地主住在爱尔兰时，他个人是吞吃了他土地上所饲养的一切家畜的；因为，否则就不可能认为无论家畜是留在爱尔兰还是输出到英格兰，爱尔兰居民所赖以生存的总是完全同样数量的商品。

如果某一国家是不输出农产品的，则“不在当地”的后果将完全不同。那些其收入来源于这样一个国家的人们，除非将他的收入预先在本国花费，否则就不可能在国外花费。

莱斯特郡（Leicestershire）的一个地主居住在他的本土时，用他的土地、也就是地租的一部分来维持为他提供必须在消费当地获得的那些商品和服务的人的生活。如果他迁居到伦敦，他所需要的将是伦敦人的服务，原来用以维持居住在莱斯特的劳动者生活的农产品和资本将被运出，以维持居住在伦敦的劳动者的生活。劳动者也许将跟着迁移，莱斯特郡和伦敦的工资这就不会有什么变动；但是在这一点没有实现之前，工资在一个地区将上升，在另一个地区将下降。同时，由于一升一降会互相抵偿，维持劳动者的基金和受到维持的劳动者人数将依然不变，同样的工资数额将分配给同样那么多的劳动者；不过分配比例跟以前不完全相同。

如果这个地主迁居到巴黎，这就必然要引起新的分配。由于法国农产品价格比英国的低，并且由于两国之间的语言习惯不同，无法使这一国的劳动者转移到那一国，因此，不论是劳动者或是他土地上的产物，都不能跟着他外移。他必须雇用法国劳动者，必须把他土地的产物，也就是他的地租，转变成可以出口的形式，以便在国外取得这一收入。这里不妨假定，他将以货币的形式取得其地租。即使他这样做，对英国劳动者也无所损害，因为对他们说来，货币本身既不可以为衣，也不可以为食，只要供他们使用的仍然是同样数量的商品，他们就不会受到货币输出的影响。但是他不可能以货币形式取得其地租，除非他愿意受到些无所取偿的损失。伦敦与巴黎之间的外汇率一般比较有利于伦敦；但任何两个国家之间的外汇率——除非一个拥有贵金属矿藏而另一个则没有——几乎从来不会和平价离开得那样远，以致足以抵偿以贵金属从这一国运到那一国时所需的费用。因此，由英国汇款到法国，必须采取运送制造品的形式，或者直接运到法国，或者运到和法国有商业关系的某一国家。怎样取得这些制造品呢？当然是用地主

的地租来交换。他的那一份土地的产物现在得运到伯明翰、沙菲尔德、曼彻斯特或伦敦,用以维持从事于生产为他的利益而运送到国外销售的那些制造品的劳动者。一个不在本国的英国地主使用他的收入时,就好像是他依然留在本国,不过他所消费的没有别的,只是五金和棉花。他所购买的,不是园丁、仆役、家具商和成衣工这类人的服务,而是纺织工人和刃具工人的服务。不论处于哪一情况,他的收入总是用于维持劳动者,不过劳动者的类型不同;因此,不论处于哪一情况,维持劳动者的整个基金和受到维持的劳动者人数依然不变,劳动者的工资也不会受到影响。

但是,实际上这项基金在数量上将略有增加,在质量上将略有改进。数量所以会增加,是由于以前用来作为园囿或用以养犬养马、繁殖野兔、野鸡的那些土地,现在却可以用来生产人们在衣食方面的所需。质量所以会改进,是由于制造品的生产增加以后,分工可以得到进一步贯彻,可以使用更多更好的机器,并且可以获得必然会由此引起的其他改进。

在我们看来,结果只有一个不利因素,即在外地主逃避了大部分的国内赋税。我们说逃避了大部分,这是因为,他既然是房产或地产的所有人,就负有收租时纳税的义务;对于制造品的原料,他也负担一部分的税;如果我们对收入或出口品实行征税,他对国库岁入所不得不提供的,也许比住在本国时还要多些。但是按照我们现在的制度,征税的对象主要是供国内消费所生产的商品,因此,他所取得的收入大部分是未经折减的,结果是他所缴纳的税的大部分,所支持的并不是英国政府,而是法国或意大利政府。这一不利因素与上述有利因素也许可以大致相抵,因此,对于单是出口制造品的国家说来，它的非生产的成员居住在国外时，它既无所得，也无所失。

这里也许有必要向读者再提醒一下，我们从事于写作政治经济学时，所注意的只是财富和贫困。对于研究促进国家福利的原因的那些作家说来，决不容忽视“不在当地”的道义上的效应，但这却并不在政治经济学家的研究范围之内，我们对此也并不感到遗憾，因为在这一问题上要获得令人满意的研究结果，比经济效应的研究要困难得多。但是从某一方面看来，道义问题却是比较简单的，因为这里无须考虑到输出的是农产品还是制造品，也无须考虑到不在当地的地主是居住在国外呢还是居住在本国的另一城市。如果认为有他在场是道义上有益的，那么所谓在场指的就必然是他居住在他的本土。他对本土的居民说来，当他不在场时，他居住在他本土以外的哪一处是无所谓的。亚当·斯密认为，他的在场是道义上有害的。他说，“当一位贵人居住在那里时，一般说来，会使那里的下级居民趋于放荡和贫困。一个大村庄里的居民在工业制造方面已经获得相当进步，可是有个大地主卜居在其地之后，人们就会变得懒散起来。”(《国民财富的性质和原因的研究》第2篇，第3章。)像麦克库洛赫先生那样的忠实和明察，作为一个观察者我们是可以信得过的；根据他自己的经验，他认为在苏格兰的情况是，凡是在外地主的田地，总是管理得最为妥善。当然，在很大程度上要看各个情况而定。依我们的看法，一般说来，大财主的在场，对其近邻会发生道义上的损害，而拥有中等财产的人们的在场则对其近邻在道义上有利。作为豪门望族的一切成员，总不免在不同程度上存在着奢侈放纵的习惯，这种行为本身就是个坏榜样，

更糟的是，这是引起种种愤懑不平的根源。客厅和马房会使邻近的士绅们妒羡，女管家的屋子和一般的仆役室会使下一级的人们感到不平。但是具有中人之产的人家，一年收入在 500 镑到2 000镑之间，其所处地位似乎最适宜于发扬道德上和智力上的优点，把这类优点传布给和他们相处的以及依赖他们的那些人。一个规规矩矩的人家，遇到民间有争执时即从中排难解纷，见到游惰不上进的即进行督促鼓励，对善行则加以表扬，对恶行则加以谴责——毫无疑问，这些都是改善当地风气的最有效方式。在我国差不多每一个教区，总存在着这一类代表人物，这些人既有相当财产，也有相当教育；他们感到不仅是出于礼俗上的要求，而且是无可推诿的责任，应当从事于上述的一些服务。我们应该把这一情况看成是我国的幸运。像这样成千上万的有教养的人家，散处在全国各地，各自成为其本地区的一个小小的文化中心；这是个极大的优点，只是由于我们已经司空见惯，所以觉不到它的可贵。

可是，我们依然认为，即使是"不在当地"的道义上的效应也是被夸大了的。据说英国居住在国外的地主约计12 000户；那些对这一现象不以为然的人们似乎没有看到，他们即使返回本国，除开其中的不到一半、甚至还不到 1/4 的部分以外，势必居住在国内的一些大城市，而在这些地区，他们的感化力是白白浪费了的，也许连发挥作用的余地都没有。就诺森伯里亚(Northumbria)或得文郡的农民说来，他们的地主无论是住在伦敦或切尔腾安(Cheltenham)[①]

① 英国格罗斯特郡(Gloucestershire)的一个市镇，1716 年发现矿泉后成为游人常集之地。——译者

或罗马,对他们有什么意义?即使是住在故乡的那些人,其中能够发挥有益的影响作用的究竟有多少?即使东家是有些美德的,但是在他手下的,你知道有多少为他猎取狐狸的、保育野禽野兽的、追随在左右靠他生活的那些人所作出的坏榜样,会抵消他们的主人所发挥的有益的影响作用而有余?再鲁莽没有的是,把那些能产生好结果也能产生坏结果的原因一概说成是好的。

关于经济上的后果,存在的误解更加普遍。不免要使我们感到诧异的是,如我们在上面向读者提出的那些论证,看来是极其明白的;然而,即使是觉得这些论证是无可訾议的那些人,也不大愿意接受,还有些人则认为其间所涉及的一些说词过于诡异而断然拒绝。

这也许主要是由于把问题中经济的部分和道义的部分混为一谈。许多政治经济学的作家和读者没有能注意到,关于"不在当地"足以使社会中其余成员的道德水平降低、福利减少的那些最明确的证据,并不适用于其目的只是在于证明"不在当地"不会使这些成员的财富缩减的一些论证。

还有个说法,认为地主在场时则利益集中,损失分散,他不在场时则利益分散,损失集中;这也许是错误发生的主要根源。地主离开了他的本土时,我们可以明白指出,哪些商人和劳动者失去了主顾和职业;可是无法追究经常分布在无数行业中的主顾和职业的增加情况。他回到本土之后,在一个狭小的地区范围内一年花上这么2 000镑或3 000镑,这就会使那里的居民增加财富,从而使他们活跃起来。至于在曼彻斯特、伯明翰或利兹(Leeds),尽管可以显然由此推断,会减少这么多的花费,但这却是我们所注意不到的。他村子里的居民会历历指出其利益或损失是由于什么缘由；由此而起的欣悦或怨恨，跟他们所感觉到的利害关系受到的影响程度对照，声响是高的。然而，当一年平均在4 000万镑以上的出口数值增加或减少了2 000镑或3 000镑时，就没有一个制造商会有所感觉。即使他意识到这一增加或减少，他也不会把这一点归因于居住在约克郡或巴黎的某一个人——这个人的存在也许他根本就不知道。有些效应彰明较著，只有通过长期的、可是完全有根据的推理过程才能加以否定；这就没有人可以怀疑，这类效应，不论在有教育或没有教育的民众中，都会占压倒优势。

还有使许多人感到迷惑的一种想法是：因汇出在外地主的收入而将商品输出国外时，这类输出不会得到报偿；对国家说来，这就好像是对外国的献礼，甚至就同按期地把它扔在海里的情形一样。这个说法当然没有错；但是必须想到，凡是被非生产地消费了的，根据这一措辞本身就可以看出，是被消灭了的，是不能获得任何报偿的。两个情况的相异之处只是这一点：驻在地主在国内完成这一消灭行动，在外地主则在国外完成这一消灭行动。不论处于哪一情况，他总是向那些为了供应他的消费、为了他的利益而不是为了生产者的利益而进行生产的人购买服务。如果他住在本土，他会付出工资，叫人给他刷大衣、擦靴子或整理家具；所有这一切在一小时之后依然如旧。如果他住在国外，他对于运到国外的缝针或花布的生产就得付出同样的金额，而这些东西将同样被消费掉，同样不会对生产者有进一步的利益。事实是这样，这些东西售出之后所得的金额，将用来作为付给为他擦鞋子、拔酒瓶塞子的那些外国仆役的工资；如果他不住在国外，就由英国的仆役从事于

这类服务，从而取得工资。非生产性消费者的收入不论是怎样付出的，其性质总是一种献礼；至于消费者是在这里还是在别处享受这类服务，那是他自己的事。我们懂得，一块饼不能同时既把它吃掉又把它留着；同样的道理，一块饼不能同时既把它卖给别人又把它留给自己。

此外，有些尖锐的理论家对这个问题似乎也陷入了错误，他们认为，借助于一种行业，将在外地主的收入汇到国外时，这类行业的利得大都比较低[①]，而花费他的收入时则有利于他所居住的那个地区的人们。[②] 要晓得，假若由此会使某等人受到损失，那就很明显，损失的只是在外地主。他收到地租后，会立即用以购买制造品，为了他的利益而输出，以此作为汇出款项的手段。这就表明，这样花费地租是有助于英国工厂主的买卖的；这样的买卖获利迅速，足以提高工资，从它吸收资本越来越多这一点看，也足以证明其利润丰厚。在外地主这样花费他的收入，就为英国提供了一个非生产性消费者所能提供的一切；他取得收入，随即由于他支出这一收入而使英国获得工资和利润。至于他在款项的汇寄中或随后支付中的得失盈亏，跟这里的讨论并无任何关系；受到影响的只是他自己。如果他居住的地点选择得不适当，则由于汇款拖延时日或汇兑不利，或者是由于物品不精、服务拙劣而代价高昂，会使他受到损失。如果他地点选择得适当，则由于他收入所经历的中

① 参阅朗菲尔德(Longfield)教授：《论商业和在外地主》(*Lectures on Commerce and Absenteeism*)，第 6 页。

② 参阅凯雷(Carey)：《工资论》(*On Wages*)，第 46 页。我们感到遗憾的是，直到本书已经付印，部分已经浇版，才看到这部著作。

间营运，结果使他也许会比在国内所获得的还要多些，花费其收入时也许比在国内还觉得惬意些。但是所有这一切跟英国都毫无关系。

我们认为，对这一问题正确见解的形成所以进展得很慢的最后原因，是由于人们对社会中有势力人物的憎恶。如果告诉那些地主、年金领受者、受抵人和公债持有人，他们的驻留对国家有极大的重要意义，那是再没有比这个更加使他们得意的。如果告诉他们，不管他们居住在布莱屯(Brighton)，伦敦还是巴黎，对社会中其余的人们毫无关系，那是再没有比这个更加使他们觉得丢脸的。即使关于科学的问题，我们作出的判断，有许多也不免要受到我们愿望上的影响；明白了这一点，对于不容许多数知识分子相信上述地主等类人单是居住本国即对国家有很大利益的这种学说所存在的反感，就不会感到愕然。

我们对这一问题也许谈得过于繁琐；但是不进行分析，对广泛存在的错误就无法作有效的揭露。我们到处可以听到这类错误的见解，而且对政治经济学抱着一般正确见解的那些人，也往往不能免于这类错误的看法。这也许可以说是无害的错误，但实际上没有一种错误是无害的；如果我们在习惯上存有过多的真正需要改变之处，那么，当我们对“不在当地”这一问题存有误解时，也许会忽视弊害的真正的和可以补救的原因。

机器。第四种不同见解。我们认为工资率取决于维持劳动者的基金限度对被维持的劳动者人数的比率，而这个见解则认为一般工资率会在两种情况下因机器的采用而降低。

采用机器后会产生这样效应的两种情况中的第一种是，将原来用以生产供劳动者使用的商品的那类劳动，用来从事于机器的制造；第二种是，原来由劳动者消费的那类商品，现在被机器本身所消耗，并且，就这类商品说，它所消耗的多于它所生产的。

上述第一种情况是李嘉图先生在他论机器的那一章里提出的；但叙述繁琐，这里不准备征引原文，只摘录其内容，在措辞上略加变换。他假定有一个资本家，经营的是供劳动者使用商品的制造业务，简括些说就是经营工资品的制造业务。这个资本家原来的经营方式是这样，在每年开始时所投的资本相当于供给某一人数的劳动者——这里假定为 26 人——的工资品；他利用这项资本用 20 个人来生产一年全部 26 个人所需的工资品，用六个人来生产他自己所需的商品。现在则改换了经营方式，他在一年间用 10 个人来生产的不是工资品而是一架机器，这在进行维修和进行操作的 7 个人的助力之下，一年可以生产 13 个人所需的工资品，就是说，所生产的工资品除供给操作机器的 7 个人之外，还可以供给 6 个人。年终时，资本家所处的地位并无变动；他所拥有的是供 13 个人所需的工资品，这是那另外 10 个人在一年间的劳动的产物，还有一架机器，这也是十个人在一年间的劳动的产物，因此价值相等。他的处境将继续不变。每年他的机器所生产的将是 13 个人所需的工资品，其中 7 个人必须从事于机器的维修和操作，6 个人则跟以前一样，可以为他的利益而进行生产。但是我们已经看到，在制造机器的那一年，用以生产工资品的只是 10 个人而不是 20 个人，结果所生产的工资品只供给 13 个人的所需，而不是 26 个人的所需。因此，在那一年年终，维持劳动者的基金将减少，工资必然下降。这里极其重要的是必须注意到，年产量减少是这一下降

的唯一原因。20 个人所生产的是 26 个人所需的工资品，而机器所生产的只是 13 个人所需的工资品。一般人对这一问题的误解在于，认为弊害不是起因于制造机器所需的费用这一真正原因，而是起因于这一机器的生产力。这个看法完全不对，而且事实正相反，这种生产力是机器的特有优点，足以抵消其制造费用这一弊害。如果机器所能生产的不是 13 个人的工资品而是 30 个人的工资品，则一经采用，维持劳动者的基金将增加而不是减少。如果处于如下的情况，也将发生同样效应：机器可以免费取得；或者是，资本家制造机器所需要的费用不是出于他的资本，而是出于他的利润；或者是，制造机器时所需要的劳动，不是在一年间从工资品的生产中抽出 10 个人，而是在两年间从供他自己使用的商品的生产中抽出 5 个人。不论处于哪一情况，从机器取得增益产物所体现的必然是维持劳动者的基金的增加；根据我们的基本命题，这时工资必然要上升。

我们认为有必要把上述可能存在的弊害列入机器理论，作为其中的一个部分，但是决不应给以任何实际上的重要意义。我们认为从来没有发现过这样一个例子：由于无生机器的使用而使一年的总产量减少。部分由于制造机器的费用大都系由利润或地租项下支付，部分由于机器的生产力超过其制造费，因此使用机器的结果必然是生产的巨大增长。这个国家在采用多轴纺纱机之前，一年的原棉消耗量不过 120 万磅，现在则达 2.4 亿磅。在印刷机未经发明之前，任一时期所存在的书本，大概还及不到现在一天印出之数。因此，李嘉图先生关于使用机器的结果往往会减低一国总产品的数量的推断(《政治经济学及赋税原理》，第 474 页)，就这一推断取决于他所假设的事例——其内容我们在上面已经说明——而论，是错误的。

第二种情况是这样：原来由劳动者消费的那类商品，现在被机器本身所消耗，并且所消耗的多于它所生产的。我们认为这个说法只适用于可以称之为有生机器的负重用的牛马的情况。假定某一农场主雇用 20 个人从事于生产这些人自己一年所需的生活资料，还有六个人则从事于生产该农场主所需的商品。如果假定 5 匹马所消耗的相等于 8 个人的消耗量，而能抵得上 10 个人的工作，农场主就值得用 5 匹马来代替 8 个人，这时为他自己的利益而工作的人数就可以从 6 个增加到 8 个。但是将马所需要的生活资料除去之后，维持劳动者的基金就从 26 个人的工资品减少到 18 个人的工资品。无可否认，这样的情况可能会发生，由此也必然要引起苦痛。爱尔兰现在的处境就是这样，在那里也由此造成了许多困难。这似乎是国民经济发展过程中某一时期自然会发生的现象。在社会发展的较早阶段，地主的身份，甚至其自身的安全，主要取决于其从属者人数的多寡。最能适应增加人数这一要求的方式是，将不用来作为他自己的庄园的那些土地划分成小块，各交由一个农户耕种，所生产的仅仅足够其所需。这样的佃户当然无力多缴地租；但是由于这些人多的是空闲时间，并且处于绝对从属地位，使他们有可能并且不得不在太平的时候充当地主的扈从，在对公和对私的战争中，投身在地主的旗帜之下。罗希尔(Lochiel)的凯麦隆(Cameron)一年所得地租不过 500 镑，而他在 1745 年那一次反抗中所率领的 800 个人，却都是从他自己的佃户中征集得来的。但是随着文化的进展，财富成为获得荣誉和权势的主要手段，

地主就宁可多收地租而不乐于拥有大量的随从者。要取得地租时所必须使用的那种方式，其所提供的不是产品的绝对最大产量，而是除去费用之后的最大产量。为了这个目的，面耕达 500 畝的一片耕地，原来由 50 户分种，所生产的仅足以供应这 50 户自己的需要，绝少剩余；现在却必须把它转变成一个农场，使用 10 个农户和同样多的马匹的劳动，由此所生产的也许仅足以供应 30 户的需要。幸好这种变更大都发生在社会大发展的时期；因此，隔了不久之后，由于劳动者在勤奋和技术方面都有所增进，使除去费用之后的产量得以提高。这时维持劳动者的基金由于两个不同的来源而趋于增加——部分是由于在畜力的辅助下使人力的效率提高，部分是由于以畜力代替后解放了一部分人力的结果。这样变动的最后结果总是有利的；但一般说来，变动自身总不免要引起一些弊害。

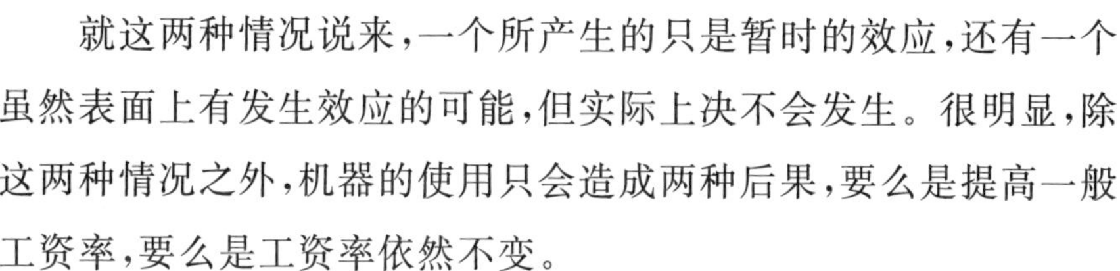

就这两种情况说来，一个所产生的只是暂时的效应，还有一个虽然表面上有发生效应的可能，但实际上决不会发生。很明显，除这两种情况之外，机器的使用只会造成两种后果，要么是提高一般工资率，要么是工资率依然不变。

如果以机器所生产的商品并不是直接或间接供劳动者使用的，就不会由此使一般工资率发生变动。这里所以说一般工资率，因为由此也许会使某些行业的工资降低，但是另一些行业的工资率的对应提高必然足以相抵。我们在伯明翰看到，一个小小的螺旋，用以制造开塞钻，可以完成 59 个工人的工作；就是说，在这一工具的协助之下，一个人所制成的开塞钻，可以抵得上 60 个人用旧有工具在同样时间所制成的。由于开塞钻的用途是有限的，因此需求未必会有那样显著的增长，足以使其生产力有了如上述的提高以后，原来从事于这一制造业的工人仍然可以全部继续就业。结果是，开塞钻制造业的某些工人必然要失业，这个行业的工资率多份要下降。但是，维持劳动者的总基金和被维持的劳动者总人数将依然不变，这方面的下降必然有别方面的上升与之相抵，而所以会上升，从近因中就可以找到——我们只须想一想，开塞钻价格下跌，必然使开塞钻的每个购户留下可供购买劳动的一项基金，其数还应当略大于他按原来的价格购入时所拥有的基金。

如果用机器所生产的是供劳动人民使用的任何商品，则一般工资率将上升。这时工资率不可能下降，这一点是很明显的，其理由上面已经说明。如果在操作上有了显著改进，而商品需求不能作对应增长，原来从事于这类商品的生产的劳动者，必然有一部分要失业，这个行业的工资将下降；这时维持劳动者的总基金既没有减少，这一行业中的下降，就必然有其他行业中的对应上升与之相抵。但是，在操作上获得改进的这一商品的产量增加以后，维持劳动者的基金将增加。因此，采用机器以后，以这一商品估计，一般工资率、也就是劳动人民所取得的商品量将增加，以其他商品估计则不增也不减。

上面所举关于开塞钻的制造，就机器发生的效应说来，是可以设想得到的最不利的一个例子，因为经假定，这种商品的消费是跟不上其生产力的增势的，结果从事于这一生产工作的工人总数将减少。但这样的情况是很少见的。商品生产力提高以后，通常的情况是其消费将增加，从而使就业工人不是减少，而是增加。

前面已经提到关于棉织业和印刷业使用机器的效应。纺纱机和印刷机发明以后，这两个行业所雇用的工人比前约增加十倍。在这种情况下——要晓得，这是通常情况——机器简直是有百利而无一弊的。

那些对这一问题没有因流俗的推断而抱有成见的人，也许可以从下面举示的一个证人本其自己的经验所作出的陈述而得到启发。因此，这里摘录了足以为我们的论据起支持作用的考威尔(Cowell)先生的一段证词以供参考；他为了完成作为工厂调查委员会的一个专员的任务，拟制了一个工资表，这里的引文录自他为该表所写的极有价值的序言。

“只要棉纺织业在继续发展，工人认为随着使用机器所获得的改进将使成年工人或童工的工资下降的那种忧惧心理，是没有根据的。我曾多次听到，他们认为此后工作势必加重，而工资将减少。工人的杂志《曼彻斯特和索尔福报》，简直没有一期不是翻来覆去地这样说；1834 年 1 月 11 日那一期里有这样一句话：‘和 1804 年相比，现在纺纱工人的工作加重了一倍，而工资则降低了 1/10。’

“实际情况是这样：1804 年，纺纱工人每纺成其细度为每磅 200 束的棉纱 1 磅，得工资 8 先令 6 便士，所使用的为具有当时的一般生产力的纺棉机；所具有的究竟是怎样的生产力则未详。但是于 1829 年，工人使用具有 312 磅纱的生产力的纺棉机纺成属于同样质量的棉纱时，所得的工资为每磅 4 先令 1 便士；1832 年和现在，使用具有 648 磅纱的生产力的棉纺机纺成同样质量的棉纱时，其工资分别为 2 先令 5 便士和 2 先令 8 便士半。这里举示的是曼彻斯特的工资价格。

"据此，花费同样的时间，纺纱工人于1829年制成的纱是312磅，现在制成的是648磅。他于1829年所得的工资为每磅4先令1便士，现在所得的是每磅2先令5便士。312磅按4先令1便士计，共为1 274先令；648磅按2先令5便士计，共为1 566先令。因此，以同样的工作时间，他现在的所得比1829年计增加292先令。诚然，他现在的处境和1829年相比是'做了较多的工作，取得较少的工资'；但是如果要证明的是'工资比以前低'，这个说法就全然不对头。我要指出的是：现在的纺纱工人挣得1先令、1镑或100镑所花的时间，比他在十年前挣得1先令、1镑或100镑所花的时间为少，在这一时间内所花的劳动则跟以前相等，或者还比前少些；他收入的这一增长是由于机器上的改进；这一改进越是向前发展，他的收入就越加提高，同时会使较多数的人不是得益于绝对数字上的提高，而是得益于比率上的提高（假定别无意外事故，因此棉纺织业在此后的30年可以取得和过去30年同样的进展）；在棉纺织业无数部门中任一部门的机器上的任何改进，因为会由此提高一切其他部门对劳动的实际需要，所以不但会提高发生改进的那个部门的工资率，而且会提高一切其他部门的工资率。我敢断言，迄今为止，棉纺织业任一部门中制棉机器的每一次改进所发生的效应，必然是使'工人'（泛指每个部门中的每个人）就任何设定时间来说，能够取得多于没有发生这一改进时所能取得的货币净量。

"工人关于机器对劳动工资的真正效应存有误解，这是罢工的起因，由此使他们对其业主发生了深刻的不满情绪；使我们感到遗憾的是，过去没有能找到机会对这一问题作进一步详细的揭发。

“工人应当明确认识到，机器方面的改进足以提高他们在同样的工作时间、从个人说来以及从全体说来所获得的货币量；我们认为这一点极其重要。凡是对此表示怀疑的必须看到，这里是就我所选择的就纺纱工人说来的情况来证实这一点的；他们还得看到，这里所指出的改进既足以促进对新手的需求，而且会使这些新手的工资终于提高。此外他们还应当看到，由于改进的结果，会使市场中物品的价格降低，从而使消费量增加，因此，与棉纺织业有关的一切工作所需要的人手将增加，结果棉纺织业整个范围内的工资将比前有所增加。当他们要联合起来反对新机器的时候，当他们企图用缩短工作时间的方式来抵消因机器改进而引起的（想象中的）有害作用的时候，如果这里作出的一些分析足以使他们对这类行动观望不前，足以使他们对于‘为 8 小时工作和 12 小时收入而罢工’的这类说词（这是他们最近得到的劝告）置之不理，那我的目的就算是达到了。

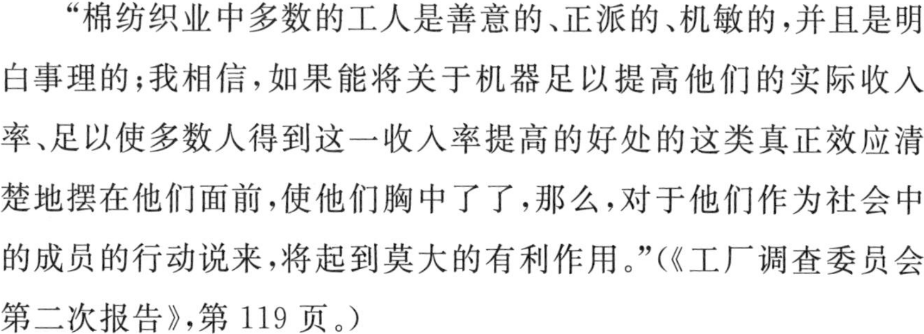

“棉纺织业中多数的工人是善意的、正派的、机敏的，并且是明白事理的；我相信，如果能将关于机器足以提高他们的实际收入率、足以使多数人得到这一收入率提高的好处的这类真正效应清楚地摆在他们面前，使他们胸中了了，那么，对于他们作为社会中的成员的行动说来，将起到莫大的有利作用。”（《工厂调查委员会第二次报告》，第 119 页。）

第五种不同见解。与上述误解密切相关，并且由于只看到暂时的和局部的方面而忽视永久的和普遍的方面，以及只注意到集中的弊病而觉察不到分散的利益这种同样的习性而造成的广泛存在的谬见是：认为外国货进口会降低一般工资率。事实上，开辟新市场和采用新机器的情况正相类似，所不同的只是在于这是无须花建造费或维持费的一种机器。如果进口的外国货不是劳动人民所消费的，一般工资率就不受影响；如果是他们使用的，其工资以这类外国货估计就有所提高。如果将优惠好望角葡萄酒而排斥法国葡萄酒的法令废止，那就会有较多的劳动者从事于生产供应法国市场的商品，较少的劳动者从事于生产供应好望角市场的商品。因此，这一行业的工资也许会暂时下降，那一行业的工资也许会暂时提高。得益的显然是喝酒的人，这些人以同样代价取得了数量较多或质量较好的酒。同样情况，如果将对法国丝绸所征收的所谓保护关税废除，从事于直接生产丝绸的劳动者将减少，从事于间接生产的劳动者将增多，所谓间接生产即从事于生产运销法国的棉布或金属制品等等。这时最终得益的是穿绸的人。劳动人民既不需要丝绸也不需要葡萄酒；因此，在这两种情况下，一般工资率都将无所变动。但是，如果禁止我们以最有利条件取得糖和谷物的那些法令有了改变，那么以谷物和糖构成的那部分维持劳动者的基金将增加，以食品中占最重要地位的这两者来估计的一般工资率将提高。

第六种不同见解。这一广泛流行的见解认为，地主和资本家的非生产性消费有利于劳动阶级，因为由此为劳动者提供了就业机会。佩利(Paley)说(这是同一谬见的另一表达方式)："耕种优于畜牧，这不但是由于通过耕种所提供的粮食在维持生活上大大地前进了一步，而且由于它提供了更多农民的就业机会。"生产较多的粮食肯定是个优点，但是需要较多的劳动有什么好处呢？假使这算是个优点，那么土地的肥沃就是个缺点。倘使需要的是就业，我们就应当把犁头扔掉，甚至把铁锹也扔掉。用指头来挖一鲁德的地比用工具来掘一嗽地，会提供更多的就业机会。那些认为由于非生产性消费提供了就业机会因而有其可取之处的人们必然没有注意到，劳动阶级所需要的并不是就业，而是食料、燃料、衣服和住所，总之，是生活和享受上需用的物资。“就业”这个词所概括的实际上只是辛苦、疲劳和冲风冒雨；有时用这个词所体现的意义是，忍受生活的艰苦来挣得生活。穷人怨天怨地，说他缺少工作。他尽可不必得到任何人的许可而称心如意地工作——倘使他喜欢将石块从山脚搬到山顶。但是，他所需要的是借此可以获得报酬的工作。假使能够不借助于工作而获得报酬，那是他所求之不得的。辛苦、疲劳和冲风冒雨，其自身就是痛苦。为了取得某一定量的生活资料和享受，难免要受到的这类痛苦越少越好；也就是说，如果其他情况不变，这一定量的生活资料和享受取得时越是轻松便利，劳动阶级——实际上是社会中一切阶级——的处境就越好。殖民地的繁荣是怎样促成的？不是由于生活资料昂贵，而是由于取得衣、食、住各方面的所需时的方便。我们要问，非生产性消费怎样会促进这种方便呢？维持大众生活的基金，怎么会由于被毁灭了其中的一部分而反而获得增加呢？如果上层阶级要恢复百年前的古风，在外套上绣满金线，他们尽可借此互相欣赏，自得其乐；但是，这对其下层阶级又有什么好处？这里讨论的这一理论会这样解答：下层阶级将由于被雇用来制造这些金线而获得利益。诚然，一件外套原来值五镑的，现在要值 55 镑。但是，这外加的 50 镑这时的下落如何？我们总不能因为没有把这 50 镑花费在金线外套上就说它是不存在的。如果每年收入 1 万镑的一个地主，将

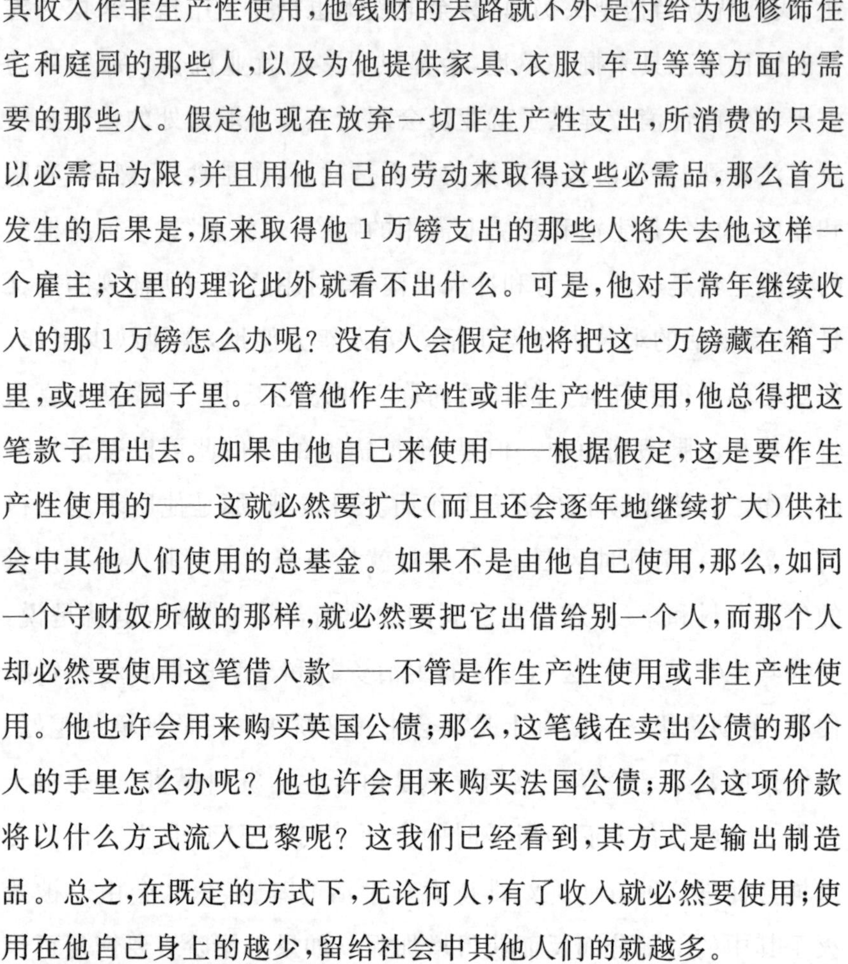

其收入作非生产性使用，他钱财的去路就不外是付给为他修饰住宅和庭园的那些人，以及为他提供家具、衣服、车马等等方面的需要的那些人。假定他现在放弃一切非生产性支出，所消费的只是以必需品为限，并且用他自己的劳动来取得这些必需品，那么首先发生的后果是，原来取得他1万镑支出的那些人将失去他这样一个雇主；这里的理论此外就看不出什么。可是，他对于常年继续收入的那1万镑怎么办呢？没有人会假定他将把这一万镑藏在箱子里，或埋在园子里。不管他作生产性或非生产性使用，他总得把这笔款子用出去。如果由他自己来使用——根据假定，这是要作生产性使用的——这就必然要扩大（而且还会逐年地继续扩大）供社会中其他人们使用的总基金。如果不是由他自己使用，那么，如同一个守财奴所做的那样，就必然要把它出借给别一个人，而那个人却必然要使用这笔借入款——不管是作生产性使用或非生产性使用。他也许会用来购买英国公债；那么，这笔钱在卖出公债的那个人的手里怎么办呢？他也许会用来购买法国公债；那么这项价款将以什么方式流入巴黎呢？这我们已经看到，其方式是输出制造品。总之，在既定的方式下，无论何人，有了收入就必然要使用；使用在他自己身上的越少，留给社会中其他人们的就越多。

服务优于商品。我们要请读者注意的最后第七种不同见解是李嘉图先生提出的，其内容如次：

“一个国家纯收入的支出方式对于劳动阶级也有极大利害关系，虽然在所有情形下纯收入都应该用来使那些有权享用它的人得到满足和享受。

“如果地主和资本家像古代贵族那样，把收入用来供养很多的侍从和仆役，而不以之购买华丽的衣服、昂贵的家具、车马或其他奢侈品，那么他所雇用的劳动就会多得多。

“在以上两种情况下，纯收入是相同的，总收入也是相同的，但纯收入将用在不同的商品上。如果我的收入是一万镑，那么无论这一万镑是用在华丽的衣服、昂贵的家具等等之上，还是用在同一价值的一定量衣着食物之上，所雇用的生产性劳动的数量是差不多相等的。但如果收入用在第一类商品上，以后就不会再有劳动被雇用，因为我将享用我的家具和衣服，事情就到这里为止。但如果我把收入用在衣着食物之上，而我的希望是雇用仆役，那么我用这一万镑收入或用它购买的衣着食物所能雇用的所有人手都会增加原先的对于劳动者的需求，而这种增加只是因为我选择了这种花费我的收入的方式才产生的。劳动者都关心劳动的需求，所以他们当然希望尽可能把奢侈品方面所用的收入转用于维持仆役。

“同样的道理，一个国家从事战争时必须维持大量海陆军，这时所雇的人将比战争结束和常年战费支出停止时多得多。

“在战时，如果没有要我纳税 500 镑来供养海陆军士兵，我可能用这部分收入来购买家具、衣服、书籍等等。但不论它被用在哪一方面，生产上所雇用的劳动量总是相同的。因为生产士兵的衣着食物和生产更富于奢侈性的物品所需要的劳动量是相同的。但在战时还需要更多人去当海陆军士兵。所以用收入而不用国家资本来维持的战争是有利于人口增殖的。

“战争终了后，当我的放入一部分又归于我，并将像以前一样被用来购买葡萄酒、家具或其他奢侈品时，以前由战争而产生并依靠这部分收入来维持的人口将成为过剩的人口。他们会影响其余的人口，并和人们竞争就业机会，因之就会使工资价值跌落，并使劳动阶级的生活状况大大恶化。”①

李嘉图先生的理论认为对劳动阶级比较有利的是，让他们从事服务上的生产而不是商品的生产，让他们侍立在椅子背后而不是制造椅子，让他们当海陆军士兵而不是当生产者。实际上很明显，如果把一个技工转变为一个侍应员或士兵，供劳动者使用的商品总量并不会由此有所增加。这里不是李嘉图先生的理论有误，就是我们的基本命题完全虚妄，两者必居其一。

李嘉图先生所以会得出那样的结论似乎是由于他的一种看法：认为仆役和海军士兵的工资主要系用实物支付，而技工的工资则是用货币支付。他说得很对，如果1年收入1万镑的人用他的放入来购买供他自己使用的商品，则于购买之后，就不再留存维持劳动的基金，但是，如果用他的收入来购买供给仆役的商品，那么他于购买这类商品时，就有了可以维持某一人数的仆役的新基金。因此，在他看来，在上述后一情况下，地主能够将他的收入使用两次，能够养活比以前多一倍的人。他没有想到，由地主自己来购买他的仆役的生活资料只是为他们代劳，而这件事由他们自己进行却会做得更好一些。他没有看到，地主为他的仆役在衣着食物上的花费，是从如果改以货币付给——由他们自己用以购买衣着食物——的那个货币数额内扣除的；如果地主将仆役生活费的全部价值用货币付给，这跟由地主代他们购买生活资料后交给他们用以交换其服务的假设情况相比，就他们的生活整个说来，会过得一

① 《政治经济学及赋税原理》，第475页，商务印书馆1962年版，第336—337页。

样好。没有人会认为:假使这个国家的习俗同印度的一样,付给仆役的是由主人代办膳宿的工资,对劳动的需求因此就会减少;假使其习俗同半开化国家的一样,如李嘉图先生所暗示的,由主人豢养着一群仆役,在他家里为他制造我们惯于在商店里购买的那些商品,如华丽的衣服、家具等等,对劳动的需求因此就会增加。更加难以成立的是这样的见解:假使这类仆役所从事的不是生产商品,而是当亲随或是在他们主人的门前站岗,在职务上经过这样一个变换,就可以促进对劳动者的需求,就可以有利于人口的增加。

李嘉图先生认为,为了劳动者的利益,应该将收入用于服务而不是用于商品;我们非但不能赞同这个说法,而且相信劳动者的利益所在,恰恰与此相反。首先,劳动者的收入如果由他们自己处理,一般总比由他们的主人代办时要处理得好些。作为一个仆役,如果所取自于他的主人的,能够全部以工资的形式取得,那么,即使他于取得之后全部花费了,他于花费时大概也可以获得较多的享受。其次,如果以收入用于服务,这类服务大都是一经被购买以后就被消耗了;如果以收入用于物品,则经第一个买主用过之后,往往还可以由别人加以利用。在这个国家,穷人们所穿的衣服,很多是他们的上级所穿旧的。在比较上等的村舍中时常可以看到一些家具,当初决不是为现在的所有人制造的。如果这个国家的上层阶级近五十年来的风气所趋,偏重的是门客和侍从而不是耐用品,则现在有助于劳动阶级享受的物品中的很大一个部分就决不会存在。第三,以收入用于物品,既有利于有形资本的形成,也有利于无形资本的形成,而用于服务时,情形却不是这样。作为一个仆役的一些职务是很容易学会的,因此决不能把他叫做有技能的

劳动者，他的积蓄也不会多，难以作有效的利用。技工所学习的却是一种行业，他的技术会与年俱进，他所熟悉的是机械操作和化学处理，在这些方面往往有无限的改进余地，从中有了一项发明就可以使创制者发财致富，由此产生的利益可以普及到全市甚至全国。勤恳的技工往往能够节省他收入中的一个很大部分，别作利用，从而获得巨大的、即时的利益。他利用自己的储蓄，自备一些工具和原料，凭这点资本刻苦研究，小心翼翼地行动，就可以使其资本的每个部分充分发挥作用。我们这里有些最富裕、最光荣的家族的祖先（不是其远祖），以及一些最有价值的新事物的发现者，当初只是平常的机械工人。可是在这个国家，在现代，我们可曾见到过一个出身于仆役的人能够使自己成为富翁或对社会作出有价值的贡献？不论根据历史或根据观察都表明，凡是其支出以购买服务为主的国家都不免陷于贫困，凡是其支出以购买物品为主的国家就会富裕起来。

李嘉图先生关于战争效应的理论错误得更加显著。上面所举关于他对仆役的见解的一些反对意见，这里也都可以适用。用以维持海陆军士兵的国民收入，即使是非生产性地消耗了的，至少也足以维持人数相同的仆役和技工；可是我们在上面已经看到，用以维持技工的那个部分，却可以获得有利得多的效果。对海陆军士兵的需求并不是如他所说的额外增出的需求；这只是一种替代性需求。而且国民收入如果不用于海陆军士兵，则其中很大的一个部分是要用于生产性消费的。为了战争，使有些劳动者所努力的只是在于将郊区变为要塞，将山区变为海军驻所；有些人则驻守在军港，长年生活在海上，一直到衰老；有些人的职务却是在甲板上排排队，在堡垒上摆摆威风。如果没有这类使命，就可以使用这些人来逐年增加作为他们生活资料的来源的基金。战争对社会的每个阶级说来总是个祸根；但是，再没有比劳动者受害更大的。

决定维持劳动者的基金限度的因素

上面已经说明跟我们的基本命题不相一致的一些主要错误。我们的基本命题是：*各个劳动家庭在一年间所取得的商品数量和质量，必然取决于一年间直接或间接分派给劳动人民使用的商品的数量和质量对劳动家庭户数的比率，简要些说就是，必然取决于维持劳动者的基金限度对被维持的劳动者人数的比率*。

那么决定这一基金限度的是什么？首先是，劳动者使用商品的直接生产或间接生产中的劳动生产力；其次是，直接或间接从事于生产劳动者使用物品的人数对劳动家庭总数的比率。假定两个教区各有劳动人口 24 户，而要确定这两个教区的劳动人民的相对工资，这些就是需要加以探求的仅有的两点。假使各为一共 24 户生产商品的劳动人民，在这个教区是 18 户，而在那个教区只有 12 户，这就可以断言，假使两个教区的劳动具有同样的生产力，前者的工资必然高于后者 1/4。如果发现后一教区的劳动生产力比前一教区高出一半，这就可以断言，两方的工资相等。

I. 决定劳动生产力的因素。首先要考虑的是，决定劳动者使用商品的直接生产或间接生产中的劳动生产力的因素。这里所以加入*间接*这个词，因为有关的不是供应全世界一切劳动者的生活资料的全部基金，而是供应某一国家的劳动者所需要的基金。如果把全世界看成一个共同体，这就很明显，增加非劳动者使用的那类商品——例如花边或雕像——的生产，并不能使这个共同体中劳动者部分的生活资料的基金有所增加。

但是就任一国家说，维持劳动者的基金也许是——并且往往确实是——大部分取决于他们生产对他们自己除作为交换工具外别无用途的那类商品时的便利程度。我们的劳动人民所需要的茶、糖和烟草，主要是用跟我们的气候和习惯不合适的出口品换得来的。但是，由于我们生产这类出口品时的高度便利，或者是由于立法机关没有进行阻挠，可以使我们的劳动人民用少于其本国生产时所花费的劳动取得其所需的茶、糖和烟草。对劳动者说来，他所消费的谷物是在英国还是在波兰的土地上生产的，是用犁头直接取得的还是用织机间接取得的，并没有什么出入。

那么，决定这两个因素中的第一个即劳动生产力的是什么？

第一。它部分取决于劳动者的肉体、智力和精神的属性，取决于他的勤劳、他的技能和他的身心力量。关于决定这类因素的原因，有许多是无法完全掌握的，有许多则过于复杂，无法作出简要说明，或者是，如果要深究下去，就不免要侵入实际上与政治经济学有关但不属于它的特有领域的调查研究。这些原因，也许在很大程度上取决于种族和气候，也许在更大程度上取决于宗教、教育和政体。只有其中的一个原因，这里不妨提一提，因为这个问题既简单，而且除凯特勒(Quetelet)先生[①]和德·伊维诺(F. D'Iver-

① 《关于人类》第1卷，第324页。

nois)爵士[1]外，任何作家都没有加以充分考虑——这就是劳动人民的平均年龄问题。这一点部分取决于国民平均寿命的长短，部分取决于其人口的增殖率。在英国，人民的平均寿命大致为44年；有许多国家，其人民的平均寿命不到35年，有些还不到25年。另一方面，有些国家的人口每25年增加1倍。英国人口按照现在的增殖率，大致50年增加1倍。就整个欧洲说，足以使人口增加1倍的平均时期大约为100年。

这就很明显，就任何两个国家说，在既定的人数和增殖率之下，其人民平均寿命比较长的那个国家，必然拥有为数较多的成年人；在既定的平均寿命之下，其增殖率比较低的那个国家，其成年人在全人口中所占的比率也必然较大。因此，较长的寿命，和稳定的或增势比较缓慢的人口，有利于劳动生产力的提高。

第二。在既定的劳动者的肉体、智力和精神的属性之下，任一国家的劳动生产力部分取决于对生产力起协助作用的自然要素，也就是说，取决于那个国家的气候、土壤、位置和幅员对其人口的比例。

出于自然的主宰，有些地区缺乏维持人类生活的手段，而另有些地区则缺乏获致财富的手段。作为一个团体，无论怎样努力，也无法长期生存在麦尔维尔岛或非洲的沙漠，也无法在格陵兰或诺瓦·森伯拉(Nova Zembla)过舒适的生活。自然固然能够使人们得不到财富，并且也决不无代价地赠给财富。世界上最优良的地区往往是最贫困的地区。非洲、美洲和亚洲的大部分，尽管遍地都

① 《论死亡率及其他》。

是无生的和有生的富源，可是其地的居民却缺乏开发富源时所必要的那种精神和智力的属性。即使是冰岛人，似乎也比高卓人(the Guachos)[①]富裕些。但是要晓得，虽然土地的有利条件决不是劳动生产力的最有力因素，但其影响也不容忽视。正是由于这类因素，才会使文化高度发展的那些国家的殖民地富裕起来，其进展的迅速简直史无前例。

第三。劳动生产力部分取决于节制——或者用一个比较习见的措辞，是资本的使用——所给予的协助程度。

前面已经说明资本所提供的利益，并且进一步探论到器械的使用和分工，这里只须向读者提醒一下，足以使劳动成为生产性的一切手段中，资本的使用是最有效的。人类如果不借助于工具，也没有业务上的分工，那么作为一种动物，在取得享乐，甚至在取得生活资料方面，其能力将不及禽兽。

第四。决定劳动生产力的最后一个因素是有没有政府方面的干预。

政府的主要职责是提供防御力量，保护社会免受国外或国内的暴力和欺诈的伤害。不幸的是，政府大都认为它们的任务不仅在于提供安全，而且在于提供财富，不仅在于使其国民得以在安全的环境下从事生产和享乐，而且在于教导他们应当生产些什么，应当怎样享乐，对他们作出指示，应当怎样处理他们自己的事体，并强迫他们遵守这些指示。

① “Guachos”即“Gauchos”，南美洲的一个种族，西班牙人和印第安人的混血种。——译者

还有使我们感到不幸的是，促使政府承担这类任务和促使政府执行这类任务的是同样的愚昧和无知。管理商业的政治家，部分由于受到所谓重商主义的影响（重商主义理论认为构成财富的是黄金和白银，如果输出商品而换回的只是货币，就可以使财富无限地增加），部分由于被周围的情况所迷惑（这个情况表明，如果某个人或某个阶级取得了与公众对立的某种专利权，由此造成的损失是分散的，所以损失不管怎样巨大，仍然觉察不到，由此产生的利益是集中的，所以利益不管怎样微细，仍然极其明显），因此他们长期以来的主导原则是：牺牲间接生产以促进直接生产；拒绝分享外国所享有的出于自然所给予的利益，即使由此放弃本国所享有的这类利益的一部分也在所不惜；迫使其国民舍弃对他们特别有利的那些行业，而从事于在气候、习惯和土壤方面对他们不合宜的那些行业。

只是由于受到了这些因素的影响，使近来的文明世界出现了和平与灾殃同时普遍存在的怪现象。在这次大战中，将南欧的大部分合并为一个大帝国，从汉堡到罗马，处于一个君主的统治之下，将原来横亘在通商道路上、比高山和大海还难以跨越的数不清的一道一道的海关和税所一扫而空。拿破仑是醉心于重商主义的，他的行动表明其见解完全建立在未经深切思考的偏见之上。在这种主义的思想指导下，他认为两个独立国家之间的自由贸易，就同个人之间的赌博一样，因此总是对这一方或那一方有害的，其害处在于最后结算时必须用货币来清偿余额。因此，当法国和意大利处在不同的领导者之下时，他必然认为如果让两方互相购买商品，则两者之一的居民会因此受到损害。但是，重商主义的倡议者虽然极端愚昧，却决不敢反对同一国内各邻近地区之间的居民自由通商。因此，当拿破仑迫使比利时和法国同时屈服在他的统治之下时，他允许两方自由通商，这在法国和奥地利之间他仍然是禁止的；他完全没有看到，交换的利益并不是取决于有关各方是否属于同一国的国民这一偶发事件。他的理论是出于对不幸获得过于广泛流行的错误理论的原样照抄，他强有力的理智，一碰到表象稍有变化——虽然问题所依据的事实并没有改变——就消失得无影无踪了。

战争结束，拿破仑帝国分裂为若干独立国家，这些国家各自为自己重新设置了被拿破仑的铁腕所毁去的重重桎梏。结果表明，一些海关收税员和缉私员，在消耗其本国的资源方面，在阻碍其邻邦的进步方面，是和海陆军一样有效的工具。法国的产品在比利时和意大利成为违禁品；反过来也是这样。美国用以纪念和平的是关税；英国用以纪念和平的是谷物法。凡是人们所需要的一概禁止输入；这一点被再度奉为商业政策中的常规。俄国是农业国家，它却因此禁止输入外国制造品；英国制造品的供给充裕，它却因此禁止输入谷物。

我们认为俄国的行动实际上比英国的为害更大。它反对国外商品进口的态度比我们要顽强得多；它在对外贸易管制方面的每一次变动，实际上总是在于提高税率，扩大禁止范围。但是从原则上来看，反对排斥农产品的理由似乎比反对排斥制造品的理由更加有力。第一，劳动者所消费的主要是农产品或粗糙的加工品。禁止输入较精致的制造品，对他们并没有影响。但是阻止输入农产品的法令所针对的却是劳动人民。其明显目的是缩减维持劳动的主要基金。第二，农业国禁止输入国外制造品时，劳动者会因继起的农产品跌价而得到一定程度上的补偿。另一方面，如果工业国禁止输入农产品，则除劳动外，一切商品的价格都会有上涨倾向，会使劳动者感到，要取得他所消费的任何商品都比较困难。

这里需要作出些解释。我们已经证明，一般说来，农产品的每一增量，须以较大比例的费用取得。当然，禁止输入制造品也就是禁止输出农产品；否则就可以用这项农产品来购买制造品。这时农产品的需要量较小，生产量也较小，因此这一数量系以较低比例的费用生产。结果，劳动以衣服和家具计的生产率虽然较低，但以农产品计的生产率则较高；因此，农产品的价格下降，劳动者对食物既可以负担较低的费用，对其他物品负担较高的费用时，这就可以取得若干补偿。这里受害较大的是土地所有人。反之，制造品的每一增量，就制造业本身来说，是以递减比例的费用取得的。伴随着供额的每一次增加的是较多和较好的机器的采用和进一步的分工。跟前一情况一样，限制农产品输入实际上就是限制制造品输出。制造品需要越少就生产得越少，生产时的费用就得在比例上大于不存在这一情况时所需要的费用。这时在国内就必须生产较多的农产品，还得以较高比例的劳动费来进行生产。一种商品由于有多生产些的必要而价格上升；另一种商品则由于不得不少生产些而价格上升。在两种情况下都足以使劳动生产力降低，而这时唯一不受害的是地主。

由政府干预带来的生产事业失调，在某种程度上说来，是个难以避免的弊害。政府不借助于国家岁入就不能完成其任务，而不借助于赋税就不能筹集大宗岁入；这时人们为了竭力避免纳税，必

然会使生产事业脱离其自然的途径。最容易避免受到各方攻击的是对地租的课税，然而由此必然会妨碍到将资本应用于土地；对利润课税会导成资本输出；对从财产得来的收入课税会阻碍积累；对工资课税会引起的后果是用实物而不用货币来支付工资，从而使劳动者避免设置耐久的和有形的设备，以便以贫困作为呼吁时的借口。对某一物品课税时，逃避的方法是改以另一较廉价的物品代替。啤酒和麦酒有税则改用烈酒；茶和咖啡有税则改用炒麦。但是要晓得，逃避任何赋税这一举动本身总是一种弊害。为了逃避窗户税而把窗户堵塞，就会减少合家空气和阳光的享受，但对公家收入则一无好处。对生产手段和生产程序课税，会造成另一类型的、更大的损害。盐税当其存在时，会大大地妨碍到农业中盐的使用。对广告课税，就使买方和卖方无法了解相互间的需求和供给。对皮革、酒精和玻璃课税，不但使英国在这类商品的制造上不能达到它应有的优势，而且同欧洲较先进的地区相比，使它显然处于落后状态。为了防止对消费税的偷漏，制造商在物资处理方面和分工方面，须受到和正常经济格格不入的无数规章和禁令的约束，从而在前进的道路上造成障碍。要改进就得有所变动，而在法律规定程序中的任何更改，也许会使制造商陷入法网而无法自脱。

大都认为人们对课税总是怨声不绝的；但是可以根据许多例子证明，由赋税所间接造成的弊害，其性质如何，其演进的深度如何，他们实际上知道得很少。这里只挑出一个例子。多数人晓得，供制麦芽用的上品大麦，其价远在仅供家畜饲料用的普通大麦之上；也没有人会怀疑，啤酒的价格就是由于这种情况而大大提高。

但是,一万个消费者之中也许没有一个会想到,这是和课税有关的。事实上有很大一个部分被剔除认为不宜于制麦芽的大麦,就其品质来说,可以制成很好的麦芽,只是由于制作时所需用的方法和消费税条例所规定的略有不同,因此,出于法令的关系,使这部分大麦在制造啤酒的用途上成为废料。我们不难想象,如果犁田、耙地和播种的时间和方式也用法律来规定,则现在作为耕地的一个很大部分将成为荒地。

任一国家,如果在其本国政府的或别个国家的愚昧或贪婪意向的驱使之下,谋取大量岁入,则一般说来,为害更大的是课税的间接效应而不是它的直接效应,是在于妨碍生产,而不是在于被迫缴纳税款。

由此可见,决定劳动者使用商品的直接生产或间接生产中劳动生产力的因素有四个。第一,劳动者的个性,也就是他的肉体、智力和精神的属性;第二,自然要素所给予他的协助程度;第三,资本所给予他的协助程度;第四,他的生产事业进行时所获得的自由程度。

II. 促使劳动不用于供应劳动家庭使用商品的生产的因素——1. 地租;2. 赋税;3. 利润。

如果一切劳动者都直接或间接从事于供他们自己使用的商品的生产,则工资率将完全取决于劳动的生产力。但是很明显,除非劳动者自己是国内一切资本和一切自然要素的所有人,否则情形决不会是这样——这是十足的野蛮状态,以致阶级的区别和分工都不存在,这只有在若干散漫的野蛮种族中可以看到,由此所显示的现象,政治经济学没有根究其原因的必要。文明社会中所使用的劳动，有很大一个部分是用于与劳动者无关的那些事物的生产的。因此，文明社会中维持劳动的基金限度，不仅取决于劳动生产力，还须取决于生产劳动者使用物品的人数对劳动家庭总数的比率。

在我们看来，有三种目的足以促使劳动转用于提供劳动者使用的基金以外的用途；即，第一，生产供自然要素所有人使用的物品，第二，生产供政府使用的物品，第三，生产供资本家使用的物品；或者说得含混些，这就是不将劳动使用于工资品的生产而使用于地租、赋税或利润的生产。

1. 地租。我们已经看到，地租系部分取决于自然要素的生产力，人们就是为了取得这一生产力的协助而支付地租的。总之，这一要素的生产力的任何提高，会有促使地租提高的倾向，却不会有促使工资降低的倾向。

近一百年来农业技术上的改进大大提高了苏格兰低地区的生产力，从而大大提高了地租数额；但是随着这一提高而来的是工资数额的提高，虽然不是等比例的提高。根据亚当·斯密的陈述，在他写作的时候(美国独立战争时期)，苏格兰低地区普通劳动的一般价格为一天 8 便士或一周 4 先令；而现在一周的所得则在 8 先令之上，此数比以前的工资可以多购农产品 1/3，多购制造品 3倍或 4 倍。虽然其地的地租提高了不止 3 倍，而且劳动者为地主的利益而生产的那类物品在全部产品中所占的比例比前要大得多，但是总产量的绝对增加足以抵消这一表面上的不利情况而有余。假定说，劳动者以前所生产的是 20 蒲式耳，其中地主得其十，资本家得其二，他自己得其八；现在他所生产的大致要达到 35 蒲式耳，其中地主得其 20,资本家得其三,他自己得其十二。

由此可见,在任何国家,如果以劳动者相当大的一个部分的劳动从事于生产供自然要素的所有人使用的商品,维持劳动的全部基金并不一定会因此减少。实际上可以把这样的劳动者看成只是由于自然要素额外生产力的存在而生存的。他们的生活资料并不是——如处于其他状态时那样——取自共有基金,而是取自由这一额外生产力所提供的基金的增量。

必须表明,我们说地租数额多寡对劳动者说来无关紧要时,我们的意思指的当然只是由自然要素的上述那种增益生产力所产生的地租,而不是仅仅由于人口增加而产生的地租。前已说明,如果不存在干扰因素,未尝不可以预期生活资料将按高于人口的比例增加。但是,前也曾指出,在迷信守旧和错误政策的影响之下,很有可能,当全国人口增加时,关于以直接或间接方式取得农产品的方面,却没有相应增进。处于这种情况,地租将上升,原来于人口保持稳定时用以生产供劳动者使用的商品的劳动,这时将用以生产供地主使用的商品。这样造成的地租上升当然不利于社会大众。还得想到,任何国家的政府,多少总有些权力足以确定其不同阶级的国民对公家支出的负担比例。有些政府竭力使劳动者得以免除这种负担,而把它加在地主的肩上。有些政府则向来源于土地的收益收费,或允许个人向这类收益收费;至于跟这类费用的用途有关的,并不单是或并不主要是地主——例如公路和桥梁的建设和保养,宗教、道德和智力方面的教育事业的支持,对病员的免费供给医药,对健全的贫民或其家属的接济,等等。还有些政府则力图偏袒地主,向社会中抵抗力比较薄弱的部分即劳动者收税。

总之，许多政府，在不同场合，或者是关系到其支出的不同部分，往往会采取不同的行动路线。任何这一类的制度，必然会发生使为地主的利益而生产的那部分劳动者跟为劳动者的利益而生产的那部分劳动者相比时有所增加或有所减少的倾向。

还有一个足以打乱这种劳动比例的原因是，由政府使用强迫限制自然的赐予的方式来产生地租——假使这也可以称为地租的话。如果我们继续禁止输入爱尔兰的谷物，就有可能使英格兰地主的收入增加。同样的道理，如果只允许行销一个煤矿的产品，别处产的煤一律禁用，那么这个煤矿的所有人将享有富埒王侯的收入。但是从这样的独占中获致的利得，严格说来并不是地租；这是进行压迫和抢劫。

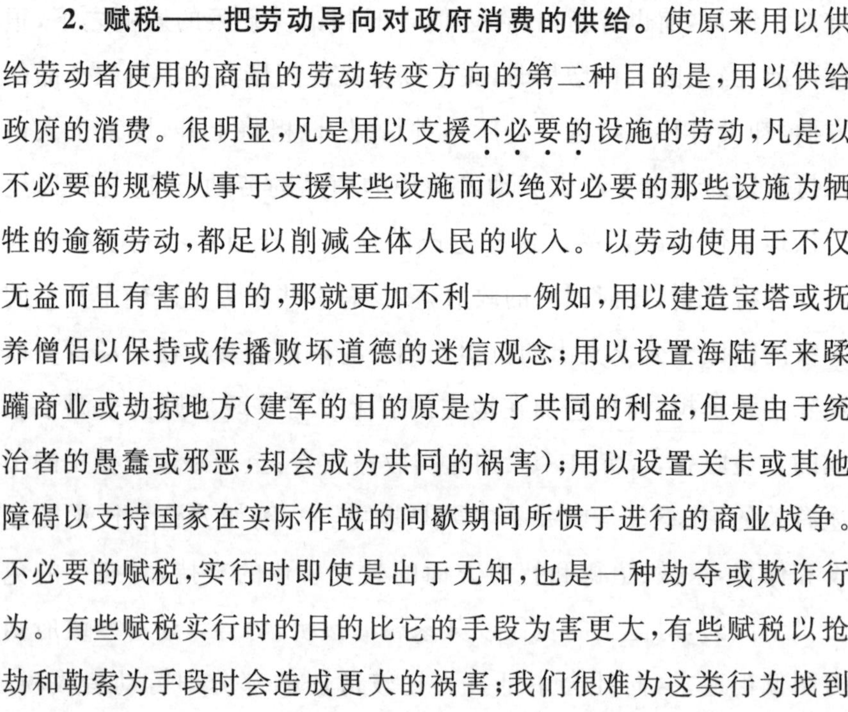

2. 赋税——把劳动导向对政府消费的供给。使原来用以供给劳动者使用的商品的劳动转变方向的第二种目的是，用以供给政府的消费。很明显，凡是用以支援不必要的设施的劳动，凡是以不必要的规模从事于支援某些设施而以绝对必要的那些设施为牺牲的逾额劳动，都足以削减全体人民的收入。以劳动使用于不仅无益而且有害的目的，那就更加不利——例如，用以建造宝塔或抚养僧侣以保持或传播败坏道德的迷信观念；用以设置海陆军来蹂躏商业或劫掠地方（建军的目的原是为了共同的利益，但是由于统治者的愚蠢或邪恶，却会成为共同的祸害）；用以设置关卡或其他障碍以支持国家在实际作战的间歇期间所惯于进行的商业战争。不必要的赋税，实行时即使是出于无知，也是一种劫夺或欺诈行为。有些赋税实行时的目的比它的手段为害更大，有些赋税以抢劫和勒索为手段时会造成更大的祸害；我们很难为这类行为找到一个适当名称。

似乎一看就可以明白，只应当把这类无益的或有害的支出看成是工资的扣除额；因为用以实现政府的合法目的的劳动，跟直接用以生产劳动者使用的商品的劳动，同样有利于劳动阶级。政府的伟大目的是在于提供安全，安全是最大的幸福，这也是人们在不合群的努力中最不容易取得的。有些作家认为，凡是用赋税取得的，都是国民收入中的扣除额；他们所以作出这一论断似乎是由于这样一种看法——政府的目的只是在于产生消极而不是积极的效应，它不能做好事，只能防止做坏事。因此，他们以为这类花费是国民纯收入中的扣除额的看法是对的。但是必须看到，单是防止祸害这一点，即使对个人支出说来，也是主要目的之一。我们盖房子，并不是因为关在屋子里呼吸空气比较舒畅，而是因为居室是避免酷烈气候袭击的唯一手段。我们购买药物不是为了寻乐，而是为了防病或除病。然而却没有人会认为，他在房租和药物上所花费的是他收入中的扣除额。互助会的会员共同筹集一笔基金以救济病人；他们并不认为这类捐款是他们工资的扣除额，而认为只是一种支出方式。试问，当各尽其力，使社会可以获得保护，免受国内或国外的暴力和欺诈的伤害时，这种助力跟他对互助会的捐助在性质上究竟有什么两样？他所要防止的前一类祸害跟他所要防止的疾病相比，除了显得更为严重、更为迫切、更加不容易用个人力量防止之外，在性质上又有什么两样？诚然，如果这种保卫力量可以用较低的代价取得，维持劳动的基金就可以有所增加。但这只是对我们前已提出的论点的说明——这一论点认为，维持劳动的基金限度主要取决于劳动生产力。如果借助于较少的海陆军和

长官就可以保持和平，就是说，如果劳动在提供安全方面具有较高的生产率，则其他情况不变时，劳动阶级的境况就可以有所改善；如果借助于为数较少的农人或工人，可以直接或间接生产同样数量的谷物，就是说，如果劳动在供给食物方面具有较高的生产率，则劳动阶级的境况就可以有所改善——前者和后者的情况正相同。

以上所说固然是事实，但是我们在上面已经提到，同样确实的是：和劳动者有关系的不仅是国家岁入的数量和运用以及其支付影响劳动生产力的程度，还有提供岁入时这一负担的分配方式。如果取消葡萄酒的关税，而提高次级烟草的税率，以后者代替前者，从而使岁入不受影响，则由于次级烟草仅有的消费者是劳动者，将以其工资的同样成数购得较少的烟草，而葡萄酒仅有的消费者是地主和资本家，将以其地租和利润的同样成数购得较多的葡萄酒。这时我们的劳动生产力和制造品输出将降低，即使出口品内容不一定有所改变，我们的收入也将受到影响。我们输入的葡萄酒将增加，烟草将减少。因此，使用于为地主和资本家生产葡萄酒的劳动者为数将增加，使用于为劳动者生产烟草的劳动者为数将减少。

还有不可忽视的一点是，某一国家所取得的税收的一部分，往往是别一国家的人民所支付。我们现在每年向中国购入茶叶约3 000万磅，每磅价约1先令。购入时我们用种种方式征收关税，总计约达价额的200%。如果取消这项课税，而茶叶在中国的价格不变，则我们的消费量大致将增加3倍；但是，我们能够按每磅1先令的价格购入茶叶1.2亿磅的可能性却极小。茶叶在中国的价格可能因此提高一倍；大致将提高一半。由此将使中国种茶地区的地租和工资上升。这就可以看出，上述地租和工资都是由于课税的关系而被压低的；也就是说，我们对茶叶所课的税的一部分，事实上系由中国种茶地区的人民所支付。同样的推论表明，英国对红葡萄酒课税的一部分，是法国所支付；各国对我们输出的某些商品所征关税的一部分是英国所支付。任一国家所征收的关税，其中一部分实际上是和它有贸易关系的那些国家的人民所支付，而战争和政策失当是课税的重大原因；这就再一次表明，邻国的自由和安宁对每个国家说来有着多么密切的关系。

最后要加以考虑的是利润对工资的影响；也就是，当劳动所生产的不是工资品而是供资本家使用的物品时，工资因此受到的影响程度。在文明的治理得宜的国家，这是使原来可能为劳动者的利益而生产的劳动转变方向的主要途径。我们已经看到，一般说来，可以把为自然要素的所有人的利益而生产的劳动者看成一个独立的阶级，这个阶级不是从全体中抽出，却是由于自然要素的存在而加入的。那些有必要从事于实现政府的正当目的的劳动者，实际上是为劳动人民的利益劳动的，用以支持他们的生活的赋税不一定是工资的扣除额，而是一种支付方式。然而当真能以正当的职分为限、或者是于实现这一职分时当真能以必要的劳动量为限的政府却很少见；这是个不幸的事实。同样无可否认的是，很有可能——其实就多数国家说，过去已经是这样，现在仍然是这样——维持劳动的基金，其数额所以会减少，其增势所以会受到阻碍，大部分是出于政策失当的原因，其影响比所有其他原因合并起来的影响还要大。我们说政策失当和统治力量对其不同阶级的国

民的干预，会影响到地租、利润和工资彼此之间的比例；但这两者在政治经济学的研究范围内实在是干扰因素而不是必要因素，这里说明其影响范围之后即不再述及。

3. 利润对工资的影响。我们把地租看成是带些外在性的，把赋税看成是一种支出方式，这里唯一剩下的工资的扣除额是利润。在既定的劳动生产力之下，维持劳动的基金限度，将取决于从事生产供资本家使用的物品的劳动者人数对从事生产供劳动者使用的物品的劳动者人数的比率；说得通俗些也就是，将取决于劳动成果在资本家和劳动者之间的分配比例。

我们在本书的前一部分给“节制”下的定义是个人放弃对任一商品作非生产性消费的行为，也就是将劳动用于生产遥远的成果的行为，这实际上就是推迟享乐。前已说明，劳动不借助于节制的成果——资本——即不能发挥效用，节制不借助于劳动，其自身也起不了作用。两者既不相一致，因此，必须在各自所特有的报酬的鼓励下才能各尽其力；节制所期求的是利润；劳动所期求的是工资。虽然节制和劳动事实上往往为同一个人所兼有；但前已提到，我们认为比较确当的还是把资本家和劳动者区分开来，把他们看做不同的个人。如果不计及地租，也不计及不必要的或分配不公平的赋税，那么所生产的一切就是在这两个阶级之间进行分配的。现在要研究的问题是，决定这两个份额的比例的是什么？

决定资本家和劳动者对共有基金的分配比例的看来有两点：第一，在某一国家某一期间所作出的资本预付的一般利润率；第二，就各个情况说来的从预付资本到取得利润所经过的期间。

一般利润率。先谈所谓一般利润率。我们已经看到，利润是节制的报酬，而节制是推迟享乐。靠了节制才能存在或保持的那种商品是资本。资本的所有人叫做资本家，据说他是预付资本所赖以形成和保存的那些手段的。构成那些手段的，部分是原料和器械（后一名词所包括的不仅是供手工用的普通工具，还有机器、商店、甚至码头、公路和运河），部分是劳动。原料和器械是由资本家直接供给的；劳动是通过对劳动者工资的预付，由他间接供给的。劳动者借助于他们的器械，把原料转变为新的和可供出售的商品，我们把这个叫做资本家的报酬。资本家的利润取决于预付值和报酬值之间的差异。要获得报酬，就得消耗工资和原料，而这两者是资本家提供的，因此叫做流动资本。器械在生产过程中是不一定被消耗的；那么被消耗的部分依然是资本家的财产，因此叫做固定资本。必须将依然未被消耗的那个部分的值加入其他报酬的值，才能估计利润。建筑业者的资本差不多完全是流动的，其内容主要是建造房屋用的材料（砖块、石灰、木材、石料、石板等）和支付工资所必需的现金。他的固定资本（他的知识除外）无非是些鹰架和梯子。所有上述的一些都由他作出预付，隔了某一个时期之后得到的成果是一所房屋，还有他原来所置备的相当经用的鹰架和梯子。棉纱厂主所预付的流动资本是原棉和工资，所预付的固定资本是厂房和机器；他的报酬是某一定量的加工棉，以及留下的旧厂房和旧机器。船舶所有人所预付的固定资本是他的船，所预付的流动资本是航行用的一些补给品和付给海员的工资；他的报酬是运费（也就是他的船供人们使用后他所取得的租金），和处于航行以后状态下的这只船本身，以及可能剩下来没有被消耗的一些补给品。这就可以看出，在任何情况下，利润总是预付值和报

酬值之间的差异。

怎样估计利润。可是,用什么来估计这个值呢?当然是应该用其一般价值尽可能不容易变动的东西。如果用小麦或蛇麻来估计资本家的预付值或报酬值,那么遇到丰年的时候会使两者的价值那样地下降,以致尽管他实际上亏本,而看来似乎获利。他的报酬以小麦或蛇麻计,其值也许高于其预付值20%,可是以一般价值计,其值却低于预付值。就短时期说,其一般价值最不容易变动的商品是货币。部分由于这一情况,部分由于货币是被广泛使用的价值尺度,因此,通常总是用货币作为表达利润计算的工具。但是,如果就相当长的时期说,即使是货币也容易发生巨大变动。如果由于矿藏丰富或在这方面的劳动生产力提高,以致取得货币金属的便利程度发生突然的变化,或者是由于银行通货或纸币的滥用,或者是由于同样原因而在相反方向下发挥的作用,那么就任一国家说,即使在短时期间,货币的一般价值也会大大提高或大大降低。

从理论的立场说,最好的价值标准似乎是劳动的运用。首先,劳动是次于货币的主要交换对象。其次,劳动是生产的主要手段,是唯一可以在任何最需要的事物的创造中任意使用的手段,其一般价值的稳定程度,超过任何其他交换物品。货币,以及最近似于货币的生活必需品,其价值所以稳定,部分是由于所拥有的劳动运用力,这种力量不属于任何其他商品。如果使用另一类对象——人们所最羡慕的权力和优势来估计,那就可以看出,劳动运用力的价值几乎是不变的。假定有两个人,在不同的时间或地点,各自能运用1 000个普通劳动者的劳动;他们在生活的舒适和便利方面的享受程度，彼此之间也许相差很远，但是，就他们在各自的国家所享有的权利和优势来说，两方必然在大体上不相上下。每个人必然是1 000个人中的一个。每个人跟他本国的广大群众比起来，必然要富裕1 000倍。如果两个先令在印度所能运用的劳动者，跟20个先令在英国所能运用的劳动者一样多，那么一般说来，一年在印度收入3 000镑的一个印度人，就跟一年在英国收入3万镑的一个英国人一样地伟大。

因此，从理论上说，我们认为资本家的预付值和报酬值，应当用他们的劳动运用力来估计。但这类价值一般是用货币估计的。由于在作出预付和获得报酬的期间，货币和劳动的互反值很少会发生过大的变化，这一通常使用的估计方式难得会不正确，因此我们对这两种方式不妨随便使用。

这里存在的一个重大困难是这一点：利润率不能事先约定，只能从实验中发现，即使就各个人说，其利润率也只能以其过去的业务情况为参考，无法事先确定。当业务在进行时，资本家尽可怀着报酬值将超过预付值的希望，甚至以为前者将大大超过后者；但希望是否会变为事实，他在这一点上却没有把握——也许不能获得任何超过额，甚至遭受损失。他只能说已有的利润是多少，却不能说现在的利润是多少。甚至已有的利润实际上也往往不能确定。整个一系列商业和制造业交易也许会密切地连结在一起，使多年来显然有利的事业终于倾覆。

但是，如果能够确知全国截至最近一日止一年来一切交易的报酬值，并且能够确知其预付值和获得报酬以前作出这类预付的平均日期，我们就可以知道最近一年这个国家的平均利润率。假定这个问题已经解决，结果查明这个国家预付资本的平均利润率为10%；这就又引起了一个问题——决定这个利润率是10%而不是5%或20%的究竟是哪些原因？

在我们看来，其间的主要决定因素必然是这一些：这个国家的资本家和劳动者已往的行为；资本家在先前的某一时期用以生产供劳动者使用的商品的——或者简洁些说，用以生产工资品的——那一宗资本的价值；和基于劳动人民已往的行为而使之得以存在的劳动者的人数。

支配利润率的原因。应当承认，如果不存在干扰因素，一切业务中的资本利润率是相等的。因此，如果能够确定支配任一种主要业务的利润率的原因，就可以由此推断，在不存在特殊干扰的情况下，同样的原因，或属于同等力量的原因，会在一切其他业务中发生同样的作用。据此，我们将研究一下支配资本的主要用途之一的利润率的那些原因。这一主要用途指的是，对从事于生产工资品的那类劳动者的工资的预付——这里用工资品这个词所表示的是供劳动人民使用的商品。

为简化问题，假定有一个小小的殖民地，拥有很多肥沃的土地，由于其位置和性质的关系，不会受到外界和内部的破坏，因此既没有地租，也没有赋税。假定居住在这里的有10个资本家和1 200个劳动户。他们从来不懂得使用货币。一切住的、穿的、用的和吃的，实际上即人们的全部消费，都是在一年间消耗掉，在下一年再生产的。各户都在一年的第一天取得其工资品，在一年的末了一天完成其生产，因此，一切预付都在一年的第一天作出，一切报酬都在一年的末了一天取得。当最初认识到这一殖民地的情况时，资本家各备有一年间 120 户所需的工资品和供他自己使用的物品。前者是上一年 100 户的劳动所生产的，是资本家的资本，这里为简化起见，将这项资本归纳为一类，假定为谷物1 000夸特；后者是上一年 20 户的劳动所生产的，是留下来给他自己消费的贮积，假定这项贮积为葡萄酒二十桶。

在这种情况下，如果各个资本家各使一百户从事于生产工资品，使 20 户从事于生产供他自己使用的物品，而劳动人口既不增也不减，则利润将始终为常年 20％。每年所预付的是谷物1 000夸特，这是 100 户的劳动所生产的工资品，可借以运用 120 户的劳动；所取得的报酬是可以在下一年运用 120 户的劳动的一批工资品（这实际上就是以前的资本1 000夸特的再生产），和供资本家自己使用的一批物品，后者是从事于资本再生产的劳动中的 1/6 所生产的，因此相当于资本价值的 1/6。预付资本一年所得的报酬的价值，超过预付值计 1/6。因此，利润率如前所述的那样，将始终为常年 20％。结果是，5/6 的劳动者将从事于生产供他们自己使用的物品，1/6 的劳动者将从事于生产供资本家使用的物品。

要进一步考虑的是资本对劳动的比例发生了变动时的效应。假定由于移民出境或天时不利，以致劳动者减少了 50 户；这时各个资本家所拥有的资本不变，仍然是一年间 100 户劳动所生产的工资品，即经我们所假定的谷物一千夸特，但是劳动者人数却减少了1/24，所运用的已经不再是像以前那样的 120 户的劳动，而只是 115 户的劳动。这1 000夸特的谷物将分派给 115 户，而不是 120 户；资本家在下一年所能取得的只有葡萄酒 15 桶，而不是 20 桶。假定情况相反，由于移民入境或人口增加，使劳动者增加了 50 户，这时各个资本家所能运用的将不止是120户的劳动，而是125户的劳动。1 000夸特的谷物将分派给125户，而不是120户，资本家可以使25户而不是20户生产葡萄酒，供他自己使用。在后一情况下，利润率从20％上升到约25％；在前一情况下则下降到约15％。否则，如果假定劳动人口不变，仍然是1 200户，而资本家，原来各用100户从事于生产工资品、20户从事于生产利润的，现在却改用105户从事于生产工资品，则各个资本家于年终时所拥有的资本将是105户的劳动所生产的1 050夸特谷物，以此来运用120户的劳动；再不然，如果各自所用于生产工资品的只有95户，用于利润的达25户，则各自于年终时所拥有的资本将是95户的劳动所生产的950夸特谷物，以此来运用120户的劳动。在前一情况下利润将从20％下降到15％弱；在后一情况下将上升到25％强。但是，如果从事于生产工资品的劳动者人数增加，而同时全体劳动者人数也有对应增加，或者是，如果这类劳动者的人数减少，而全体劳动者人数也有对应减少，就是说，如果资本对劳动的比例不变，则利润率也不变。如果两者各有所增减，而增减的比例不同，则利润率将依照工资品和劳动两者的供量的相对变化而上升或下降。

因此，在最简单的假设情况下，如前面所说的那样，利润率看来是取决于国内资本家和劳动者已往的动态的。

在这一假设情况下，经假定所有资本家是采取一致行动的。这里的假设情况表明，资本的每一次持久性增加，在劳动者人数不变的条件下，都会使利润率作相应的下降；但这决不是资本家——作为一个集体来说——增加其资本时的利益所在，除非其目的在于增加劳动者人数;甚至这也决不是他们保持其资本时的利益所在,除非他们认为有保持劳动者现有人数的必要。他们的利益在于:当人口不在增长时,他们在生产工资品方面所使用的劳动,仅仅足以为这一不变的人口生产生活必需品,当人口在增长时,则使之仅仅足以保持这一人口的增势;总之,他们对待劳动者,就像农夫对待其家畜或奴隶所有人对待其奴隶一样。

在这种情况下,假定支配着资本家的行动的只是他们自己的利益,则利润率将部分取决于劳动生产力,部分取决于从作出预付到取得报酬所必须经过的期间。假定预付期间不变,利润率将取决于劳动生产力。如果将一个劳动者一年所生产的报酬归纳为一类,并假定其总额为谷物 10 夸特,而 5 夸特即足以维持其生活所需,则利润率为常年 100%。资本家预付 5 夸特,就可以取得报酬 10 夸特。如果劳动者能够生产 15 夸特,则利润为 200%;资本家预付 5 夸特,就可以取得报酬 15 夸特。如果劳动者只能生产 7.5 夸特,则利润率为 50%。否则,假定劳动生产力不变,利润率将取决于资本的预付期间。如果以 5 夸特作为其工资的一个劳动者,其一年的劳动可以生产 10 夸特,则拥有 10 夸特资本的资本家就可以雇用两个劳动者,每个劳动者可以使他一年取得报酬 10 夸特。但是,如果劳动者不是于一年的年终提供报酬 10 夸特,而是于两年的年终提供报酬 20 夸特,则拥有 10 夸特资本的资本家就只能雇用一个而不是两个劳动者;因为他如果雇用了两个,他的资本将在再生产未完成之前即被耗尽,将无以为继。结果是,等量的资本只能雇用劳动者人数的一半,原来可以一年取得纯报酬十夸特,现在只能两年取得纯报酬十夸特。

就全国的资本家来说，幸而他们的行动并不是一致的。他们各自所追求的只是其自己的发展计划，对其同道者的成就如何则全然不计；主要正是由于他们彼此之间的竞争，资本和人口才会同时增长。再回到我们原来的假设。假定有一个资本家，他不像其他资本家那样用20个劳动者生产供他自己使用的物品，用100个劳动者生产工资品，而是用110个劳动者生产工资品。他于年终时拥有的资本是110个劳动户所生产的谷物1 100夸特，按照现行工资率，可以运用132个劳动户的劳动；而其余9个资本家各自所拥有的资本却是100个劳动户所生产的谷物1 000夸特，按照现行工资率，可以运用120个劳动户的劳动。结果，这个国家的全部资本，已经不是原来的数量，即1 200户的工资品1万夸特，而是1 212户的工资品1.01万夸特。但是由于取得这项工资品的只有1 200户，利润将下降约1%，就是说，从一年20%下降到19%弱。由于上述该资本家的行动才会造成的利润的这一下降，将使他不能充分享有他所积累的资本的利益。这时他会看到，他所拥有的资本是110户的劳动所生产的工资品1 100夸特，运用的是130户有零的劳动，而其他资本家各自所拥有的是100个劳动户所生产的1 000夸特，运用的是119户弱的劳动。他会看到，其资本价值和利润数额都有所增长，而利润率则下降了1%。但所有其他资本家看到的是，他们的资本价值和利润数额都有所减退。

要晓得，作为一个资本家，他所最不甘心的是眼看他的资本价值缩减。这一价值即使保持稳定，不增不减，他也是不满意的。资本一般总是通过累积行为，从微小的开端构成的，这样的情况已经渐渐成为惯例。资本家不久就把如何促使他资本增长当做他一生的大事业，把所获利润的大部分看做达到这一目的的手段，而不是徒供享受。因此，多半会发生的情况是，国内那些别的资本家将竭力使他们的资本价值不受损害，即使一般利润下降也在所不惜。他们会一个接着一个地以上面首先提到的那个资本家为榜样，将原来用以生产供他们自己使用的物品的劳动的一部分，用来增加他们的资本。不久之后，各个资本家将以 110 户用于资本的再生产，只以 10 户用于适应其自己的需要，而不是以 100 户用于前者，以 20 户用于后者。利润率将从 20％下降到 10％，而就1 200个劳动户说来，其中从事于生产工资品的达1 100户，从事于生产利润的只 100 户。全国的一年产量将是谷物1.01万夸特和葡萄酒 100 桶，而不是谷物 1 万夸特和葡萄酒 200 桶。全国的劳动者从事于生产供劳动者使用的物品的将是全体的 11/12，而不是全体的 5/6，其从事于生产供资本家使用的物品的，将只是全体的 1/12，而不是全体的 1/6。

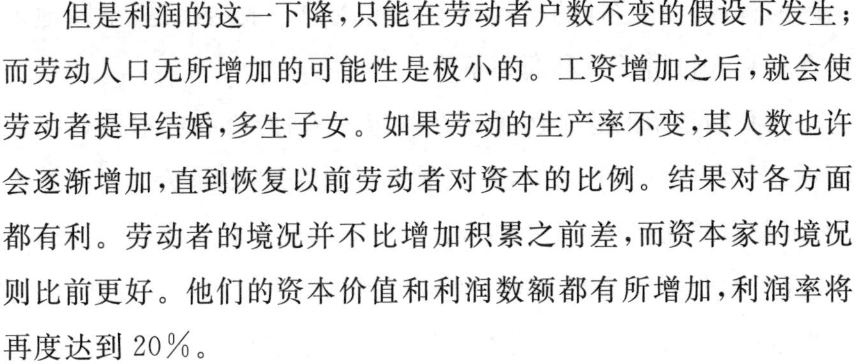

但是利润的这一下降，只能在劳动者户数不变的假设下发生；而劳动人口无所增加的可能性是极小的。工资增加之后，就会使劳动者提早结婚，多生子女。如果劳动的生产率不变，其人数也许会逐渐增加，直到恢复以前劳动者对资本的比例。结果对各方面都有利。劳动者的境况并不比增加积累之前差，而资本家的境况则比前更好。他们的资本价值和利润数额都有所增加，利润率将再度达到 20％。

我们于开头时假定的那个国家拥有大量的肥沃土地。在这种情况下，尽管居民人数在增加，劳动生产率仍然可以长期保持不变，甚至继续增长。但是，在人口稠密的国家，当人口增长时，劳动生产率是很难保持不变的。劳动在制造业中的生产率会越来越高;但是在农业中,除非借助于劳动强度或技术的提高,或者是土壤的持久改进,否则其生产率就会越来越低。由于劳动者所消费的主要是农产品或粗糙的制造品,因此取得制造品的比前方便,并不足以弥补由于取得农产品时比前困难所遭受的损失。因此,在古老的国家,当利润率因资本增加而降低时,很难依靠人口的相应增加而获得充分恢复——除非是劳动者所取得的农产品数量比前减少;再不然,除非是由于疏泄淤地或施肥之类的对土壤结构的持久性改进,或者是由于劳动强度或技术的提高,或者是由于输入农产品,因此可以没有必要从事于耕种生产力较差的土地。在这样的国家,自然的发展过程似乎是:资本增加之后使利润率下降;劳动人口增加使这一跌势被制止;取得农产品越来越困难,又使人口增势受到抑制;持久性的农业改进,或劳动强度或技术的提高,或国外农产品的输入,使这方面的困难得以减轻,但很少能达到完全消除的程度。在这样的交互影响下造成的一般结果是,不断地走向资本和人口增长及利润率下降。

在我们举示的这个例子里经假定,一国的全部资本是逐年被消耗、逐年再生产的。在这种情况下看到的是,如果劳动者人数不变,则资本的任何持久性增加,必然要立即促使利润率作相应的下降,因而除非由原来产生这一增额资本的资本家再度作出牺牲,进行再生产,否则这一增额资本一年以后即不复存在。但是,如果这一增额是在无须借助于进一步劳动以便使之再生产的那种方式下构成的,结果就不同了。假定资本家不是在 100 户之外增加五户来生产工资品,而是用这五户来制造一架耐久的机器,借此可以使一个人做原来需要两个人做的工作。在第一年年终时，各个资本家所拥有的是由100户的劳动所生产的供120户使用的工资品，由十五户的劳动所生产的供他自己使用的物品，由五户的劳动所生产的那架机器。但是在以后的每年，他可以只用99户和那架机器来取得供120户使用的工资品，用20户来生产他自己需要的物品。这样，利润数额和利润率就都可以有所增进，而工资品并没有减少。这架机器是现有劳动者以外新增的一个劳动者，它不需要任何赡养费。这就可以使资本家的利润数额增加；由此既不会减少其他资本家的利润（如果所产生的增额资本必须由增额劳动来加以保持和推动，就必然要发生这种情况），也不会减少其他劳动者的工资（如果增用的劳动者，其生活资料必须从共有基金中汲取，就必然要发生这种情况）。机器或器械实际上只是提高劳动生产率的一种手段。我国在公路、桥梁和港口方面花费了无数资金，但由此既没有降低利润率，也没有减少工资数额。事实上正相反，由于这类措施使劳动的生产率提高，从而使国内的流动资本和人口在相应的比例下提高，因此利润率和工资数额都有了提高倾向。

因此，就资本的主要用途之一——即用以使劳动者从事于生产供劳动者使用的物品，即工资品——说来，其报酬值和预付值之间的差额取决于，前期用以生产工资品的劳动量和生产这些工资品时所能运用的劳动量的比率。由于资本在一切类型的运用中的利润率具有走向均等的倾向，因此可以推断，一切资本，不管作什么样的运用，所提供的利润率，跟用以生产工资品时所提供的利润率，总是大致相均等的。

资本预付的平均期间。决定产品在资本家与劳动者之间的分配的有两个原则，其中的第一个，即，在一定期间的资本预付的利润率，已经在大体上确定，这里要接下去研究的是第二个，即，支配必须作出资本预付的平均期间的一些原因。

应当看到，“资本家的份额”这个说法虽然为经济学家所习用，可是并不完全正确。产品完成以后，是专属于资本家的财产，是他用预付劳动者的工资的方式买得的。因此，所谓“资本家的份额”，指的是可以由资本家保存、用以适应其自己的需要、并可以使其资本价值不减的那个部分的产品，或该项产品售出以后的那个部分的代价。所谓“劳动者的份额”，指的是如果资本家要使其资本价值不减就不能用以适应其自己的需要、而必须用以预付完成再生产工作时的劳动代价的那个部分的产品，或该项产品售出以后的那个部分的代价。前面已经说明，在一定的预付期间之下，这些比例部分取决于利润率。同样地明显，在一定的利润率之下，这些比例部分必然取决于预付期间。如果某一资本取得了比方说谷物12夸特的报酬，而我们要知道其中他必须留下作为资本的是多少，他可以作为利润来享用的是多少，那么首先要追究的是，在他能再度取得同样的报酬之前，他预付资本须经过多长的期间。其次要追究的是现时利润率。如果调查的结果，前者是一年，后者是常年20%，这就表明，如果经常用10夸特作为工资，他就可以取得利润2夸特。如果预付期间只是6个月，而利润率仍然是常年20%，就必须用11夸特强作为资本，取得的是1夸特弱的利润。如果预付期间是两年，而利润率仍为常年20%，则用8夸特弱作为资本就够了，取得的利润是4夸特强。如果利润率继续不变，则预付期间越长，资本家的份额必然越大。这个期间越短，份额就越

小。同样明显，在一定的预付期间之下，利润率越高，资本家的份额必然越大，反过来也是这样。

那么，决定资本预付期间的是什么？对这一问题，无法作出概括性答复。期间的长短会随着土壤和气候的不同而有参差；在每一不同的行业中，甚至在其他方面完全相同的一些行业中，它也会发生说不尽的变化。

收获在欧洲是一年 1 次，在印度却是 6 个月 1 次；预付农业工资的平均期间，在欧洲的比在印度的必然要至少延长 1 倍。又如，养马时所使用的资本，其中大部分的预付期间须四五年；而经营造林事业时，这一预付期间更须长达四五十年。经营肉类或面包的那些人的资本预付期间很少超过一星期。鱼贩手里的存货隔了一天就要变质；而来因白葡萄酒藏了 100 年之后却更加醇美。一般说来，以这一国和那一国相比，其资本预付期间的长短大都与其一般利润率成反比。在世界一般市场中，利润率低的国家和利润率高的国家相比，居于有利地位，由于预付期间的延长，这一优势会越来越显著。据说利润率在俄国约高于英国 1 倍。假定在英国的是常年 5%，在俄国的是常年 10%。在俄国以资本 10 镑经过 20 年预付期间生产的一件商品，其售价相近于 70 镑；在英国以资本 20 镑经过同样期间生产的一件商品，其售价不足 60 镑。利润率的差额会远远超过加 1 倍的最初支出。据说在荷兰和英国的利润低于世界上任何其他地区。因此，关于报酬的取得比较遥远的那些行业，英国人和荷兰人几乎是享有独占权的。对他们说来，节制是一种便宜的生产手段，他们会尽量使用这个手段。他们和别的国家进行交易时，大都付出现款，予以时期很长的信贷。他们购入

的是农产品,售出的是制造品。在许多场合,他们甚至把生产费用预付给别的国家。孟加拉的靛蓝,好望角的葡萄酒,澳洲的羊毛以及墨西哥的白银,大部分是用预付的英国资本来生产的。如果利润率是高的,则报酬值再加上这类预付资金的累计利息,将令人难以忍受。这就促成了各国之间资本家和劳动者关于产品的分配比例的趋于一致。如果利润率高,资本家所得的份额就会由于资本预付期间的短促而被压低;如果利润率低,其份额就会由于这一期间的延长而被抬高。

劳动者所关怀的主要是相对利润率,而不是资本预付的相对期间。我们已经看到,在一定的劳动生产率和资本预付期间之下,劳动者在产品中所得的份额取决于利润率。因此,对劳动者说来有利的,首先是以资本用于**他所消费的物品的生产时**,如果其他情况不变,利润率应力求其低。资本除了运用于唯一同劳动者直接有关的生产——供劳动者自己使用的物品的生产——之外,如果在其他用途中有可能获得较高的利润率,则将转用于其他用途,这时维持劳动的总基金将缩减。因此,如果一切其他情况都不变,则劳动者的利益在于利润率应当**普遍地**低。但是首先应当想到,资本预付的平均期间,尤其是在劳动者使用物品的生产中的资本预付期间,是很短促的,因此,即使利润率高,资本家所得的份额也还是小的。如果预付期是 6 个月,那么即使利润率高到常年 20%,资本家的份额仍然不足 1/10。其次,高度利润率和高度劳动生产率往往是结合在一起的。因此,一般说来,以利润率高、即劳动者在他所生产的价值中享有较小份额的情况,和利润率低、即劳动者享有较大份额的情况相比,在前一情况下他的处境较好,可以取得

较多数量的物品。情况固然是这样，但是，假使利润降低一半，从而使劳动者的份额由 10/11 增加到 21/22，他的工资数额也所增无几。

另一方面，劳动者的利益在于，当以资本用于他自己所消费的物品的生产时，资本的预付期间应力求其短。假定某个劳动者从事于耕种生产率最低的土地时，以一年的劳动生产了谷物 22 夸特，其一年工资是 20 镑，利润率是常年 10%，从预付工资起直到谷物可以应用，所经过的期间是一年，则谷物的代价应当是 22 镑，劳动者所得的是 20 夸特，也就等于是 20 镑——因为他可以用 20 镑买到谷物 20 夸特。但是，假使谷物须经保存 10 年之后才能应用，基于这个理由，其售价将不是 22 镑，而是在 50 镑以上；这时劳动者所得的将在 10 夸特之下而不是 20 夸特，也就是说，他的工资所能购得的并不是 20 夸特，而是在 10 夸特之下。和原来的情况相比，生产谷物时所需要的劳动量不变，所需要的节制却增加了 10 倍。

预付期间延长以后的另一后果是，资本家以同样数量的资本，所能维持的劳动者人数却比前要少得多。如果一个劳动户一年的生活需要谷物 10 夸特，而在一年年终时可以生产处于适合消费状态的谷物 11 夸特，则一百夸特的资本就足以使一个资本家在第一年常年雇用 10 个劳动户，从第二年起年年雇用 11 个劳动户。但是，假使谷物须待 10 年之后才能适于消费，则拥有 100 夸特资本的资本家所能维持的劳动户数不能超过 1 户；因为，如果他维持了较多的户数，资本在未经再生产之前即将耗尽。总之，预付期间延长会发生跟劳动生产率降低完全相同的效应。

但是，如果用于不是劳动者所消费的商品生产中的资本预付期间有了延长，与劳动者却全然无关。如果一个劳动者一年的劳动可以生产花边 22 盎司，他的工资是一年 20 镑，预付期一年，利润率是 10%，那么他所取得的是花边的价值的 10/11，也就是说，他可以用工资购得花边 20 盎司。假使花边须经保存 10 年后方能应用，他的工资所能购得的处于完全合用状态下的花边，将不足 10 盎司。但是，由于他绝对无意于购买花边，由于在花边生产中资本预付期间的延长，并不会影响任何其他行业的劳动生产率或利润率或预付期间，这就和他全然无关；因此受到影响的只是花边的消费者。

我们已经看到，一般说来，虽然高工资和高利润实际上总是结合在一起的；但是，如果一切其他情况不变，劳动者的利益总是在于利润率的普遍地低。同样明显，资本家的利益却在于利润率的普遍地高。任一个行业的利润率下降，就会迫使资本流向别的行业。由此使前一个行业中的资本家之间的竞争减缓，却使其他行业中资本家之间的竞争加剧。前一类资本家获得了挽救，但这是用将损失扩散到全体的方式取得的。

但是，预付期间延长，只会在资本家使用与预付期间延长有关的那种商品的范围内影响到资本家。在一定的资本的某一预付期的利润率之下，红葡萄酒从装桶到适合于饮用这一期间的长短，只是在酒商自己也要喝红葡萄酒这一范围内影响到酒商。作为一个消费者，这一期间越短对他越有利；作为一个资本家，这一期间的长短对他说来并无甚出入。

一般工资率是政治经济学中最重要和最困难的问题；关于影

响一般工资率的一些原因，这里已略举其概要。在我们看来，第一点，决定一般工资率的是维持劳动者的基金数额对被维持的劳动者人数的比例。

第二点，决定这一基金数额的，部分是劳动者使用物品的生产中——简明些说，也就是工资品的生产中——的劳动生产率，部分是从事于工资品生产的劳动者人数对全体劳动者人数的比例。

第三点，决定劳动生产率的，部分是劳动者的性格，或者是他从自然要素和资本中得到的协助，部分是劳动者的免受干预。

第四点，在不存在地租、不存在不合理或分配不公平的赋税的情况下，决定从事于生产工资品的劳动者人数对全体劳动者人数的比例的，部分是利润率，部分是用于生产工资品的资本的必要的预付期间。

第五点，决定任何某一期间的利润率的是资本家和劳动者已往的动态。

第六点，并没有一个通则足以支配资本的必要的预付期间，但其间存在的一个趋势是，当利润率高时这一期间会延长，当利润率低时这一期间会缩短。

对支配工资的原因作了研究以后，就大体上确定了影响利润的那些原因。这里需要补充的只是，利润可以从三种观点来考虑：第一，利润率；第二，利润的数额；第三，某一利润数额可以取得的合乎需要的物品的数量。关于决定利润率的一些原因，上面已经作了研究。我们已经说明，决定利润率的是用于工资的资本供给对劳动供给的比例。当然，在一定的利润率之下，任一资本家所取得的利润数额必然取决于他的资本数额。由此可见，如果由于资本增加以致利润率下降，而劳动者没有作相应增加，则资本家（作为一个集体来说）的处境是不会恶化的；除非利润率下降得那样显著，竟然超过了资本的增量。200万的5%和100万的10%，所产生的是同样大的利润数额。如果利润率是百分之七点五，取得的利润为数就更大。正是由于这样的趋势，使资本增加时所引起的不仅是人口的相应增加，而且是人口的绝对增加。我们相信，纪录上还未曾见到过这样的例子：当资本的总量增加时，利润的总量却有所减少。

跟利润数额全然不同的是，某一利润数额可以购得所需要的物品的数量。假定一个中国资本家和一个英国资本家各自所得的一年利润，都足以在为期一年间运用十个劳动户，他们在生活的舒适和便利方面的享受程度必然不同。英国人可以获得较多的呢绒和金属器具，中国人可以获得较多的茶叶和丝绸。决定这一差异的是，中国和英国在各该国资本家所使用的那些物品的生产中不同的劳动生产率。就劳动运用力和这一运用力所形成的社会地位来说，两方并没有什么高下之别。我们已经看到，当人口增长时，劳动在农产品生产中的生产率会降低，在制造业中的生产率会提高。因此，同样的利润数额，使处于人口稀少的国家的资本家可以获得的是比较粗糙的事物的享受，使处于人口稠密的国家的资本家可以获得的是比较精致的事物的享受。在南美洲，其一年收入足以运用一百个劳动户的资本家往往住在山脚下木造的屋子里，却可能养着一百匹马。而具有同样劳动运用力的英国资本家则往往住在漂亮的别墅里，也许还备有双马马车。各自拥有全然不是对方力所能及的享乐来源。

劳动和资本的各种运用中工资数额和利润率的高低不一

我们在前面的讨论中假定了某一平均工资率和某一平均利润率的存在。现在要研究的是，某些特有原因对劳动和资本的各种运用中的工资数额和利润率的影响。

《国民财富的性质和原因的研究》在讨论这个问题的不愧为名作的那一章里，开首时是这样说的：

“就我所能看到的，足以弥补金钱利得较少的工作与金钱利得较多的工作对照下形成的缺陷的，有以下五种主要原因。1. 工作本身的惬意和不惬意。2. 学习工作时是既轻易费用又小还是既艰难费用又大。3. 工作稳定还是不稳定。4. 在工作中受到的信任程度是高还是低。5. 工作中成功的可能性是大还是小。”（见第 1 篇，第 10 章。）

我们在这个问题上要说的，主要是针对亚当·斯密的一些说词的批评，因此尽可能地以他的行文次序为准。先谈关于工作惬意或不惬意的影响。

1. 工作是否惬意。进行劳动的含义就是牺牲安乐；当我们把工资说成是劳动的报酬时，我们所注意的主要就是这种牺牲。但是我们已经看到，使人们厌恶繁重的或长期的体力劳动的那种怠惰情绪，并不是劳动者到处需要加以克服的仅有的情绪。他的工作也许危险性很大，或者不适合本人的体格，或者有损于本人的体面。就其中的任一情况说来，他的工资并不只是工作艰苦的报酬，还应当是他所遭遇到的危险、苦痛或耻辱这些方面的报酬。但是亚当·斯密认为,可能凭勇敢和机警使我们从中摆脱的那类预计中的危险并不是不惬意的,在任何工作中并不会因这一危险性的存在而提高劳动工资。他说,"危险和死里逃生的那类惊险生活,并不会使年轻人畏缩不前,往往倒会使他们欢迎这类行业。至于勇敢和机警不能发挥作用的那些行业,情形就不同了。以有碍卫生闻名的那些行业,其劳动工资必然格外地高。"①

不卫生实际上总是和其他不惬意情况结合在一起的。污垢、灰尘、被染污的空气、经常暴露在严寒或酷热之下或从这一处到那一处的突然调动,是任何行业中有害健康的主要原因,也是一般不惬意的主要原因。如果辛劳、苦痛和疾病都是不免要遇到的,那就必须用极高的代价才能使人们愿意投入这类行业。但这样几个因素结合在一起的情况并不是普遍的。室内油漆工作可以说是最适意的一种行业,但在通常业务中要算是最不卫生的。另一方面,屠宰工人的工作虽然残忍,并且惹人厌恶,但对健康显然没有什么害处。我们相信,两者的工资大致相等,都远远超过单就所承担的劳动说来的报酬,就两者的情况说,其间的实际劳动都是很轻微的。但是,怕受到众人的厌恶和怕受到众人的嘲笑(在受教育最少的那类人之间,对后一点总是特别敏感),是人类性格中存在的最有力的感觉,是使某些行业的工资得以提高的最有效的手段。在亚当·斯密所举的职业刽子手那个例子之外,还可以加上一个例子——职业检举人,两者所得的报酬跟他们所担任的工作量比起

① 《国民财富的性质和原因的研究》第1篇,第10章。

来，都是全然不相称的。他们所以得到那样的厚酬，主要不是在于工作辛苦，而在于他们所听到的骂声和受到的攻击。乞丐在一切普通行业中大概是最下贱的；但是据说作为一种行业来经营时，可以享有很大的利得。

这些就是危险、苦痛和耻辱对工资的影响。既然格外不惬意的那类工作的报酬是偏高的，这就可以推定，格外惬意的那类工作的报酬一般大都是偏低的。亚当·斯密的见解就是这样，他说在文明社会中有些人以渔猎为消遣，有些人则以此为业，而后一类人一般都极其贫困。他说，“从西奥克利特斯(Theocritus)[①]时代以来，渔夫一向是穷苦的。这类工作富有自然风味，以致吸引了过多的人，使从业者无法赖以获得宽裕的生活；其劳动的收获与其数量相比，在市场上的售价总是非常之低，使劳动者除维持最低生活外不能更有所得。”至于狩猎，在任何文化高度发展的国家，不能算是一种行业。此外，我们对亚当·斯密关于渔夫的叙述是否正确，也有怀疑；除非他指的——事实上也许确是这样——只是那些少数在河边垂钓的人或偷鱼者，这在有些人是作为消遣的，而另一些人是把它当做一种行业的。海上渔业是极其艰苦的事业，并没有多大的吸引力；但他们的收入一般是很丰富的，他们自己及其家属大都衣食丰足，这个行业所需要的资本决不是微小的，而投资者大都是他们自己，这就更足以证明他们收入的相当可观。

一般说来，我们觉得无可否认，可以由不备资本的那些人自由选择的职业，只是在不惬意的程度上有差别。不惬意程度最低的

① 西奥克利特斯(公元前315—前270)，希腊诗人，后世称为牧歌之祖。——译者

是人类的原始职业——畜牧和耕种。因此，不论处于社会的哪一状态，农业劳动者所获得的工资总是最低的。在一般情况下，我们认为普通农业劳动者的现时工资所表示的是，支付给在当时当地的单纯体力劳动的价值。如果我们看到，在同时同地，任何别一劳动者的服务所获得的工资高于上述的劳动价值，这就可以断言，或者是他的工作具有某种特殊的不利条件，或者是他的报酬中实际上含有租金或利润的成分。

亚当·斯密说，就惬意或不惬意这一点而论，在资本的各种运用中，大都很少差异，或者简直没有什么差异，而在劳动的运用中则差异很大；因此，他得出结论，认为以平均利润和平均工资相比，前者比较地接近于同一水准。单就属于节制的报酬的那个部分的利润来说，在同一时间和地点，肯定是接近于同一水准的；因为节制是个消极概念，除了资本家放弃从事于非生产性使用的那个资本量和放弃使用的期间的长短之外，不容许等级上的差别。

但是我们不能认为，在多数的各种资本运用方式中，其惬意或不惬意在程度上大致相等。即使是亚当·斯密，除非他使用工资这个词时比本书所采用的意义更加广泛，他使用利润这个词时比本书所采用的意义更加狭隘，否则他就不会有这样的想法。我们使用工资这个词时，指的差不多完全是体力劳动或身体上受到折磨的报酬，而体力劳动大都是不愉快的。但运用资本的劳动主要是运用脑力，而脑力劳动是往往会使人感到愉快的。我们常常会看到，有一些人的职业或业务一般说来并没有什么动人之处，但是他们却非常爱好。有一次一位军医告诉我们，不管收入多少，能够让他主管一个大规模的军医院就是他的最大幸福。政治家在掌管政务中，将军在战争中，会得到莫大的快乐；人类的悲惨境遇，一半就是这样造成的。还有一层，单纯劳动者所取得的只是货币工资，或属于等值的衣食住资料。资本家所获得的却往往还有权力或名誉，有时候还可以获得人类的最高报酬——他的行为是广泛而持久地有利于人类的那种感觉。但是另一方面，有些行业，例如奴隶贩卖，意味的只是疲劳、艰苦、危险和社会谴责；如果做这样买卖的人对他执业的性质也会有所反省的话，结果就只落得个自责和后悔。这里不必借助于归纳推理就可以断定，如果使生活愉快、甚至使生活可以忍受的一切因素，几乎都为了求取利润而牺牲，那么利润就得格外地丰厚，才能偿其所失；而有些工作似乎其本身就附带着报酬，因此通过竞争，必然会使这类工作的酬金或报酬价值降到极低度。

不惬意行业的额外利润会与所运用的资本价值发生比例关系；这一点也许显得有些难以理解。应当想到，资本数额越大，拥有者的人数就越少，任一资本量的拥有者总享有若干程度的独占权，资本量越大，独占权就越加明确；其次是，一个人的资本越大——因此也就是其收入越大——就必须有更大的诱力，才足以促使他和希望累进资本时所遇到的精神或物质上的弊害相对抗。另一方面，在任何行业中所不免的经营时的麻烦和所处地位的低人一等，一般是和所运用的资本量成反比的。有些行业的名声特别不好听，例如开赌场或经营荒淫无耻的娱乐场所，其范围越大，丑声也传布得越广。但是，如果不存在这一特有缺点，则同一行业，因范围的大小会使人发生不同的观感——在小规模下看来是卑贱的，规模相当扩大时就使人觉得也未可轻视，如果把规模扩展到最大限度，就显得这个行业非常高贵。至于经营时的麻烦是不能完全摆脱的；但是如果资本相当巨大，足以聘用具有丰富学识和高尚品性的助理人和职员，也未尝不可大大减少业主的麻烦，使他只须占用他每天一个极小部分的时间。目前有许多人在政治或文艺方面极其活跃，甚至广有声誉，而他们同时也是大规模的银行、酿酒厂或贸易机构的领导人。这些人是不见得会把过多的时间放在商务上的。

可以预计，从上述对立的情况得到的结果是，利润中和资本家作出的节制无关、而是属于麻烦和牺牲的报酬的那个部分，当资本价值增加时，就绝对的数量而论虽然一定会增加，但是同所运用的资本相对下的比例大都将趋于缩减。我们认为这一预计可以根据观测得到证实。我们晓得，在英国以十万镑资本一年能获得10％弱的利润，是很少会不感到满足的。一个有相当地位的工厂主，拥有资本4万镑，他估计可以获利12.5％，如果达不到这个水准，他就不免要发牢骚。我们相信，拥有一万到两万镑商业资本的人所预期的利润大概是15％。如果资本在一万镑以下，那就很难着手经营任何批发商业。因此，拥有小额资本的，总是那些农场主、零售商和小厂主，这些人的资本或者只有五六千镑，所预期的利润则大致为20％，资本愈小，所预期的利润率愈高。据说水果摊贩预计一个先令的资本要赚两便士，其利润率达一天20％，即常年7 000％以上。然而实际上这似乎还是过低的。他们在任一期间所运用的资本，其价值很少超过5先令，以20％计，一天的利得只有1先令，单以所费的劳力计，此数就很难抵偿工资。可是其资本的周转，一天可能不止一次，而且这些资本家——假使可以这样称

呼他们的话——大都年老体衰，其劳动是没有多大价值的。因此，上面的计算也许大体上正确；这里所举示的是，就我们所知道的达到最高表面利润率的一个例子。

2. 学习是否便利。亚当·斯密说，“第二，学习业务时有的既轻易费用又小，有的既艰难费用又大，劳动工资因此而有高下之别。

“设置了一架高价机器，就必然希望这架机器在被磨损之前所完成的工作，至少足以偿还所花费的资本并获得通常利润。我们可以把一个费了时间和精力教养成的人才比作这样一种高价机器。可以预计，他所完成的工作必然优于普通劳动者所完成的，也必然可以取得普通以上的工资，这项工资至少足以偿还他的全部教育费用，并获得这一等值资本的通常利润。考虑到人寿的无常，就跟使用寿命比较确定的机器作出考虑时的情形一样，关于教育费用本利的收回，应当在相当期间完成。熟练劳动和普通劳动的工资上的差异，所根据的就是这个原则。”（《国民财富的性质和原因的研究》第1篇，第10章。）

我们对于写得非常精彩的这一节基本上同意；只是我们认为，其说词的可取之处主要是在于说明熟练劳动的报酬在利润上而不是在工资上超过普通劳动的报酬。熟练劳动者所以会享有这种利益，部分是由于他自己已往的行为，部分是由于他的家长或朋友已往的行为——是这些人把他们的精力和财力贡献给他的教育。这种利益的性质是资本的利润；虽然，如果不借助于其所有人的劳动，这种资本就不能发挥作用。

亚当·斯密说，在自由职业中，这样花费的精力和财力所获得的报酬极其低微。他认为所以会造成这种现象是由于三个原因：第一，有些职业有它崇高的地位，希望由此可以博得名誉；第二，每个人不仅对于他自己的才能、而且对于他自己的幸运，多少具有一种自然的信心；第三，就学术和教会方面而论，有许多人是在公费下获得关于这类业务的知识的。

前两个原因是起着极其有力的作用的。至于对第三个原因的影响，我们认为他未免过于夸张；也许在他成书以后，这方面的力量已经大大缩减。首先，在这一期间我国人口虽然增加了将近一倍，但是提供免费教育的那部分物资，在数量上并没有显著增加。其次，由于教育所在地区在生活方式上发生了很大变化，由于在许多情况下，物资的名义价值虽然没有变化，而货币已经失去其价值的一半，因此这些物资对其取得者所提供的真正助力已经比前锐减。亚当·斯密似乎认为大部分的教会人员是依靠公费获得教育的，他明确表示，其中完全以自费获得教育的只是少数。但是现在在我们任一个大学里的肄业生，简直没有一个是完全依靠公费的；至于所需费用一半依靠公费支持的，大概在全部学生中还不到20%，其余绝大多数并不享有任何金钱上的协助，他们所享受的只是教导的代价的相对低廉。这里所以说**相对**低廉，是因为就所负担的教育费的绝对金额计，牛津大学的和剑桥大学的跟多数其他大学的并没有多大出入，但是教师对各个学生所给予的注意力却要大得多。在外国的大学里，演讲只是教授作出的一次谈话；在我们这里，大学演讲是进行教导的主要方式，基本上是使学生受到考验。以教师在这两种教学方式中所花的精力而论，是无法进行比较的。在那个比较劳苦的方式下，每个指导教师所教导的，势必只

能以少数学生为限。如果不是出于我们基金会的支援,使教师能获得相当收入,那么教师对每个学生所索取的报酬就得大大增加,否则就只能采取在广大集会上发表谈话的那种外国的教学方式。

在走向某些自由职业的道路上充满了候选人,以致大大降低了彼此应得的报酬;关于这一现象的主要原因,亚当·斯密没有谈到。

用代价最低的方式抚养一个孩子直到他能靠普通劳动独立谋生所需的费用,估计一般为 40 镑。这比教区收养一个私生子时补偿给他父亲的数额计高出一倍。不过就教区说来,还得考虑到孩子死亡的可能。至于一位绅士的儿子,如果要使他受到足以继续保持其父亲享有的地位所必需的教育,估计其所需费用,平均说来,大致不能低于2 040镑。但不论是孩子所经受的辛劳或其父亲所承担的费用,其主要目的都不是在于要取得将来的利益。孩子是在他当前所受到的表扬或惩罚的鼓舞和刺激下勉力前进的。在父亲方面说来,比较便宜的办法是,以一星期两先令的代价把他的孩子寄养在乡下,直到八岁为止,然后把孩子转到农场或纱厂,如果以很大的代价让孩子受教育,那就是从事于一种投机,结果很有可能得不偿失;但是,做父亲的是决不会这样想的。一切善良的人,实际上是除了性情特别乖戾者以外的一切人们,眼看一个儿子在学业方面蒸蒸日上,是使他们当时就感到满足的最大根源。个人为了教育他的孩子所花的费用,和为了取得最短促的快感所花的费用,同样地可以使他由于享有当前的愉快而获得报偿。诚然,在教育上的花费还有可能达到进一步的目的;但是就眼前目的说来,这种花费已经具备了充分动机。

但是，在上述动机下所花的费用和劳力，已经构成了为自由职业作准备时所需的全部费用和劳力，就一切情况说来，这已经构成了作好这一准备时所需的大部分的费用和劳力。就牧师职务说来，这已经构成了准备过程中所需费用的全部，并且差不多构成了所需劳力的全部。牛津大学或剑桥大学的毕业生在就任牧师职务之前，也许还得用功读一些书，但绝对无须再支付什么费用。因此，作为一个牧师，他所取得的，除去单是作为他额外劳力的报酬的那个部分之外，可以说是纯利得。他在准备工作中花费劳力时，除单纯的金钱动机之外还存在着许多别的动机；考虑到这一点时我们不免要诧异，为什么他的金钱报酬还是那样高。报酬之所以高，有三个原因，其中的两个足以使候选者人数减少，还有一个则足以使供作这类报酬的基金数额提高。先说前两个原因：一个是牧师身份一经取得之后即不容许摆脱；一个是一切世俗业务，尤其是获利希望最大的那类买卖，牧师都不容染指。如果做牧师的可以兼营其他业务，或者可以容许自由退职，那就会有许多人愿意走这条路；如果在过程开始之后就不容许半途折回或改变方向，许多人就会裹足不前。我国牧师的人数所以受到抑制，上述两者大概是主要原因。关于牧师现有成员的收入，由法律予以保障，设有专用基金，拨充这方面的经费；并由立法机关规定，副牧师的俸给有一定水准，如果在竞争原则的依据下降低了这个水准，这样的低额俸给在牧师方面既不得提出，在副牧师方面也不得接受。参加陆军时所需费用和就圣职时所需的大致相等；前者虽然须增加关于初次接受委任和装备方面的支出约 600 镑，但就职年龄可以提早，因此得失大致相抵。参加海军的费用要低得多。再者，无论加入

海军或陆军，都无须进行专业补习。法律对海陆军所规定的薪饷和其他利益(虽然看来很有限)，比为了保持够格的候选人的供源所必要的那个水平要高得多。不论参加海军或陆军，获得批准的困难是尽人皆知的，因此，除有相当兴趣者外，一般很少考虑到这类职业。但是，尽管存在着这种想法，尽管其影响足以减少竞争者人数，而海军部和警卫骑兵团仍然被申请者所包围，申请者人数往往 10 倍于空额。

还有一类性质不同的就业者——公务人员，情形也是这样。这类职业，虽然薪俸微薄，如果认为足以偿还所花的教育费，也是热烈竞争的对象。

我们认为自由职业所以会有这么多的候选人，主要是由于每个家长所怀有的迫切心情，要使他的孩子至少受到跟他自己所属的阶级相称的教育，而不是为孩子的前途事先有所打算而在这一方针下给予教育；如果关于这一点还需要什么证明的话。不妨以家庭女教师为数之众多为例。要对女孩子给予教育，使她有资格当个家庭教师，其所需费用，虽然比不上把男孩子教养成个绅士时所需的费用，但为数也相当可观，而且其间不可能受到公家的支援；然而，这一职业的候选人为数竟这样地众多，以致其报酬简直还及不到一个仆役。

一个青年初到社会上谋生，如果要开办医师业务，那么除在正规教育方面的花费外，还得支出大致1 000镑，如果投身为律师，这项额外支出也许达1 500镑。参加法律或医药部门中的较低级职务时，其所需费用跟参军或就任牧师职务时所需的大概不相上下。但不论是法律或医药部门，非经过 3 年到 5 年的学徒生活是不允许开业的，非经过三四年的勤奋学习是不能认为成绩及格的。由于这些原因，使这两个部门的竞争者人数大大减少；亚当·斯密说，在他的时代，这两个部门的金钱报酬是偏低的，但我们认为，现在已经跟那时的情形不同，尤其是关于医药部门。他又说，“如果你打发你的儿子去学法律，要望他精通业务从而能靠此为生，看来至多只有 20∶1 的成功机会”；但是，根据多年来的观察，我们敢说，这跟现在的情况并没有类似之处。我们留心观察了成百的法科学生，只要相当努力，成功是有把握的，失败只是例外。有许多人实际上并没有怎样用功；但是懒惰而成功的比勤奋而失败的却要多得多。我们认为年轻的法律家绝不是 20 个之中有 19 个要失败，而是两个之中有一个会成功。

3. 工作是否稳定。使工资以及利润发生变化的第三个原因是工作的是否稳定。然而由此引起的变化往往是表面的而不是实际的。伦敦的搬运工人，如果被雇一小时而所得的工资不足一先令，就觉得是吃了亏。铺路工人的生活要重得多，其一小时的工资却很少超过 3 便士，但是他的服务不会找不到出路。以一小时 3 便士计，平均每天可以获得 3 先令，一年可以获得 46 镑。搬运工人可能整天得不到工作。假使他工作的经常性比铺路工人的差 3/4，那么，要使他的一年工资跟后者相等，他的每小时工资就当然应高于后者 3 倍。亚当·斯密认为，他的处境既然这样地不安定，有时他难免要感到焦虑和失望，为了使他在这方面的损失得到些补偿，他的一年收入应当比一般的多一些。但是，他既不经常工作，就可以少受些劳苦，因此上述弊害是可以得到补偿的，在多数情况下，得失还可以相抵而有余。我们认为，那种经常的、一无变化的劳动毕竟是最惹厌的，而无规律的工作可以不时地使人有个闲散的机会，单是这一点就可以使那种焦虑的心情获得补偿而绰绰有余，从而使这类职业的一年工资降低到普通水准之下。

但在资本的运用中，这种得失相抵的情况并不是经常存在的。有时资本会处于不生产状态；一般说来，资本家对此无法找到补救办法。因此，当资本处于生产状态时，他势必用索取超额利润的办法来求得补偿，至少使生产时期的额外所得跟不生产时期的所失可以两抵。造屋出租的人，其资本常常处于呆滞状态；有些地区的多数房屋，一年中倒有 9 个月是空着的。这样，业主在房屋被租用时所索取的租价，就必然要至少 4 倍于常年租用下所索取的价格。运用的无规律对工资和利润所发生的效应之一是，对跟这类运用有关的服务和商品的需求增长时，往往会促使其价格下降。某个劳动者，如果原来靠一天工作两小时就可以过活，而现在须一天工作 4 小时，则出于竞争的压力，他出售其服务时所索取的价格，只能接近于一天工作两小时所索取的价格的一半。同样的道理，夏季延长，在海滨浴场的价格就必然要下降。

4. 信任。亚当·斯密所设定的关于工资差别的第四个原因，即工作者所受到的信任程度上的高低，看来大部分已经包括在他的第二个原因——学习费用之内。我们也偶然会看到，有些人虽然是在不利的环境下获得教养的，却受到了人们的信任，并且也确实应当受到信任。这种人的健全品质必然是出于其特有的天性，因此可以把由此所得的报酬看成是一种租金。但一般说来，信实可靠这一品质是从小所受到的精神教育的结果；既然是这样，这就跟个人具有知识和具有谨慎周详的态度的情形相同，它同样是这个人的无形资本的一部分。

5. 成功的可能性。亚当·斯密提到的关于影响工作报酬的最后一个原因是成功可能性的大小。

成功的无把握在某些方面类似于工作的不稳定;但是,举几个例子就可以说明两者的不同之处。一般认为律师和医师业务是非常无把握的,可是幸而获得成功的律师或医师却会忙得一刻不闲。另一方面,某人对某一职业也许确有把握,一年中可以获得40天或50天的工作,经过这些日子的工作,就可以使得他在全年中生活过得很好。这样的职业虽然在时间上不是持续的,却不是不可靠的。

成功的无把握不会显然影响到普通劳动的工资;因为就某个人说来,除非他是带有几分资本家色彩的,除非他拥有相当资金,在工作间歇期间仍然可以生活,否则就不会从事于这种成功无把握的工作。但成功无把握这一因素,对利润的表面效应和实际效应都非常显著。

当然,如果对前途的变化十分有把握,机会观念就没有存在余地。但是,即使大家都握有充分情报,能够相当准确地预测成功机会,因此既无须急躁冒进,也不用畏缩不前,而由于不能各个人都达到成功目的,平均利润仍然会有所提高。

假定所得的数额和所失的数额相等,利和害也并不能相抵,所得这一利益显然敌不过所失这一弊害。假定两个人各拥有资本2 000镑,各自拿出1 000镑来对赌,胜利者的资本只增加了1/3,而失败者的资本却减少了1/2。拉普拉斯(Laplace)计算其间的不利程度为26%。他说,在得失机会均等的赌博中,所失比较地大于所得。他说,假定一个赌钱的备有赌本 100 法郎,以其中的 50 法郎从事于凭正反面决胜负的掷钱游戏,他投下这一赌注之后,其赌本实际上即缩减为 87 法郎;这就是说,不担风险的 87 法郎可以使他取得的是,如同不担风险的 50 法郎可以取得的那么多的幸运——剩下的 50 法郎当全凭机会,可能加上一倍,也可能全部丧失。假使这样的计算没有错误,假使如我们所设定的那样,人们握有充分情报并且抱着相当审慎态度,那么拥有 1 万镑资本的人,就不会在得失对等的机会下用5 000镑来投机;除非他所面对的机会,不仅可能获得 1 万镑以及5 000镑资本的相当利润,还可能获得1 300镑的额外利润,作为他负担风险的代价。

不用说,人们不论在情报方面或审慎的态度方面,都绝对不会具有如这里所假设的充分程度。但是应当看到,关于前途的无把握有两种类型。有的时候,风险跟业务自身本质上是结合在一起的,而且在每一次动作中必然在大致相等的程度上存在。走私和制造火药可以供作这方面的例子。经验和技术也许可以使风险略微减轻;但是,即使是最精于走私业务和最善于制造火药的,大概也不免要遭受平均程度上的损失。有些业务则情况不同,成功一经获得以后,即可恒久保持。矿业的情况就往往是这样。不论在哪一国家,经营矿业,一般说来等于是走向毁灭的道路;但是也有些经营矿业者,从来就没有遭受过损失。自由职业的情形也是这样。这类业务的成功机会,即使如亚当·斯密所说那样地没有把握,和这一弊害有关的也只是失败了的那些人的经历。至于就获得成功的那些人说来,这类业务所提供的收入是极其可靠、极其正常的。所谓无把握是针对个人说的。所以会发生这种无把握的现象，是由于以自己的条件和对手作比较时个个人所不免要犯的错误。如果在实际考验中相形见绌，这个人的失败即无法挽救；否则，如果处于相反情况，他的成功却是稳固的。任何业务，如果其冒险性是必然存在并持久存在的，那么从事于这一业务的任一个人的遭遇，就都可以供作我们估计从事于这一业务的一切人们的遭遇时的样本。如果只有一个执业已久的农场主能够把他的个人经验详细举示，我们对于经营农业时所承担的风险，就可以获得一个相当正确的概念。似是，如果我们要根据 10 个或 20 个挑选出来的实例来估计律师或医师业务的成功机会，那就很可能会被引入歧途。因此，于估计上述两个业务类型的无把握程度时，对前一类型的估计和后一类型的相比，前者势必正确得多。

亚当·斯密认为两种类型的无把握程度都被估计过低，因此一切有风险的业务的平均利润低于安全业务的平均利润。他提出这一见解时，说得非常有力而精辟，因此这里不惜篇幅，作了大段征引。

“多数人对自己的才能总是自负的；这是历来哲学家和科学家所指出的人类向有的通病。因此，对自己的幸运会发生不合理的推测；而人们对这一现象却比较地不大注意。实际上这一现象比前者还更加普遍。没有一个体格和气魄相当强的人免得了这个毛病。任何人对胜利的机会总不免给予过高的估计，对失败的机会总不免给予过低的估计；简直没有一个体格和气魄相当强的人，对失败的机会会给予过高估计。

“关于对胜利机会的必然予以过高估计，可以彩票事业的到处获得成功这一现象获得证实。完全公平的彩票，即以全部利得抵偿全部损失的彩票，不但过去没有，将来也永远不会见到；因为经营这一业务的这时将一无所得。即以国营彩票而论，实际上并值不了原购户所付的代价，可是在市场上的售价往往高出原价二成、三成甚至四成。所以会发生这样需求的唯一原因是得中头彩的空虚想望。即使是头脑最冷静的人，也不会觉得用少量金钱来博取1万镑或2万镑的中彩机会是愚不可及的行为——尽管他明晓得，即使是这一少量金钱，其价值或许已超过中彩机会的价值的20％或30％。如果是规模较小的彩票，中奖金额最高不超过20镑，那么，尽管在其他方面比国营彩票进一步接近于公平，也不会引起如上述那样的需求。为了要取得更多的中奖机会，有的人同时购买彩票多张，有的人则购买为数更多的分条彩票。但是，你冒的风险越大、买的彩票越多，你遭受损失的可能性就越大；这是个颠扑不破的数理原则。你如果买下彩票的全部，你的损失就无可避免；你买的彩票为数越多，距离这一损失的确定点就越近。

“人们对于失败的机会往往给予过低的估计，却从来不会给予过高的估计；关于这一点可以从保险商利润的微薄这一现象获得证实。要使火灾保险或海上保险真正成为一种行业，那么通常保险费就必须足以抵补通常损失，偿付经营费用，并提供相等于以资本运用于任一普通行业时所能获得的利润。如果保险户所付的不超过这一限度，那就很明显，他所付的并没有超过真正的风险值，就是说，没有超过使他有理由认为已经获得保障时所应付的最低代价。现在，虽然有很多人从保险业务中赚得一些薄利，但由此发财致富的却很少。单从这一点就可以明显地看出，这个行业的通常利润，低于已经使许多人发财致富的其他通常行业的利润。一般说来，虽然保险费已经定得很低，可是仍然有许多人因为过于轻视风险而不愿意支付。就全国的情况平均说来，20 个住宅内有 19 宅，实际也许是 100 个住宅内有 99 宅，不保火险。对多数人说来，海上的风险比陆上的火灾更加可怕，因此，船舶已保险对未保险的比率，比住宅的这一比率要大得多。然而，仍然有许多船只一年到头在海上航行，却并不保险，甚至在战争时期也是这样。这种情况，有时也许不能认为是鲁莽作风的表现。一个大公司，或者甚至一个大商家，如果同时有二三十只船在海上行驶，就可以把它们看成好像是互相保险的。由此从全部船只节省下来的保险费，也许足以抵偿在通常进程中可能遭到的损失而有余。然而，忽视船舶保险跟忽视住宅保险的情形一样，在多数情况下并不是出于精密计算的结果，而只是由于轻率鲁莽和对于风险的漫不经意。通常利润率，大体上总是随着风险的存在程度而提高的，不过似乎并不是成比例地提高，因此，并不能使所冒的风险完全得到补偿。最危险的行业，陷于破产境地的也居最多数。一切行业中最危险的是走私，虽然于侥幸获得成功时获利也是最丰厚的，可是终于要走向破产的道路。成功的奢望是一切事业中的一个诱因，在这里似乎也起着同样的作用，因此使许多冒险家投入这类危险行业，以致出于竞争的结果，使其利润降低到仅仅足以补偿所遭受的风险的那个水平之下。要使所承担的风险得到完全补偿，则其通常收益应超过资本的通常利润，其超过的部分，应该不仅足以补偿一切偶然的损失，而且足以使冒险家获得其性质与保险商的利润相同的额外利润。但是，如果这类危险事业的通常收益当真足以补偿所述的这一切，其发生破产情况的显著程度，就不会超过其他行业。”

(《国民财富的性质和原因的研究》第1篇,第10章。)

亚当·斯密的结论无论是否正确,肯定不是根据他的前提推断出来的。在利润非常丰厚的行业中,也许经常会发生破产情况。假定有10个商人,各以资本1万镑从事于经营极其安全的业务,另有10个商人,则以等额资本在同样期间从事于经营危险的业务;假定在需要同样辛劳的情况下,其平均利润率为常年10%。一年以后,经营安全业务的10万镑资本将增加到11万镑,其分配比例将与原来的分配比例相同。如果经营危险业务的资本在一年以后也增加到11万镑,那就很明显,就各个行业而论尽管是同样有利,而由于不同的资本分配的结果,就各个商人而论,有的则一败涂地,有的则发了大财,有些商人的财产也许全部丧失,有些商人的财产则加了1倍。如果危险业务的资本在一年以后从10万镑增加到12万镑,这就表明,这类业务的利润比安全业务的大1倍,可是全部利益也许只由所假设的10个人之中的两三个人、或者甚至一个人所享有,其余的人都陷于破产境地。

以保险业务作为论证中的一个范例更加不适当;因为所提供的事实都引向跟亚当·斯密直接相反的结论。保险是最安全的业务之一。如果利润非常之低,那只能是由于其安全性所招致的过度竞争。因此,这一业务至少提供了一个支持危险业务高度利润的例证。认为多数人极不重视风险,因此不愿意支付有限的保险费使自己获得保障的说法,也是不能成立的。事实上是,他们对风险的顾虑极大,情愿负担极高额保险费以资防范。正如亚当·斯密所说,保险公司所收取的费用必须超过风险值,其超过额必须足以偿付经营费用和通常利润。公司方面对普通火险所收取的保险费为每百镑1先令6便士,其中供作开支和利润的至少达6便士,余下的1先令为风险值。但是,保险户还得向政府缴税计每100镑3先令;因此保险费总额是每100镑4先令6便士,差不多5倍于风险值。但是,即使在这样过高的费率下,我们认为上等住宅100户内也没有1户是不保险的。由于人们对于风险是那样地不敢轻视,因此,他们明晓得所付的代价差不多高于风险值5倍,依然愿意借此来购得安全。

或者以为,人们对于可能享有巨大利益或可能遭受重大损失的预计,会严重地影响他们的想象力,因此,为了可能享有巨大利益,或者是为了可以肯定避免重大损失,他们所愿意付出的代价,会远远超过这两种偶发性的价值。我们认为这个说法未必可靠。这可以用上面所述关于保险和彩票的事实来加以充分证明。近年来的英国国营彩票,确实足以证明人们对非常利得的机会的过高估计倾向,其显著程度实际上还远远超过亚当·斯密所看到的。这类彩票每张的价值总是10镑,以每张10镑合计的总值必然相等于全部奖金的总值;但一张彩票的平均价格则为21镑到24镑不等。购者所支付的代价不是超过机会值的二成或三成,而是超过1倍以上;正和保险的情况类似,他所支付的代价,差不多相近于风险值的5倍。彩票购户所考虑的似乎是24镑和2万镑之间的关系,而不是24镑和取得两万镑的1/2 000的机会之间的关系。正同火灾保险户的情形一样,他们所据以作对比的是两镑5先令对1 000镑,而不是这一保险费对1 000镑的1/2 000的损失机会。亚当·斯密说得很对,如果支出数额与有可能取得的数额之间的差度有了改变,即使买进条件比较合算,竞争也会减弱。就上述国

营彩票而论，即使将票价降低到 12 镑，也没有人会愿意独自承购全部彩票的 1/2，他会立即看出用 12 万镑来博取 20 万镑的均等机会这一举动的荒诞不经；可是，如果现在发售国营彩票，就会有成千成万的人乐于干比这个还要蠢上一倍的蠢事。同样情况，就现在的火灾平均率而论，我们认为2 000户内一年大约有一户被灾；假使情况不是这样，而是 10 幢房屋内一年会有一幢被焚毁，一年的保险费为每百镑 22 镑 10 先令，这时收费尽管比现在的便宜 1 倍，投保者依然将减少。

彩票事业的性质是就少量支出提供获得巨大收入的希望。也许可以认为，这类业务吸引竞争的主要原因不是在于偶发性的真实价值，而是可能收入对确定支出的超过量。如果这个超过量非常之大，这就可以假定，竞争者人数与奖金数额对照下，会使对各个人说来的偶发性的价值降低到那样程度，以致使这类业务整个说来无利可得。就这个国家说，教会、军队和律师就是这类业务。这类业务所提供的奖金，差不多足以使一切人类欲求获得最大限度的满足。我们并且已经看到，对于已经获得绅士教育的那些人说来，求取这类业务时只须继续支出极低微的费用：就教会及军队说，简直不需要继续支出任何费用，就律师职务说，大致须支出一千五百镑。在这种情况下，如果不是由于多年辛苦学习的必要而将律师就业者人数压低，如果不是由于分别设有专供其拨用的基金而将教会及海陆军的薪俸提高，那就毫无疑问，出于对这些专业的竞争结果，会使其平均利润降低到远在现在的有限数额之下。我们时常听到有人主张，将据高级职位的教士的薪俸予以平均化，实际就是主张予以抑低。一个年俸 2 万镑的大主教的工作，还不

及人口较多教区的一个年俸 100 镑的副牧师所做的那样多;乍看起来,前者似乎是一种浪费。但是,如果我们的目的是在于以最便宜的代价取得用很大费用培植起来的教会人才,那么实现这一目的的最好办法不是降低而是提高最高奖金的价值。将英国全国主教的收入合并起来,一年大致不到 15 万镑。如果将这一金额分给 1 万个牧师,各自的所得可以增加十五镑。如果说这样的变更不会降低教会职务在物质待遇上的吸引力,谁能相信呢?经过完善设计的彩票可以高价售出;如果要以高价售出薪俸,就是说,要用尽可能低的报酬取得尽可能多的工作和知识,那么最好的方法是用少数巨大的奖金来迷惑人——对少数一两个人给以极大报酬,从而诱使成千的人以半价出售其服务。

听说从前罗马要建造一个巨大的圆屋顶,认为进行时最简便的方法是先按照所需要的式样堆起一个土墩,然后以此为模型,在上面进行构造。但是,预计在建成以后撤去这个土墩的费用却非常之大。于是有人实际上以这里所说明的原则为依据,建议堆土墩时将一些金币、银币和铜币无规律地掺和在土内,其数大致相等于雇用工人搬运时所须支付的工资总值的一半,然后听任民众在不领取工资的条件下自由搬运。据说,这样就会有足够的人手愿意提供其服务;虽然,总的说来,他们实际上是在半价下进行工作的。

上面已经表明,律师职务的一般收入优于教会职务的一般收入;我们认为这是由于律师职务带有较少的彩票属性的缘故。我们已经看到,它的培养费用比教会的大得多,总的说来,博取高额奖金的机会则比较少。就学者职业说,其中博取高额奖金的机会最少而需要培养费最大的是教师职务，它已不再具有彩票属性，而它的一般收入则最优。概括地说，资本能够产生这样确实而同时又这样巨大的利润的情形是很少见的。

在某些少数情况下，商业投机实际上跟买彩票的性质并没有什么两样。曾经激起投机和贪婪的狂热，使这一热潮成为1720年和1825年的特征的那些股票，其性质就是如此。在那个时候，成千成万的人抢着购买智利、秘鲁、拉普拉塔河、哥伦比亚和墨西哥的股票。但是，其中对于这类公司成功的可能性具有真知灼见的能有几个人？看来，多数人关于这一点并没有进行了解，甚至根本就没有想到去进行了解。他们所知道的是李耳·德·蒙特(Real de Monte)股票原价70镑，而市价涨到1 200镑；以此为依据，他们就买了些别的公司的股票，因为他们的想法是，如果投机获得成功，可能赚取10倍之利，如果失败，所损失的不过一二百镑。

可是，一般说来，上述那种可以立即获得巨大利益的商业投机，其性质与其说是买彩票，不如说是通常的赌博。可能遭遇的损失与可能享有的利得相比，前者往往相等于后者或超过后者，一般则前者要占到后者一个很大的比例。我们在前面所叙述的那种被巨大利得和巨大损失的预期所激起的过度希望和过度恐惧，也许可以假定是彼此相抵的，从而为亚当·斯密的原则——对自己前途的盲目乐观——留下了起作用的余地。如果这个理论是正确的，如果每个身心相当健全的人，对于跟他自己有利的机运都有估计错误的倾向，这就表明，那类冒大险可以得大利的投机必然会引起那样剧烈的竞争，以致即使不至于使这类投机绝对地无利可图，也至少会降低其利润，使之低于普通业务的有利程度。我们认为这就是商业投机的情况。以资本运用于采矿业务和股票投机可以发财致富，但所冒的险是毁灭性失败。大家晓得，一般说来，采矿的所得不但低于平均利润，而且往往得不偿失。人们曾经把成功的一切要素——知识、勤劳和资本投向在康瓦尔(Cornwall)的世界上最丰富的矿区之一，然而在那里一年所采得的铜和锡的总值，据说还抵不上采取时所需要的费用。可是也有少数资本家靠采矿发了大财；跟他们的成功相对的是其他经营者的处境——大都遭受损失，甚至一败涂地。

从事于公债投机，即使无须附加费用，也可以完全肯定，总的说来它不可能产生利润，这个人的所得就是出于别一个人的所失。但是，事实上进行这类投机时的费用很大。公债 100 镑每交易一次，须花费佣金 2 先令 6 便士。某个人如果在一年间买卖公债达 80 万镑——这对常年从事于公债投机的人说来，决不能算是个特大数额——平均一年支付佣金即须达1 000镑；假使他投机的结果无甚出入，这1 000镑所体现的恰恰就是他一年的损失。

我们认为人类对于他们自己的美好前途怀有很大的信心；但是总的说来，人类对于他们自己的优越才能还怀有更大的信心。如果认为后一种信心是普遍存在的，那么总的说来，由此将产生与前一种信心同样程度的错误估计；但就各个事例说来，后一种信心表现得并不是显然不合理的，正是由于这个原因，这种信心就更加强烈，更加普遍。

运用资本时其成功无把握的第三个即最后一个类型，其内容和彩票的性质恰好相反——就各个情况说，利益不大，但差不多是可以肯定的；损失极大，但遭遇损失的可能性极小。

如果我们的理论是对的，这种可能性极小的巨大损失的偶发性必然要受到逾量的估计，从事于这类业务的资本家，除了取得当业务绝对安全时足以使他满意的那一利润之外，一般说来，还须取得首先是相等于他所承担的风险的额外利润，其次是足以使他的忧虑获得补偿，并且足以使由利得带来的好处敌不上由损失造成的害处的那一差量获得补偿的更多利润，此外还须取得足以使他对不利的机遇势必予以过度重视的那种心理获得补偿的进一步更多的利润。

一般把这类资本运用叫做安全的，除开带有很大风险者外，一切类型的资本运用差不多都包括在内。凡是一个商人或生产者要处于安全境地，一般说来就得放弃借助于某一次交易而获得巨大利润的希望。但是，没有一种资本在生产目的上的运用可以说是绝对安全的。资本家尽可把他的资本贷给愿意运用这一资本的另一个人，贷给时可以取得抵押品，而为了使放款安全，抵押品的价值也许远远超过贷出额价值；但是这类资本既被运用，其本身就必然不能免于冒险。信贷是必不能免的，对代理人也总得给以信任，并且对各方面都加以周密考虑之后，由于季节的非常变化，供源的意外发现，国外或国内政策的突然变更，或者是发生了商业恐慌，使万全的计划也会失败得不可收拾。没有一个工商业者能够有充分把握，说是在十年期间，他决不会陷于破产地位。如果这个说法是对的，那么这种遭受巨大损失的风险没有获得巨大利益的希望与之相抵时，就必须用超过其价值的某些额外利润来补偿，正同对于获得巨大利益的机会，当没有遭受巨大损失的顾虑与之相抵时，就必须用大于其价值的代价来购买的情形一样。由于跟绝对安全

的业务——如果当真有这样业务的话——相比，上述后一类业务所产生的收益低于一般水准，因此上述前一类业务所产生的收益必然高于一般水准。

由于劳动和资本从这一行业转移到那一行业的困难而引起的工资和利润的不均衡

工资和利润所以会存在着不均衡现象是由业务本身固有的一些原因引起的；这是我们到现在为止所讨论的主题。一般说来，即使可以随意从这一职业转换到别一职业，这一现象将依然存在。但是，有些极其显著的不均等现象，却不能用促使人们喜欢这一职业而不喜欢那一职业的任何原因来解释；因此，这一现象所以会继续存在，只能是由于劳动者和资本家于变换其业务时所要经历的困难。

劳动从这一职业转移到那一职业的困难，是高阶段文化之下的主要弊害。这一困难按分工进展的比例而存在。在野蛮状态下，几乎对一切工作每个人都具有同样的适应程度，事实上也是在这样情况下进行工作的。但是随着文化的提高，同时有两种情况，使个人能够有利地进行的活动范围越来越狭窄。第一，他个人能够做的工作，种类越来越少。亚当·斯密说，“设厂制造别针时，抽铁丝的是一个人，将铁丝拉直的是一个人，再由第三个人来把它截断，第四个来把它削尖，第五个则把它的另一端磨平，以便装上针头；单是针头的操作就需要两三道不同的工序；安装针头是一种专门工作，将针磨光擦亮，甚至在制成以后装成袋，打成包，也都是专门工作；总之，制针这一重要业务前后所经过的不下十八种操作程序。”在大规模的制造厂里，从事于其中的一种操作的，对其他任何操作就很少经验。

第二，由于分工的结果，不同种类的技工，不管他怎样精通业务，只能做好他自己范围以内的工作，他所学到的技能，对于他没有经过训练的业务说来，没有任何价值。如果某一工人的特种劳动不再有需要，他就会看到，充满在其他一切成立已久的行业中的工作人员，大都在年纪还很轻、在工作上还没有任何经验的时候，就全力从事于各该行业的操作锻炼。

尤尔特(Ewart)先生是受到技工和机器委员会征询的许多高明的作证者之一；委员会问他：

“据说哪怕是最优秀的工人，离开了他日常从事的操作岗位，即使行业不改，其工作效率也将降低；关于这一点，您能不能用事实证明？”

他回答道，“可以。这里不妨举兰卡郡的钟表机件制造者的情形为例。这些人可以说是最优秀的工人。他们使用的工具跟轧棉机制造者所使用的属于同一种类。但他们所擅长的只是钟表机件的制造，所受到的只是这一操作的锻炼。如果用他们来制造轧棉机，他们就样样都得从头学起，关于金属制造方面的操作，就好像是从来没有学过的；即使是锉、镟等普通工作，干起来也极不得力。”①

① 《技工和机器委员会报告》，1824 年，第 251 页。

加尔尼埃(Garnier)在他的亚当·斯密著作译本的引人入胜的注释中,将法国下层阶级的安逸和英国贫民的处境作了对比,将他所看到的差异归之于英国对劳动流通的人为限制和法国的不存在这一限制。他说,“在不干预工业倾向的政府统治下,体格健全并具有相当体力的人,除非恶习过深,使他对工作难以胜任,否则就不可能找不到工作。听任工人为他的劳动去选择市场,他一定会找到的,随着国家财富的增长,这方面会越来越有把握。抱怨没有工作是懒汉老一套的托词,这些人情愿拿救助金,不愿意拿工资。如果他愿意去寻找,就会跟他的伙伴们一样地找到工作。虽然法国的人口比英国的多1/3,维持劳动的基金比英国的少得多,但是劳动阶级并不感到贫乏,甚至也没有感到什么不愉快。”

这是无可怀疑的,我们的制度和习惯,其中有很多足以使劳动者的勤劳受到束缚并被误用;由此往往会促成、并且必然要延长我们大部分劳动者时常要遇到的缺乏工作这一现象。我们并且相信,这类成因在法国比较少见。在那里,城市和技工的法人组织所拥有的独占权及其苛刻的规章制度和义务,被大革命一扫而空。但是,其中有许多足以导致性质上类似的弊害的,仍然遗留着。不久以前,出于警察机关的部署,巴黎的肉铺以四百户为限。一切事业中最重要的是教育;而这一事业却归政府独占。法国的商法甚至比我们这里的还要糟。因此,即使法国的劳动阶级从来没有受到缺乏工作的痛苦,其原因也不是完全——甚至也不是主要——由于没有外来的干预。即使法国的劳动者的就业机会确实比我们的稳定,我们认为这也主要是由于他们的制造业比较落后,和作为这一落后现象的前因后果的较低程度的分工。从事于土地耕作者，在英国占全部人口 1/3 弱，在法国占全部人口 2/3 强。尽管存在着这种不均等状态，可是我们认为劳动者在英国比在法国的吃得好；至于衣服和其他制造品方面的享受，则双方无从比较。英国供劳动者消费的粗制品，大都价廉物美；而在法国不论是工业劳动者或农业劳动者的工资，都大致不及我们的一半。萨依先生说，"一个农民患了严重的风湿病，向我请教。我劝他贴肉穿一件法兰绒背心。他根本就不懂法兰绒是样什么东西。我就告诉他，可以在衬衫里面翻里向外地穿一件绒背心。他说，我从来就买不起绒背心把它穿在衬衫外面，哪里有这件东西去穿在衬衫里面呢？可是，他的经济情况并不差于他周围的人们。"(《实用政治经济学大全》第 1 卷，第 46 页。)

法国劳动者和英国的相比，所接触的工作类型比较多，可以着手的行业因此也比较多；但正是由于这个原因，其任一工作的效率就比较低。俄国人失业的大概比法国人少，而鞑靼人失业的比这两种人都更少。但是，再明确没有的一个原则是：如果其他情形不变，劳动的生产率与其分工程度成正比；并且，如果其他情形不变，随着分工的演进，必然要不时地引起缺乏工作现象。一个蛮人好比是他自己使用的一件工具，一根棒或一把斧头，既笨拙，效率又低，然而其本身是全能的。一个文明的技工就像是一只单独的机轮或滚柱，当他和整个精密机械结构中的无数其他组成部分结合在一起时，所作出的贡献，看上去简直是出于人类的力量和才能之外，但是当他单独存在时，却几乎一无所长。

将物质资本从这一用途转移到别一用途时的困难，主要取决于它所经过的制造程度和它的本质处理中所作出的变化。一般说来，原料的用途可以随意改变，并没有什么不便之处。采集的石块，原来打算造桥的，尽可用来盖房子。但是，如果已经用这些石块造成了一所房子或一座桥，这些石块的价值就不足以抵偿进行拆卸时所花的费用。那些作为固定资本的主要组成部分的昂贵器械，决不能在未经改造的情况下，应用于其原来使用目的以外的任何其他使用目的。因此，如果这类器械久已不再能提供以建造费为依据的平均利润，却仍然按原来的使用方式使用着，那是因为，如果换一个使用方式，遭受的损失就还要大。如果以 2 万镑费用设置 1 架蒸汽机，而由此获得的一年收入只有 100 镑，诚然是失算的；但是，如果把它当做废铁出卖，只卖 500 镑，那就更加失算。

精神资本和无生资本，在这一点上颇有相似之处。笃实、勤勉、判断力、基本知识以及其他道德上和理智上的成就，我们通称之为“良好教育”的，是一种精神的原料，其用途可以随意变更。至于某一专业的专门知识和习性，那就像一架蒸汽机或水磨一样，除开所适应的用途以外，在别的场合就很少价值。但是一般说来，精神资本是两种资本中比较地可转移的，越是单独地属于精神方面，就越加是这样。一个纺织工人所具有的专门知识和技巧，在任何别的操作中就没有什么用处。一个律师或医师，如果被迫于环境而不能继续执行其业务，就会看到，在他原来的专业中所获得的知识和理智上的习性，在任何新职务中，却仍然有很多可以利用之处。体力劳动，尤其是只以极少的几种动作为限的那类劳动，使肌肉的一部分使用过度，其他部分使用过少，往往会使体格转弱，而且必然会使躯体失去常态。在治疗骨骼弯曲方面享有盛名的外科医师萧(Shaw)先生告诉我，他在大街上闲步，可以根据各个行人特有的体格上的变形，在大体上辨别出他的行业。但是脑力劳动，除非那样地超过常度，以致陷于精神失常状态，一般似乎决不会使智力退化。脑力劳动有时也许会使心理状态稍稍脱离正常，对某一两项智力的发展过于偏重；但即使是这样，由此影响到个人随后作出的努力的效果的情况仍然是比较少见的。一般的情况是，脑力用得越多，成就越大，其质量也越加提高。

劳动和资本从这一国转移到那一国的困难

即使在同一地区和同一国家，将劳动和资本从这一行业转移到那一行业尚且存在着困难，如果要变更的不仅是行业，还有地区或国家，困难就当然更加严重。亚当·斯密说，在他写作的时候，伦敦及其附近地区的普通劳动价格为每天 1 先令 6 便士，而苏格兰低地区的普通劳动价格则为每天 8 便士。他接下去说，“这种劳动价格上的差异，虽然不一定足以使一个劳动者从这一教区转移到那一教区，但势必促成多数笨重商品的大量运输，这些商品不但从这一教区转运到那一教区，而且将从国家的这一头转运到那一头，从世界的这一角落转运到那一角落，从而使其价格比较地接近于同一水平。尽管说人性是轻率的，易变的，但根据经验可以显然看出，在一切事物中最不容易迁动的是人。”（《国民财富的性质和原因的研究》第 1 篇，第 8 章。）

我们比较不同国家的劳动工资时，大都用货币估计。所以不得不这样做有两个原因：第一，因为贵金属是仅有的遍布于全世界的重要商品;第二,因为这是仅有的其价值到处相同或到处差不多完全相同的商品。如果将在爪哇的和在英国的一星期普通劳动所能赚得的菠萝的枚数作比较,那就不会有什么意义;如果将墨西哥人所挣得的龙舌兰酒的量和爱尔兰人所挣得的威士忌酒的量来加以比较,就更加没有意义。但是,货币工资虽然能够准确计量世界一般市场中国民劳动的价值,用以计量各个国家的劳动者所享有的舒适和便利程度时,却是一个缺点很大的标尺。要晓得,促使劳动者作迁地为良的想法的,并不是货币工资上的差异,而是舒适和便利的享有程度上的差异;必须把各国的货币工资分别化成劳动者使用的商品,才能确定或大致确定这一差异。美国的劳动货币工资高于英国约 1/3;由于那里的制造品价格较高,这一差额被部分地抵消。但是,由于劳动者的支出,不论在哪里,总是以粮食占其最大部分,而那里的粮食价格比我们这里的要低得多,因此,美国劳动者的处境优于英国劳动者处境的程度,实际上比工资上的差异所表示的还要显著。据说孟加拉的计日工作者一年所挣得的还不到 3 镑(见克劳福德〔Crawford〕的《使节》〔*Embassy*〕,第 468 页)。尽管工资这样低,那里多数制造品的价格却比英国的高。粮食当然比较便宜;因为,假使其价格和英国最低贱的粮食价格相等,在一星期 1 先令的工资下就无法生存。很明显,任何国家的普通劳动工资必然足以维持一个普通的劳动户。跟所需要的土地和劳动量对比,稻谷也许是地上出产的最丰富的粮食。因此,米是孟加拉人的主粮;假使其工资全部以粮食支付,他一年可以获得粮食约 800 磅,在这里要购得这一数量的米,需要代价约 10 镑。结果是,以货币计,英国的工资一年约 30 镑,计 10 倍于孟加拉,以制造品计还不止10倍,但是如果以米计,不过高出约3倍。

于比较两个国家的利润率时,就不存在这种困难;不论是资本的预付或资本的收益,必然以货币估计,任何两个国家的利润率之间的表面差异,必然也就是其实际差异。

劳动流通的主要障碍是气候的差异、空间的距离和语言的不同。上述第一点是最有力的障碍,因此,劳动者主动侨居到气候完全不同的地区的情况很少见;至于语言的不同,似乎是比距离遥远更大的一个阻力。英国技工在美国可以多挣得些工资,在法国所能挣得的比在美国的还要多;可是10个人倒有9个宁可到美国,敢于到法国的只有1个。至于政体、宗教和习惯上的差异是力量比较薄弱的障碍;除非由于这类差异而引起了反感,造成了对移民入境的危险,那是例外情况。在宗教和习惯上如英格兰和爱尔兰之间所存在的那样大的差异是很少见的,在政体上如爱尔兰与美国之间所存在的那样大的差异也是很少见的;然而我们晓得,从爱尔兰移居到这两个国家的,为数是何等众多。一般说来,不仅是单独的劳动者,即使是成群的劳动者,移住国外时的物质方面和精神方面的障碍也都非常巨大,因此,除非是出于巨额资本的支持和指使,否则这种迁移只有在特殊情况下才会发生;例如爱尔兰和英格兰或爱尔兰和美国之间的关系,就是属于这种特殊情况,这里存在的诱力很大,就物质方面的障碍说,在后一情况下只需要几个星期的行程,在前一情况下只需要几个小时的行程,并且双方说的是同样语言。

但是,资本家和劳动者结合在一起的主动迁徙,和出于资本家强迫的劳动者的非本意迁徙,是促进人类进步和妨碍人类进步的

主要原因之一。属于前一类的是含有敌意的那类迁徙——整个民族,为了希望获得比较有利于生产的气候和土地,共同出动,夺取邻邦的领土。从牧人王朝(the Shepherd Kings)入侵埃及到土耳其人入侵希腊,这类行动使整个东半球的居民不断地处于不安定状态。有许多国家——我国即其中之一——充满了层层相叠的占领者,以致再也无法寻出最初移居者的痕迹;在另一些情况下,也未尝没有发现一些原始的土著,这些人大都处于退化、穷困和悲惨的境地,例如拉哥尼亚(Laconia)的古代斯巴达农奴(the Helots),埃及的农夫(the Fellahs),印度的俾尔族(the Bheels),等等。处于现在情况的欧洲,并不怕这类形态的入侵。文明国家不会作这样入侵的尝试;就现代战术的情况说,即使这样做,在敌对中也不会取胜。军事学的进步和战争中机械的广泛使用,使财富和知识据有了现在的优势地位;但是在这一事态出现之前,上述形态的入侵,似乎是来源于力量的薄弱,而不是来源于力量的强大。总的说来,那时占有优势的似乎倒是文化最低的民族。西塞罗(Cicero)不否认高鲁人(the Gauls)在军事上优于罗马人。直到高鲁比较地开化以后,它军事上的威名才成为人们追忆中的陈迹。① 经过了几个世纪的太平,使古不列颠人(the Britons)成为撒克逊人现成的牺牲品,然后撒克逊人又成为丹麦人的牺牲品。在这种情况下,人类的长远进步好像简直是无望的。当属于半开化性的尚武精神在衰退的时候,如果火药的用途没有能及时发现,也许会发生野蛮民族的又一次入侵,从而带来又一个黑暗的中世纪,使欧洲

① Gallos in bello floruisse audivimus(听说高鲁人在战场上曾威震四海)。

失去在 12 世纪到 15 世纪所赢得的一切。

还有那些规模比较小的迁徙，我们把它们叫做殖民，和上述那类形态的入侵性质上相似，但效果全然不同。在这一形态的迁徙下，比较开化的民族的一部分离开了祖国，定居在空着的或人口稀少的地区，跟他们一道去的是他们的知识和财富，是他们物质的、精神的和智力的资本。令人惊奇并感到非常惋惜的是，尽管政治学识有了进步，但是随着文化的发展，对殖民根本方针的了解却越来越少，或者，即使有所了解，据以采取行动的却越来越少。就我们所知，腓尼基人和希腊人最早建立的殖民地似乎是为殖民地居民的利益而建立的。殖民地居民可以自己选派总督，支配自己的工作，治理自己的事务，关于对攻击的防御，依靠的也是他们自己的力量。他们是孩子，但是解放了的孩子，他们的进步和所享有的独立程度成比例。在非洲和叙利亚的腓尼基殖民地以及意大利、色雷斯、西西里和亚洲的希腊殖民地，似乎不久就上升到跟它们母国平等的地位，或者还胜过它们的母国。它们实际上取得了它们的领土范围和当时的宗教与知识使它们有可能取得的一切财富和权力。至于罗马殖民地却不配用殖民地这个名称。这类殖民地一般是这样构成的：将土地、资本和其文化程度与征服者不相上下的那些被征服部落的人们作为犒赏，赐予罗马的军队或平民，作为他们在对外或对内作战中的服务或是在广场中捣乱和闹事的报酬。这类殖民地对世界的进步，究竟是有所促进还是有所妨碍，也许还是个疑问。

现代欧洲殖民地的建立，部分是为了殖民地居民的利益，部分可以认为是为了母国的利益。一般说来，所需设备的费用由母国

负担其一部分，对外防御的费用则差不多全部由母国负担。母国对其殖民地，大都给以对本国市场的独占权或某种相近于独占的权利。另一方面，它对其殖民地所要求的是，使它本国的生产事业对殖民地产物享有严格得多的独占权。殖民地对欧洲产品的一切需要必须全部取自母国，殖民地产品则必须单是向母国输出。殖民地的首要官吏由它委派，殖民地的内政它得从中干预。它不但禁止其殖民地居民向任何其他市场购买母国可以生产的物品，而且禁止他们自己生产这类物品。它使这些殖民地充满的是它监狱中的渣滓，而治理这些殖民地的却是它贵族中的渣滓。西班牙宫廷下令将墨西哥的葡萄园全部铲除；英国议会不许牙买加停止奴隶买卖，禁止北美殖民地建立铁工厂、毛织厂和制帽厂，甚至不许西印度人自己炼糖。母国对外发生了战争，殖民地居民不能置身事外；由于他们比较地处于无防御地位，和他们的母国相比，他们的商业格外容易受到损失，他们的生命和财产面临着更大的危险。当殖民地的力量渐渐增长，对于这类压制感到难以容忍时，还没有一个母国会那样地高明，会不动声色地让它脱离自己的怀抱；要晓得，这一演变即使能够避免，也还是让它实现的好；说到底，不管是否有利，这一演变毕竟是无可避免的。英国、法国、葡萄牙和西班牙要想保留它们的殖民地，徒然地浪费了10倍于建立这些殖民地时所花费的财富。

关于殖民地的处理固然失当，但毫无疑问，这是传播文化的主要手段之一。

有些资本家曾试图促使劳动者自愿地移住国外，这类单独行动大都是属于小规模的。进行时，要硬逼或软劝劳动者履行约定，要使他们在低于殖民地当前水平的工资率下辛勤工作，从而使资本家所花的费用和所冒的风险获得补偿，其间都存在着很大困难，因此，结果大都事倍功半，无利可图。R. 威尔莫特·霍顿(R. Wilmot Horton)爵士的大规模移民出境计划，作为一种民族事业，就其计划中可望争取得到的利益之巨大和他的那种不懈的努力和公益精神说来，这一计划可以说没有能获得应有的注意。至于在澳大利亚建立殖民地的计划，首先要计及的是劳动者的运送费，这个计划还没有通过经验的考验。

由资本家强制进行的劳动者非自愿的迁徙，是一桩十足的坏事。由此所已经造成并继续造成的是以人作为商品的万恶买卖。这种买卖，部分由于它所直接产生的效应，部分由于必然要因此引起战争和普遍存在的不安定状态，比任何其他原因更加显著地妨碍了欧洲早期文化的发展；使亚洲的大部分和非洲全部处于、并继续处于无望的野蛮状态；使美洲最富饶地区——到最近止，使属于美洲的差不多全部的岛屿——的居民只是分成了两个阶级，压迫者和被压迫者。

资本从这一国转移到那一国时存在的困难比较少。如果任何两国之间的汇兑处于平价关系，资本就可以用货币形式转移而不需要任何费用。由于汇兑不利于资本输出国家而偶然发生的损失，可以和汇兑有利于这个国家时偶然享有的利得相抵，因此不妨说，货币资本从这一国转移到那一国是没有费用的。这里的主要障碍是，资本家不愿意使资本脱离自己的监督而把它托付给别人，或者是不愿意使他的资本面临着不同的政体、习惯、气候和语言。但语言的不同，在有教育的人看来不是个很大的阻力。在那些只准备作短期逗留的人看来，政体的不同也没有多大关系；实际上还往往把这一差异看成是个优点。在最近这次战争中，伦敦到处可以看到外国资本家，他们的主要动机是逃避拿破仑的暴政。习惯和气候的差异是比较重要的，尤其是后者；但即使是这些，似乎也敌不上利润增加的力量。现在简直没有一个文明世界中的港埠，其商人阶级的一个很大部分不是由英国人构成的。因此，就整个文明世界说来，利润率的不均衡程度远远低于工资率的不均衡程度。由于在一般改革方面的共同前进，各个国家在政治和习惯方面、甚至在气候适应健康的方面所拥有的有利条件越来越趋于均等，目前存在的利润不均等，很可能还会缩减。

图书在版编目(CIP)数据

政治经济学大纲/(英)西尼尔著;蔡受百译.—北京:商务印书馆,2017
(汉译世界学术名著丛书:120 年纪念版:珍藏本)
ISBN 978-7-100-14148-2

Ⅰ.①政… Ⅱ.①西… ②蔡… Ⅲ.①资产阶级政治经济学 Ⅳ.①F091.3

中国版本图书馆 CIP 数据核字(2017)第 137871 号

汉译世界学术名著丛书
(120 年纪念版·珍藏本)
政治经济学大纲
〔英〕西尼尔 著
蔡受百 译

商 务 印 书 馆 出 版
(北京王府井大街 36 号 邮政编码 100710)
商 务 印 书 馆 发 行
南京爱德印刷有限公司印刷
ISBN 978-7-100-14148-2

2017 年 12 月第 1 版 开本 710×1000 1/16
2017 年 12 月第 1 次印刷 印张 21

定价:98.00 元